片づく家の
アイデア図鑑

快適な住まいをつくる
収納と暮らしの工夫

著／田中ナオミ
Naomi Tanaka

X-Knowledge

目次

1章

思考を変えて片づけ上手

2章 収納から考える家づくり

3章 家事がはかどる部屋づくり

4章

キッチン次第で料理がもっと好きになる

1章

思考を変えて片づけ上手

現実を知ることから始めよう

マンションの不都合な真実

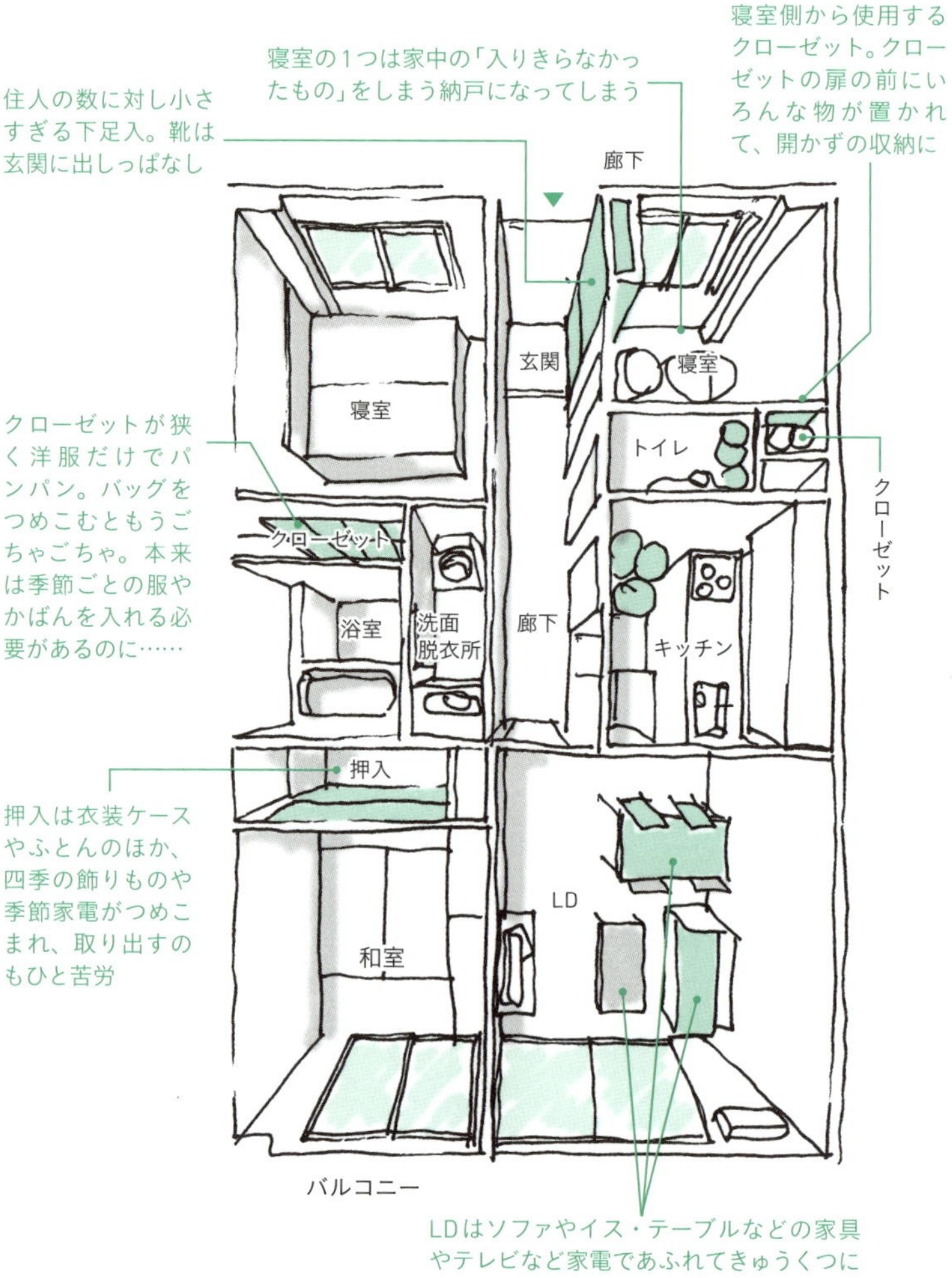
寝室側から使用するクローゼット。クローゼットの扉の前にいろんな物が置かれて、開かずの収納に
寝室の1つは家中の「入りきらなかったもの」をしまう納戸になってしまう
住人の数に対し小さすぎる下足入。靴は玄関に出しっぱなし
廊下
玄関
寝室
寝室
トイレ
クローゼット
クローゼットが狭く洋服だけでパンパン。バッグをつめこむともうごちゃごちゃ。本来は季節ごとの服やかばんを入れる必要があるのに……
クローゼット
浴室
洗面
脱衣所
廊下
キッチン
押入
押入は衣装ケースやふとんのほか、四季の飾りものや季節家電がつめこまれ、取り出すのもひと苦労
LD
和室
バルコニー
LDはソファやイス・テーブルなどの家具やテレビなど家電であふれてきゅうくつに

マンションや建売りの住宅は、住まい手の顔が見えていない状態でつくられる。実際にそこに住み始めると、ライフスタイルに合わないことも。「部屋が片づかない」、「物であふれてしまう」といった悩みは、生活の器である住宅が現実の暮らしと合っていないということに起因している。とはいえ、一戸建の住宅に住んでいる人からも、同じ悩みをよく聞く。

まずは、自分たちの生活、暮らし方に目を向けることからはじめよう。美しく、豊かな生活を送るためのヒントがそこに隠されている。

ふとんを敷く場もない寝室の現実

エアコンも部屋のインテリアを台なしにする要素
出入りに邪魔な鴨居にかかった服
押入内はぎっしり
床の間も物置化
たんすの上は帽子やカバン置き場
畳んだまま積まれた洗たく物
場所を取るふとん干しスタンド
出しっ放しのアイロン台とアイロン
しまう場所のない昼寝用の毛布
畳の上に直に置かれたたんす

ものであふれるキッチンのリアル

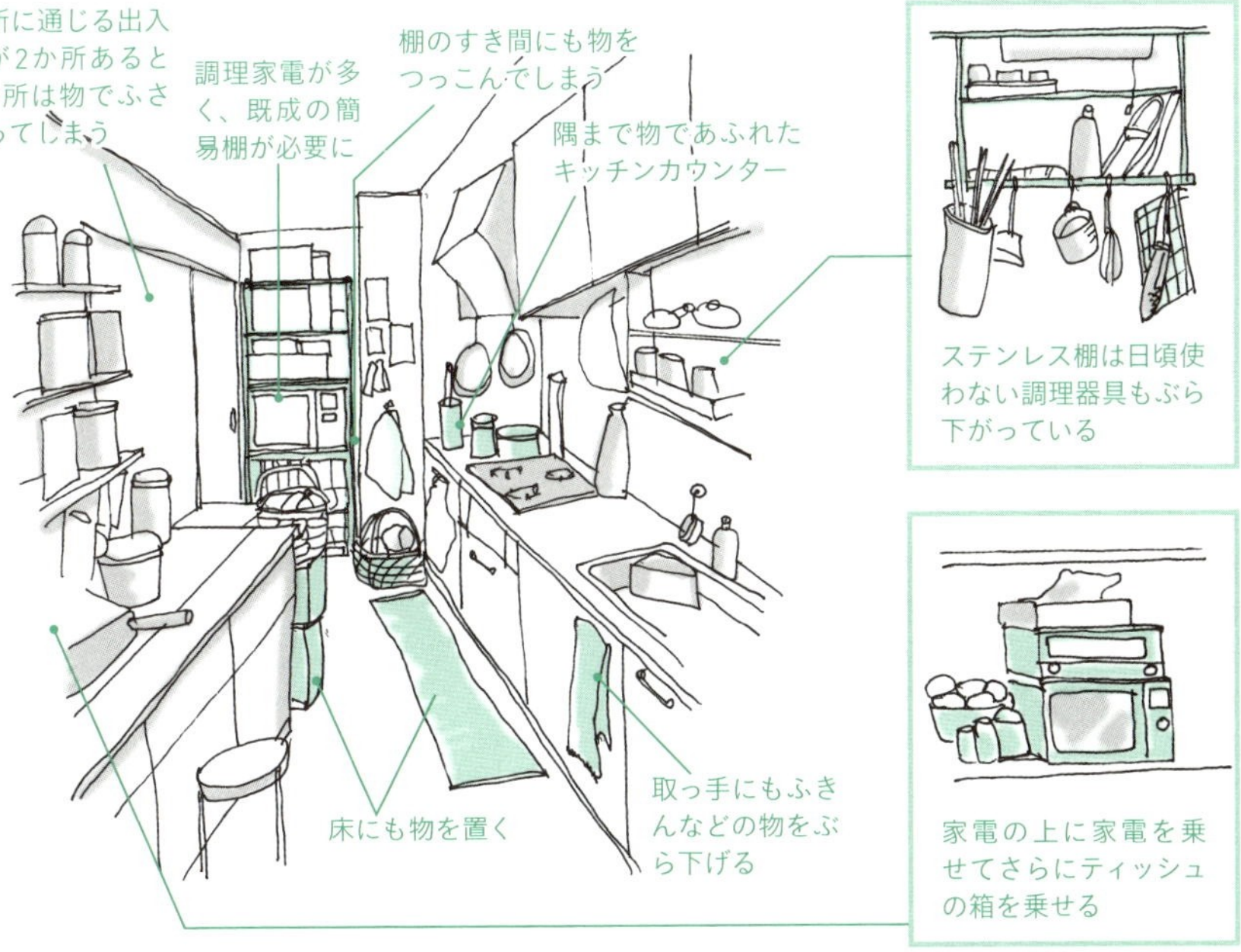
台所に通じる出入口が2か所あると1か所は物でふさがってしまう
調理家電が多く、既成の簡易棚が必要に
棚のすき間にも物をつっこんでしまう
隅まで物であふれたキッチンカウンター
ステンレス棚は日頃使わない調理器具もぶら下がっている
床にも物を置く
取っ手にもふきんなどの物をぶら下げる
家電の上に家電を乗せてさらにティッシュの箱を乗せる

嫌いな家事を収納で好きに変える

そうじが面倒でなくなるそうじ用具入れ

そうじ用具入れのなかにはそうじという家事に必要なグッズがそろっていて、部屋の真ん中など、そうじという行為を行いやすい場所にあるとよい。環境を整備することは嫌いな家事が好きになる近道なのだ

ティッシュペーパー
洗剤など
電源がそばにあればコンセントの抜き差しも不要に
ぞうきん掛け
そうじ機
ぞうきん掛けとバケツ置き場が近いと後始末が楽
そうじ用ワイパー

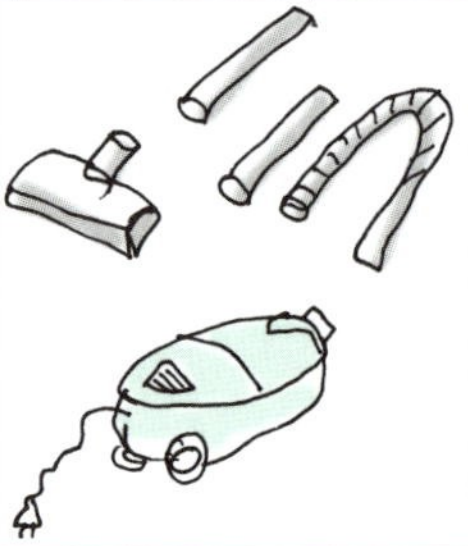

バラバラにしたそうじ機を組み立てるのはやっかい。重い物ほどすぐ出せてすぐ使えたほうがよいので、組み上がった状態で収納する

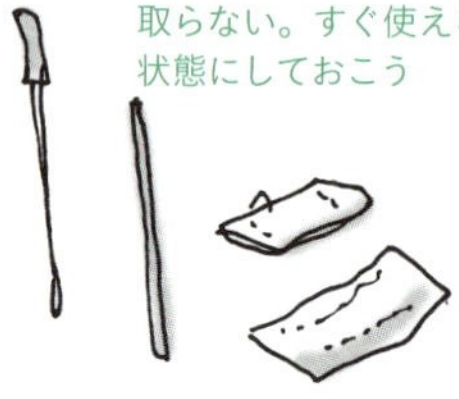

ワイパーなどは分割しなくてもさほど場所を取らない。すぐ使える状態にしておこう

そうじやアイロン掛けなど、誰でも「嫌いな家事」はある。億劫だから嫌いという場合、必要な物が適切な場所にない、ということが多い。家事を始めるために家の中を行ったり来たりするようではやる気も失せる。家事一つひとつの流れを思い浮かべながら、どこに何があれば家事が楽になるか考えてみよう。また、収納方法も重要だ。すぐ家事にとりかかれるように、「使える状態」で収納されていることが望ましい。

このように「家事」と「収納」はきっても切り離せない関係にある。

「嫌い」を「好き」にするアイディア

洗たく物を片づけるのが嫌いなら

①その場で完結させる
物干し台を使って干して、
その場で取り込み、畳む

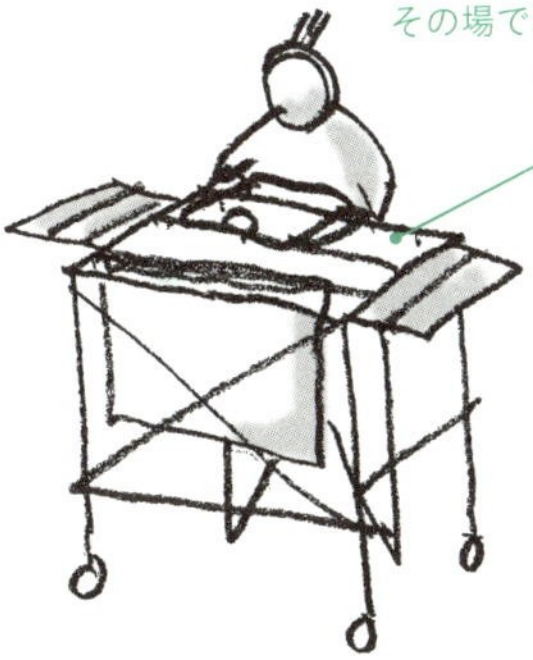

②収納しやすい工夫を
リネン庫や下着入れを
洗たく機や室内物干し
場、脱衣所の近くに設
ける。アイロン台もそ
こにセットしておく

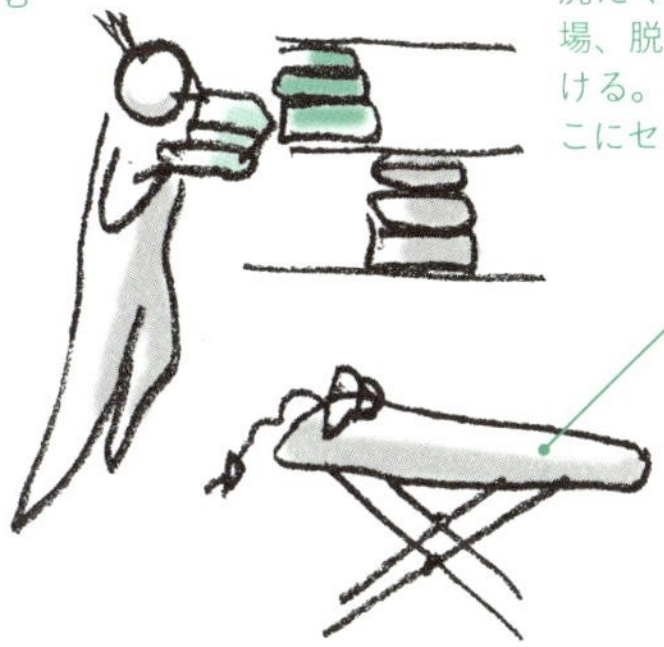

食後の片づけが嫌いなら

①ながら家事で楽しく
家族とも話しながら片づけできる
キッチン・レイアウトにする

②後回しできる環境に
汚れた状態が丸見えになら
ないような工夫を

くつ磨きが嫌いなら

①すぐにとりかかれる快適な環境づくり
玄関廻りには腰掛けを置いておき（靴の脱ぎ履きにも便利）、靴磨きのグッズはひとまとめにしておく

②作業を分割
1回ですべての靴を磨こうとしない。何日かに分けて作業する

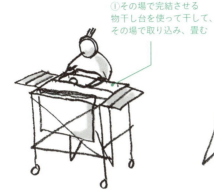

見覚えのあるブサイクにサヨナラ

物置と化したイス

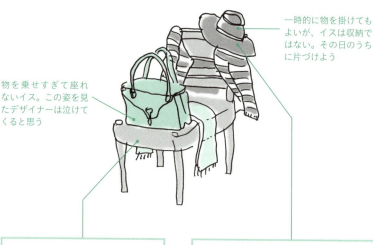

一時的に物を掛けてもよいが、イスは収納ではない。その日のうちに片づけよう
物を乗せすぎて座れないイス。この姿を見たデザイナーは泣けてくると思う

収納できるイス

収納としてもイスとしても使える物なら文句はない

飾り棚にもなるイス

造形が美しいイスなら、座るのではなく、とっておきの物と合わせて「飾り」としても

部屋のなかを見まわすと、奇妙な物が転がっている。本来の機能を果たしていない、本来の顔をしていない、そんな物たちだ。

たとえばイス。背もたれには上着や帽子が掛けられ、カバンは座面に置いたまま。チョイ置きとしては優秀だが、なんせ腰掛けられない。

そのほか、ふきんの掛かったトースターや食卓のビニールカバー。プロダクトとして美しくデザインされた物もカバーされては台無しだ。

まずは、これらを一層しよう。部屋の見栄えは激変するに違いない。

あるある収納が美観を損ねる

かぶせる収納

ほこりよけの布を何でもかぶせてしまう人がいる。そうじしづらいので今すぐ取ろう

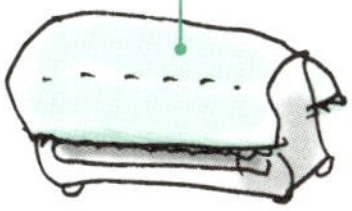

トースター

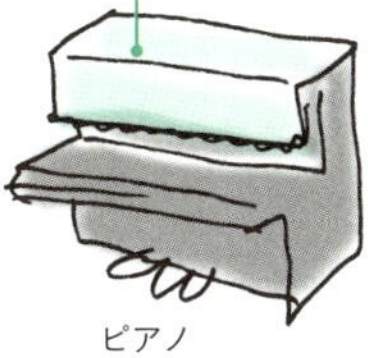

ピアノ

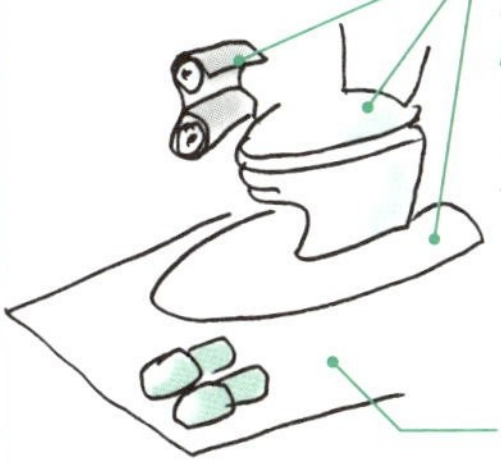

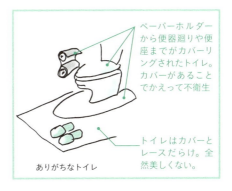

ペーパーホルダーから便器廻りや便座までがカバーリングされたトイレ。カバーがあることでかえって不衛生

トイレはカバーとレースだらけ。全然美しくない。

ありがちなトイレ

はさむ収納

ダイニングテーブルにかけたカバー。テーブルを美しく保つためにかけたのだが、その下に写真やメモがはさんであり、まったく美しくない

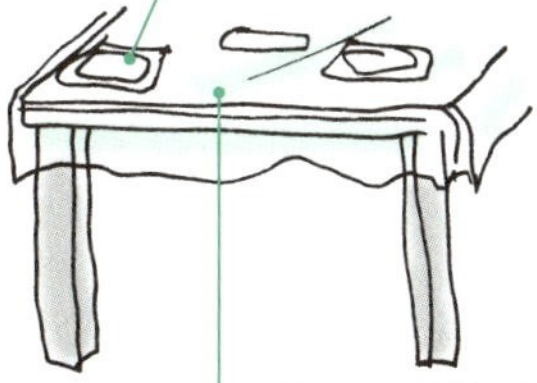

カバーに写真の顔料がつきいっそう汚くなる

ビニールコーティング収納

人形

人形をビニールに入れて飾る。ビニールが薄汚れてかえって美しくない

リモコンもラップで包む。ラップを外して使う「本番」の日はいつ来るのか？

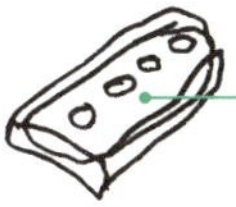

リモコン

包む収納

布はもはや薄汚れている。何のために包み、物を収納したのかわからなくなっている

ドアノブ

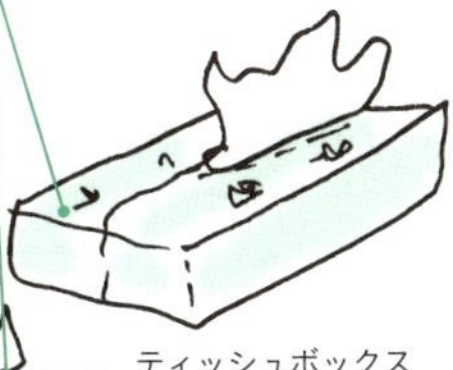

ティッシュボックス

ポケットティッシュ

テニスボール

キャップ代わりに硬式テニスボールを使用することも

イスの脚

消音・傷予防としてイスやテーブルの脚にキャップをつける。せっかくの名作イスの脚に入れたりしてデザインがメチャクチャ

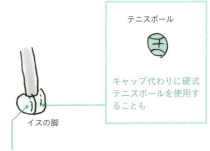

物を減らしてみよう

置き場所のコストを考えてみる

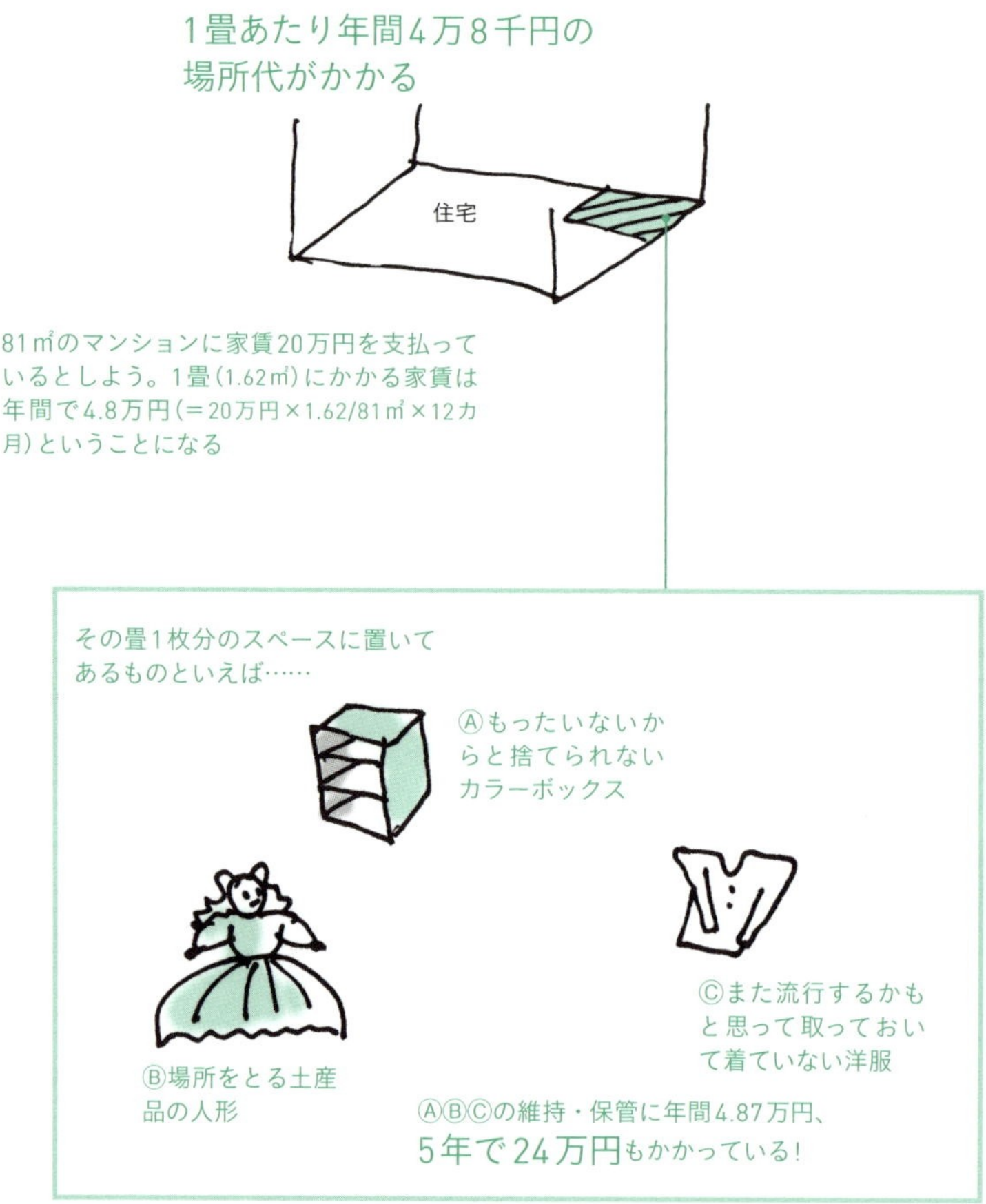
1畳あたり年間4万8千円の
場所代がかかる
住宅
81㎡のマンションに家賃20万円を支払っているとしよう。1畳（1.62㎡）にかかる家賃は年間で4.8万円（＝20万円×1.62/81㎡×12カ月）ということになる
その畳1枚分のスペースに置いてあるものといえば……
Ⓐもったいないからと捨てられないカラーボックス
Ⓑ場所をとる土産品の人形
Ⓒまた流行するかもと思って取っておいて着ていない洋服
ⒶⒷⒸの維持・保管に年間4.87万円、
5年で24万円もかかっている！

家をきれいにしておきたいのに、いつも物が散らかってしまうのはなぜか。「物が多いから」と答えた人は、その物の保管費、つまり「置き場所代（家賃）」を考えてみるとよい。意外に高くついていて、物を減らしたくなるだろう。「収納が少ないから」と答えた人も、引越しや建築・増改築を考えていないなら、今の住まいに合った物の量を把握し、調整することも必要だ。

この品物はそんなに必要だろうか、用途や機能が同じ物をいくつももっていないだろうか、考えてみよう。

物を減らす方法

ミニマリストになる？

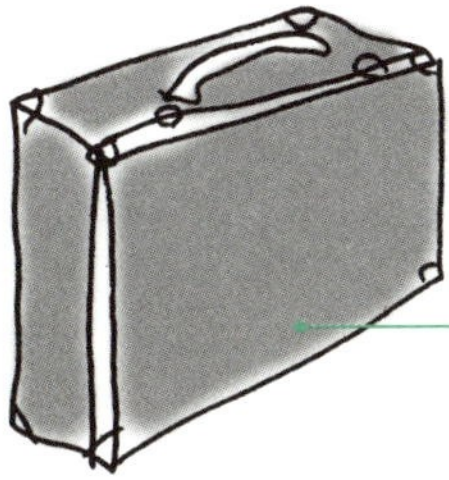

カバン1つで生活できる
寅さんのような人にはな
かなかなれないもの

データ化して物を減らす

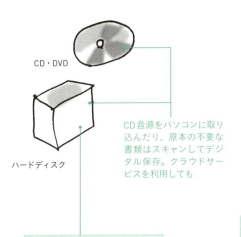

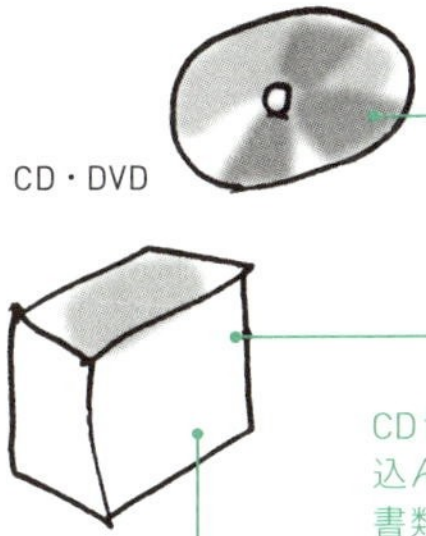

CD音源をパソコンに取り込んだり、原本の不要な書類はスキャンしてデジタル保存。クラウドサービスを利用しても

とはいっても……

写真

デジタルデータは壊れる可能性も。大事な写真はプリントアウトしておくのがベター

生活習慣を見直す

1つ買ったら、1つ処分するという習慣を身につけよう

古い洋服は……

処分の仕方
1. オークションやフリーマーケットなどで売る
2. 寄付
3. ぞうきんなどにリサイクル
4. 捨てる

ボリュームを知ることから始める

サイズを測って持ち物リストをつくろう

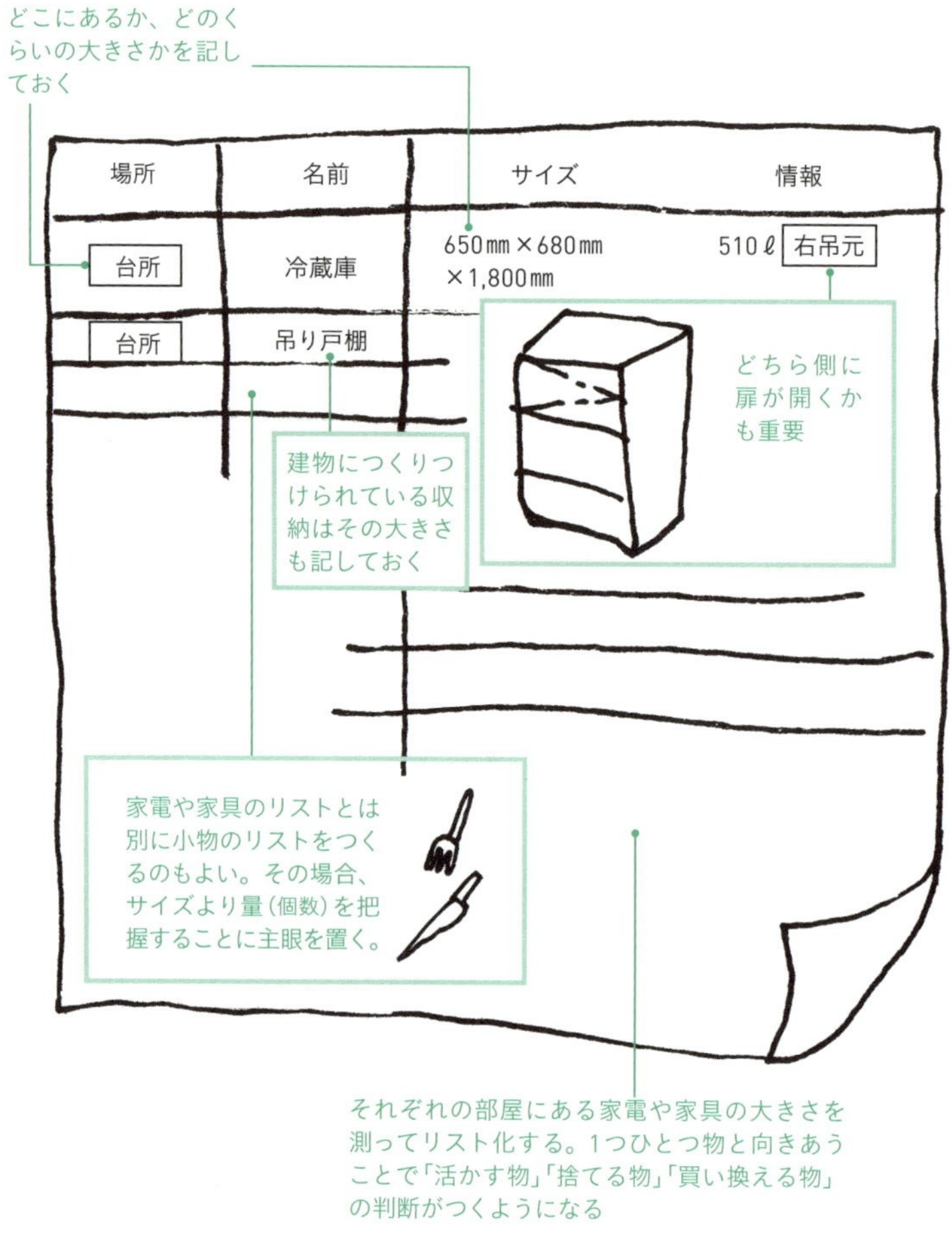

どこにあるか、どのくらいの大きさかを記しておく
場所
名前
サイズ
情報
台所
冷蔵庫
650㎜×680㎜×1,800㎜
510ℓ
右吊元
台所
吊り戸棚
どちら側に扉が開くかも重要
建物につくりつけられている収納はその大きさも記しておく
家電や家具のリストとは別に小物のリストをつくるのもよい。その場合、サイズより量(個数)を把握することに主眼を置く。
それぞれの部屋にある家電や家具の大きさを測ってリスト化する。1つひとつ物と向きあうことで「活かす物」「捨てる物」「買い換える物」の判断がつくようになる

「片づいた家」とするために、まずは「持ち物リスト」をつくろう。

この作業はいわゆる「レコーディング・ダイエット」に似ている。どこにどんな家具をおいているか、どんな物をしまっているかを記録し、ボリュームを知ることで、片づかない理由におのずと気が付くはずだ。

物が片づかないのは、物が適量でないことはもちろん、収納が使いづらいということも大きな要因のひとつ。収納にはそれぞれの物に合った「サイズ」「場所(アドレス)」「仕様」が必要なのだから。

物とその「器」となる家も測る

自分のものさしをもつ

キッチンの高さや廊下の長さ、まずは何でも測ってみよう

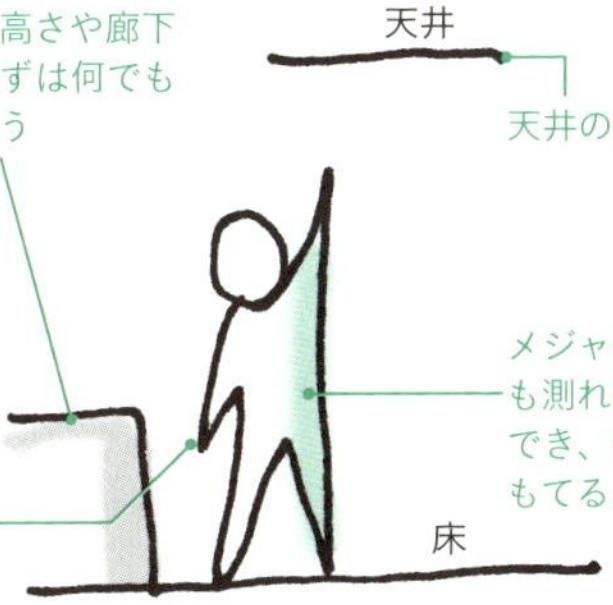
天井
床

天井の高さもチェック

メジャーをもって何でも測れば、寸法を体感でき、自分の物差しをもてるようになる

メジャーは5m以上のものが便利

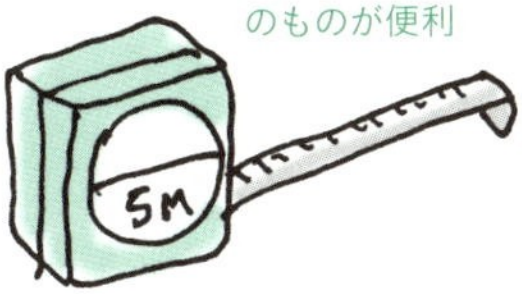
5M

測るときにはここに注意

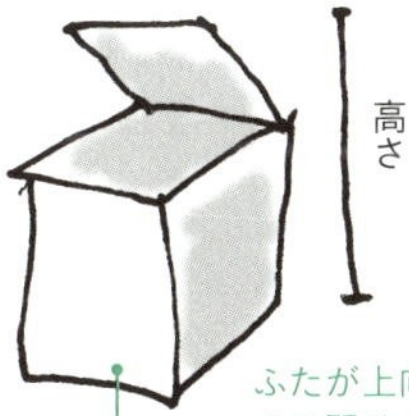
高さ

ふたが上向きに開くものは開けて物を入れられる高さで測る

幅

必ず最大寸法で測る。取っ手があるものなどは取手から測る

家電は放熱(壁にぴったりつけて置けない)やコードのことを考え余裕をもった寸法にしておく

自分のサイズを決めておく

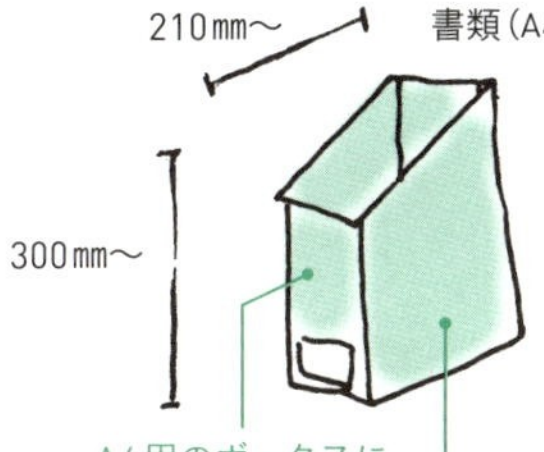
210㎜〜
書類(A4)
300㎜〜

A4用のボックスに入れて収納

書類は内容ごとにA4サイズのクリアファイルに分ける

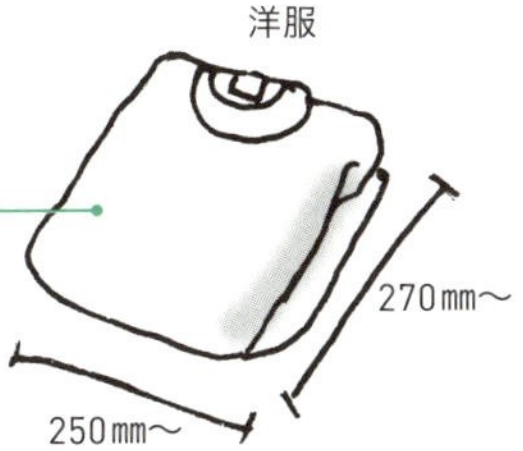
洋服
270㎜〜
250㎜〜

自分にとって「定番の畳み方」を決めるとよい。重ね置きがしやすくなり、効率よく収納できる

畳み方を毎回変えないことが大事

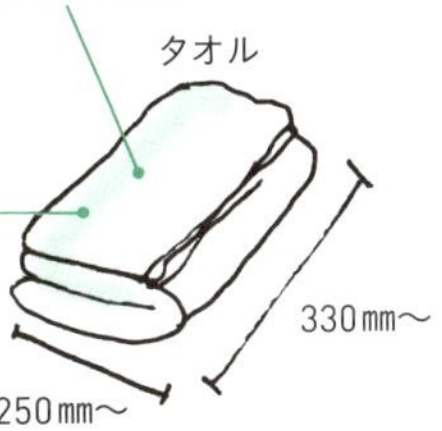
タオル
330㎜〜
250㎜〜

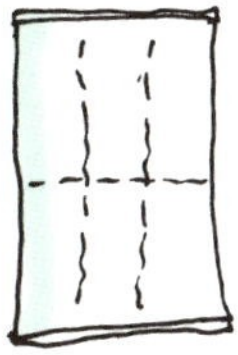

バスタオルは2つに畳んで3つ折りにすると収納しやすい

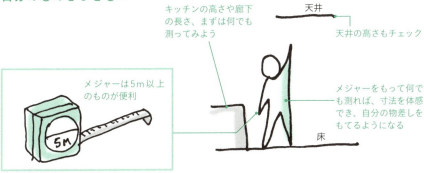

物には「アドレス《住所》」がある

ベストな置き場を考える

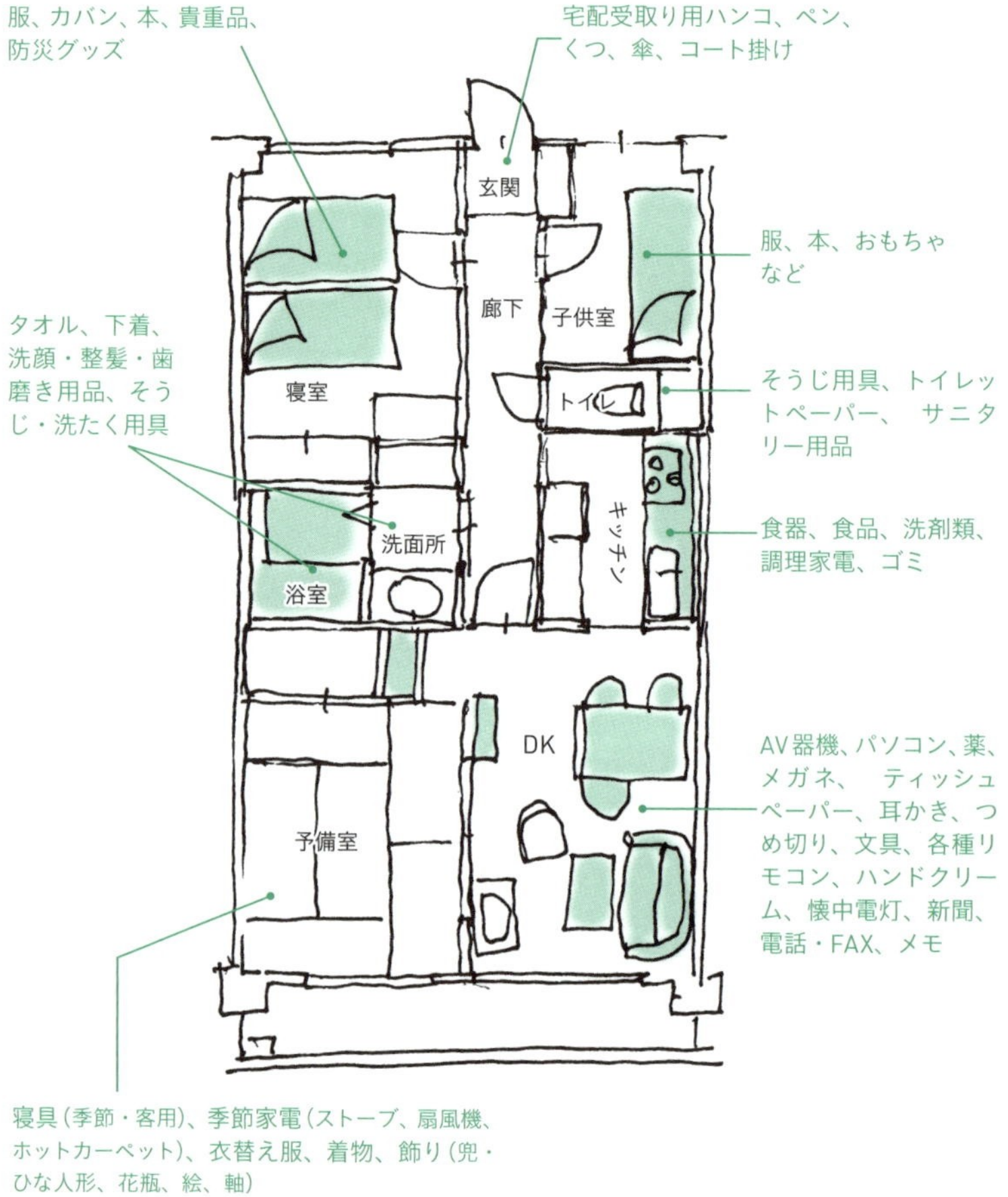

歯ブラシを使うのは洗面所。こんな感じで物にはそれぞれ使いたい場所＝「アドレス」がある。使いたい場所に収納があり、そこに物がセットされていれば、使いやすいし、片づけもしやすい。

もちろん、収納量が不足している場合は難しいことも。そんなときには「街」をうまく使おう。たとえば洋服はクローゼットにしまいたいが、全部は無理――そんなときには保管サービスのあるクリーニング店がクローゼット替わりになる。家から物が減れば、すっきりとした暮らしが可能だ。

都市を住宅の一部と考えよう

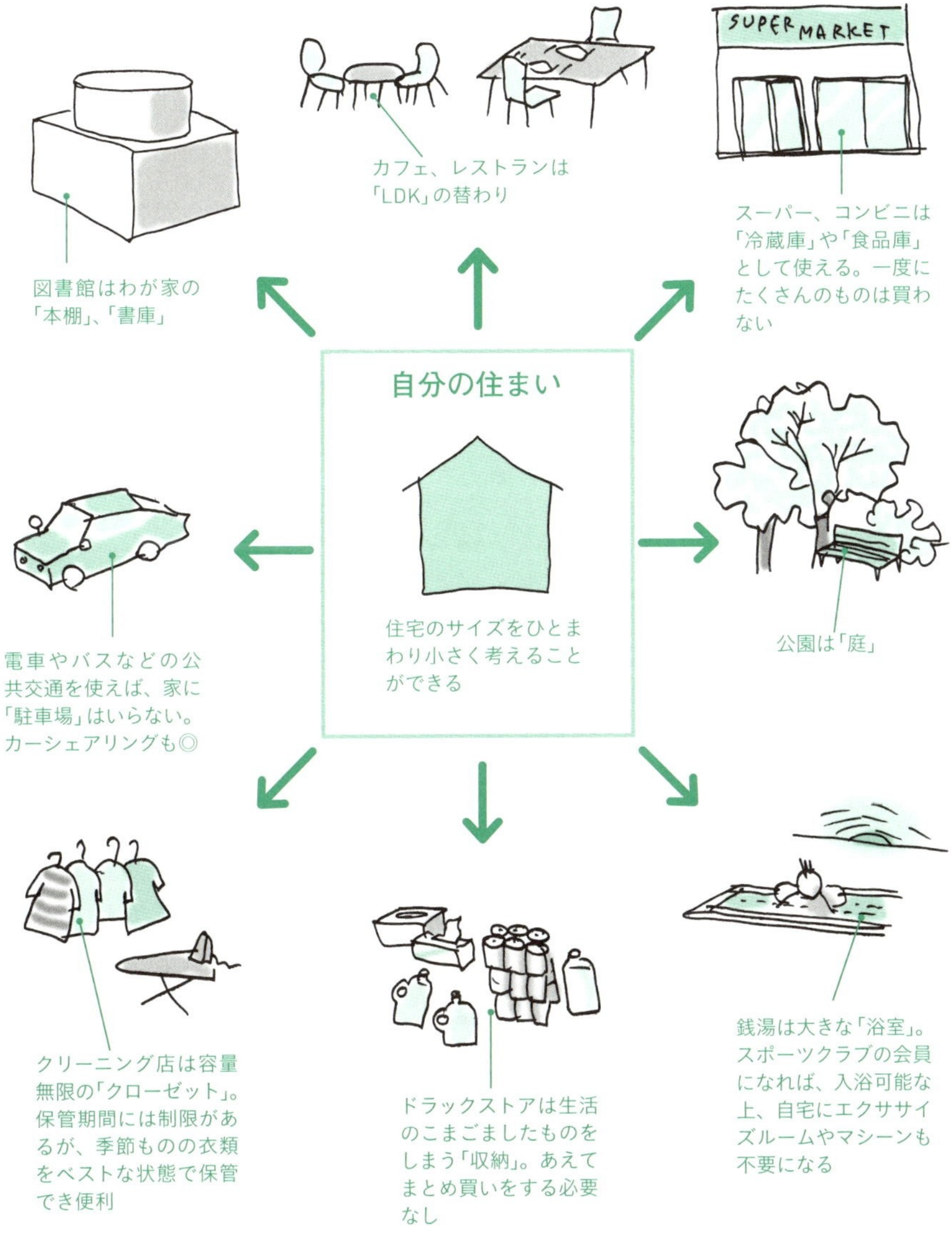
自分の住まい
住宅のサイズをひとまわり小さく考えることができる
図書館はわが家の「本棚」、「書庫」
SUPER MARKET
カフェ、レストランは「LDK」の替わり
スーパー、コンビニは「冷蔵庫」や「食品庫」として使える。一度にたくさんのものは買わない
電車やバスなどの公共交通を使えば、家に「駐車場」はいらない。カーシェアリングも◎
公園は「庭」
クリーニング店は容量無限の「クローゼット」。保管期間には制限があるが、季節ものの衣類をベストな状態で保管でき便利
ドラックストアは生活のこまごましたものをしまう「収納」。あえてまとめ買いをする必要なし
銭湯は大きな「浴室」。スポーツクラブの会員になれば、入浴可能な上、自宅にエクササイズルームやマシーンも不要になる

家事ストレスは収納の「仕様」にあり

収納内部は物に合った素材を使う

一般的なシナ合板

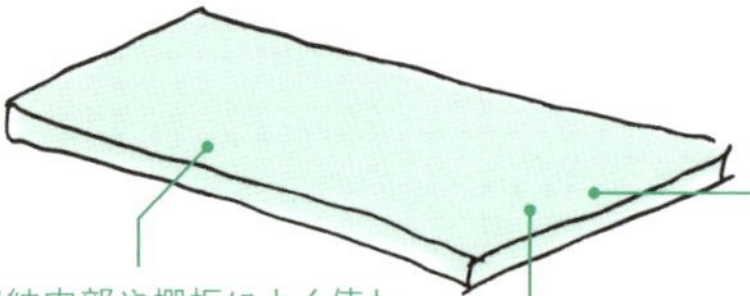

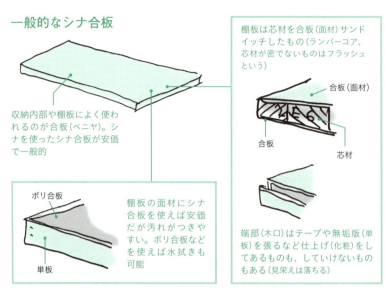

収納内部や棚板によく使われるのが合板（ベニヤ）。シナを使ったシナ合板が安価で一般的

棚板は芯材を合板（面材）サンドイッチしたもの（ランバーコア、芯材が密でないものはフラッシュという）

端部（木口）はテープや無垢版（単板）を張るなど仕上げ（化粧）をしてあるものも、していけないものもある（見栄えは落ちる）

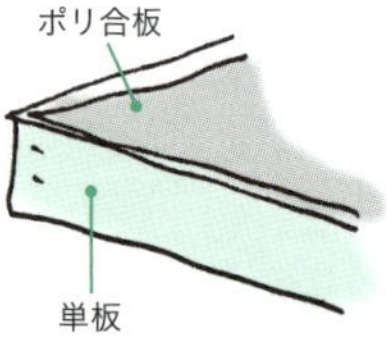

棚板の面材にシナ合板を使えば安価だが汚れがつきやすい。ポリ合板などを使えば水拭きも可能

水拭き可能な素材

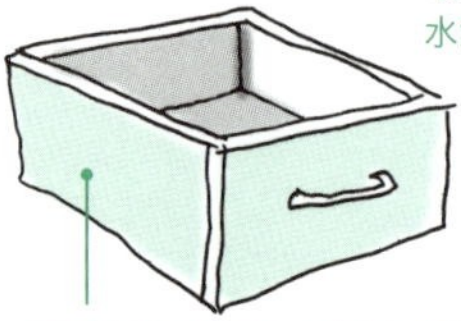

調味料などの入る収納は内部をメラミン樹脂やポリ合板仕上げだと水拭きできて◎

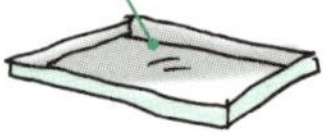

収納内にステンレストレイを敷くだけでもOK。取り外しやすくそのまま水洗いも可能

吸収性・通気性のよいスノコ

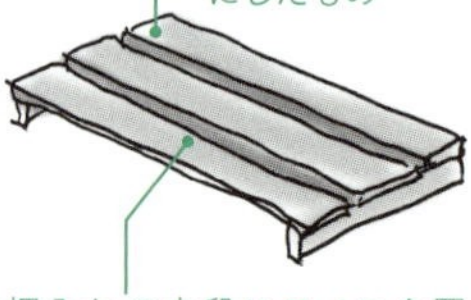

桐や杉などの無垢板を使ってスノコ状にしたもの

押入れの中段にスノコを置く、引き出しの底板をスノコ状にするなど

キッチン下の収納は、調味料などで汚れることが多い。汚れが染み込んで、水拭きしてもきれいにならない——そんな収納ではそうじの手間が増え、ストレスがたまる一方だ。

　収納には、収納する物に合った「仕様」が必要だ。液体などを収納する部分には耐水性のある素材を、湿気を嫌うふとんをしまうなら、調湿性のある素材を、飾り棚などには、美しく仕上げされた素材が好ましい。

　既存の収納が適切な素材でつくられていなくても心配なく。大抵は「ちょい足し」で問題は解消できる。

ストレスフリーな収納って？

品物	よくあるストレス	ストレスフリーな収納
調味料	 ①容器の下部に調味料の液体が付着してガビガビ	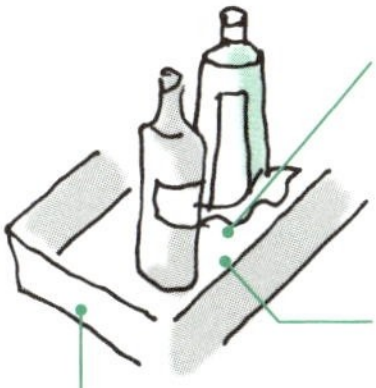 引き出し底板は水拭き可能なポリ合板（またはメラミン張） 底板がシナ合板ならステンレストレイなど水洗いできるものを敷く 引き出し式なら奥の物を取り出しやすい
食品	 ①買ってきたら、ずいぶん前の買い置きを発見 ②気がついたら、賞味期限を過ぎている	収納物が一目でわかるよう奥行のうすい棚（150㎜程度）に並べる  扉付き収納棚なら木口に化粧は不要 軽量物の収納棚で幅が狭い場合はランバーコアなどでなく合板1枚を棚板にしてもOK
ふとん（湿気に弱いもの）	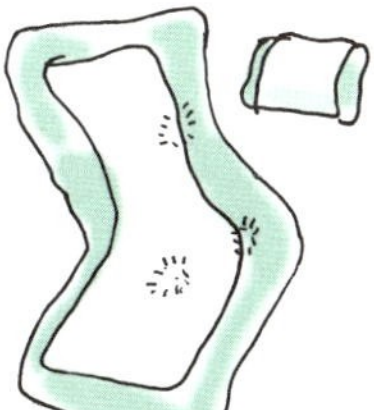 ①客用ふとんにカビがはえていた	押入れにスノコ状の吸収素材（桐）を置き、その上に収納する 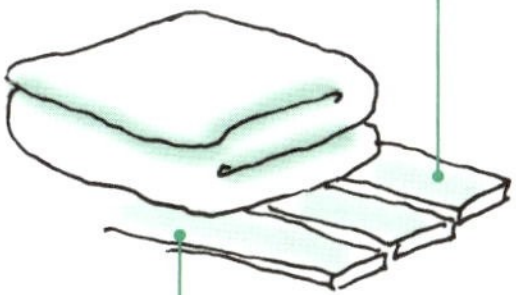 定期的に押入れに新鮮な空気を入れる（扇風機など）
くつ	 ①下足入れに入れたくつがカビだらけ ②下足入れの棚板が汚れてしまう	脱いだばかりのくつは土間で乾かしてから入れる（濡れたままでくつを収納するのは厳禁）  扉付きの下足入れなら棚板はシナランバーでOK（木口の化粧も不要）。棚板が汚れるのが嫌ならポリ合板で仕上げたものを使用し、定期的にからぶきする

棚は固定か可動か

固定式、可動式のメリット・デメリット

質実剛健「ガンコイッテツ」タイプは…「固定棚」

新しい物がふえたときに入らないことも……
よけいなダボ穴もなくすっきりとした印象を与える
固定棚は丈夫でしっかりしているが入れる物が限定される

女心と秋の空タイプには…「可動棚」

物の大きさによって上下に動かすことができる柔軟さが魅力
可動棚は便利だけれど、長さや重さを考えないとたわむことも……

収納棚は固定棚にすべきか、可動棚にすべきか、なやむところだろう。一見、可動棚は棚の位置を自由に変えることができるため使い勝手がよさそうだが、実際は、いったん物を置いてしまえば、その後滅多に動かすことはないだろう。

　固定棚は収納する位置を変えることができず、入れる物が限られてしまう一方で、棚と壁が一体感のあるデザインになることなど可動棚にはない魅力もある。

　可動棚、固定棚ともによさも欠点もある。状況に応じてどういう棚がよいか、考えてみよう。

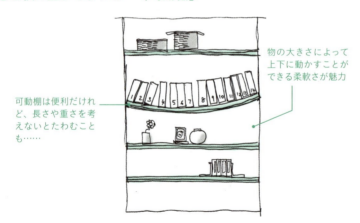

棚の取り付け方法

「固定」が見えない固定棚

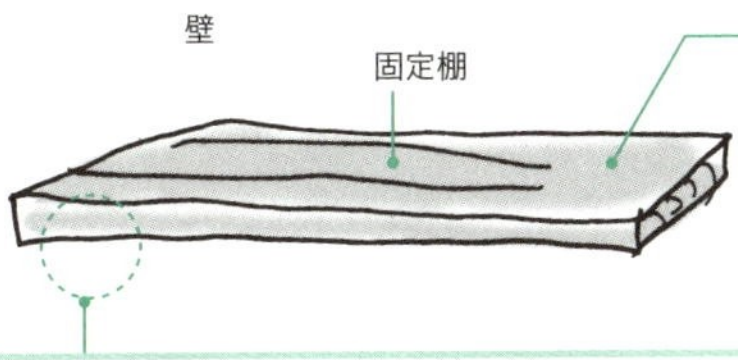
壁
固定棚

壁から板が突き出たような固定棚。固定する仕組みは目に見えないことが多い

方づえ
ブラケット

棚を下から支えるために方づえを入れることも。方づえのかわりにブラケットを使えば、壁の中に納めて存在をかくすことができる

実際は壁の中で棚板をはさむようにして横木が取りつけられていることが多い。横木は柱などの構造体に緊結される

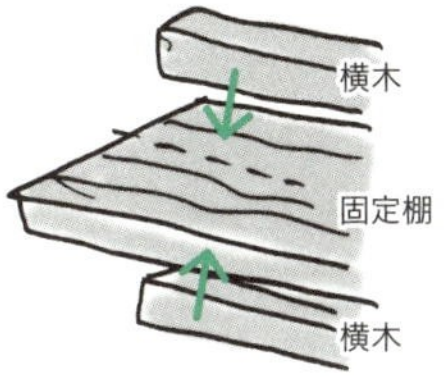
横木
固定棚
横木

「可動」が見える可動棚

ロープなどで吊るタイプは壁がなくても棚をつくることができる。可動させるのはやや面倒

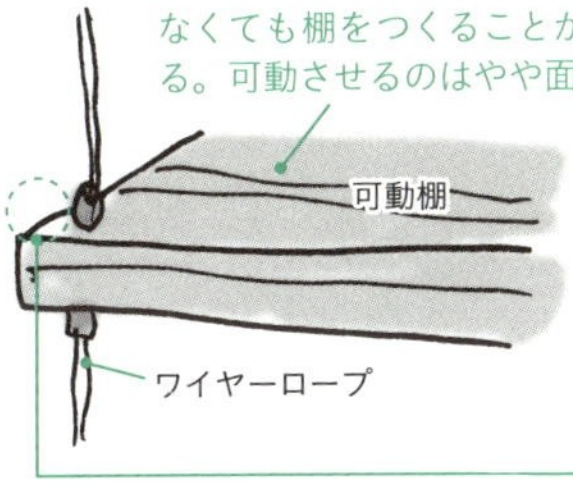
可動棚
ワイヤーロープ

棚の両端に壁があれば壁の中に棚柱を埋めてブラケットで上下させて棚の位置を決める（もしくはダボ穴を開け、金属ダボを動かす）。棚板はそのブラケットの上に乗せる

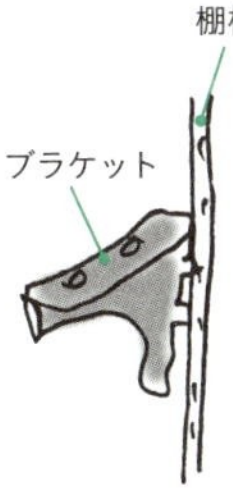
棚柱
ブラケット
壁

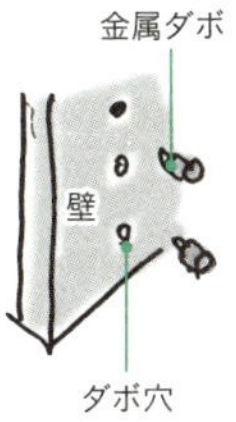
金属ダボ
壁
ダボ穴

棚板にもヒミツあり

ランバーコア

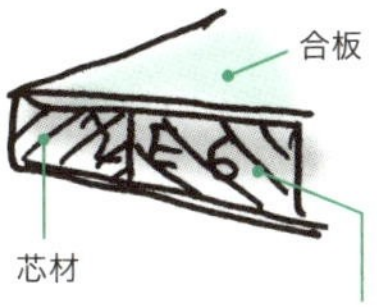
合板
芯材

重たい物を載せるとき、 フラッシュは不向き

ムク板

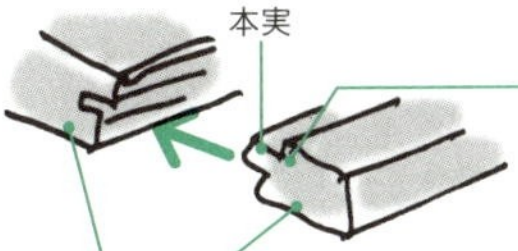
本実

幅広のムク板を使うと割れたり反ったりするので何枚かあわせて棚板にする

ビスケット

板の合わせ方は、本実（ほんざね）のほか、雇い実やビスケットを使う方法もある

収納は扉ひとつで使い勝手が変わる

収納扉はこんなにも種類がある

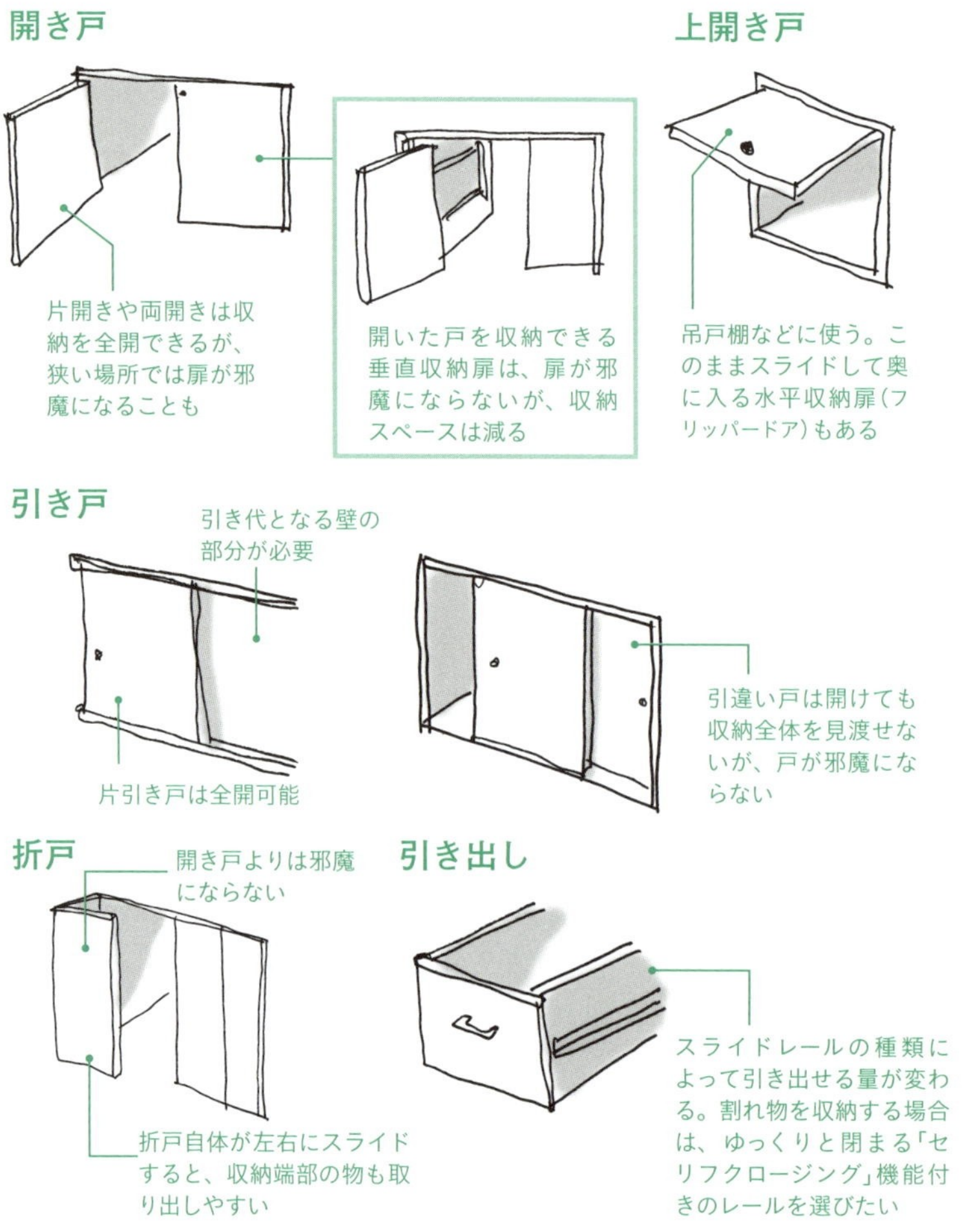

開き戸
片開きや両開きは収納を全開できるが、狭い場所では扉が邪魔になることも
開いた戸を収納できる垂直収納扉は、扉が邪魔にならないが、収納スペースは減る
上開き戸
吊戸棚などに使う。このままスライドして奥に入る水平収納扉（フリッパードア）もある
引き戸
引き代となる壁の部分が必要
片引き戸は全開可能
引違い戸は開けても収納全体を見渡せないが、戸が邪魔にならない
折戸
開き戸よりは邪魔にならない
折戸自体が左右にスライドすると、収納端部の物も取り出しやすい
引き出し
スライドレールの種類によって引き出せる量が変わる。割れ物を収納する場合は、ゆっくりと閉まる「セリフクロージング」機能付きのレールを選びたい

収納の扉で思い浮かぶのは両開き戸。全開できるので、中に何が入っているのか一目でわかる。とはいえ、廊下など狭いところで扉を開けると、通行の邪魔になることも。ベストな開閉方法は、収納のある場所によっても違うのだ。

実のところ収納は扉がないほうが使いやすい。特に毎日使う物は、出し入れしやすく湿気がこもらないオープン棚が望ましい。物が丸見えというのは長所でも短所でもあるが、部屋自体が収納となるシュークローク、ウォークインクローゼットでは必須である。

閉めることのメリット・デメリット

メリット

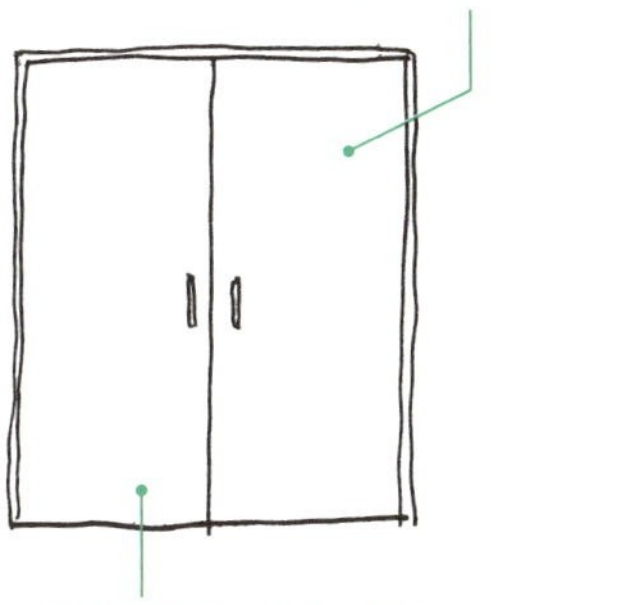
ほこりが入らない
中が見えないとスッキリ

デメリット

狭い場所だと
扉が邪魔に
中に入れた物のことを
忘れてしまう
取り出さないと使えない家電
などは使わなくなることも

毎日出し入れするものは見えていい

調理器具置き場

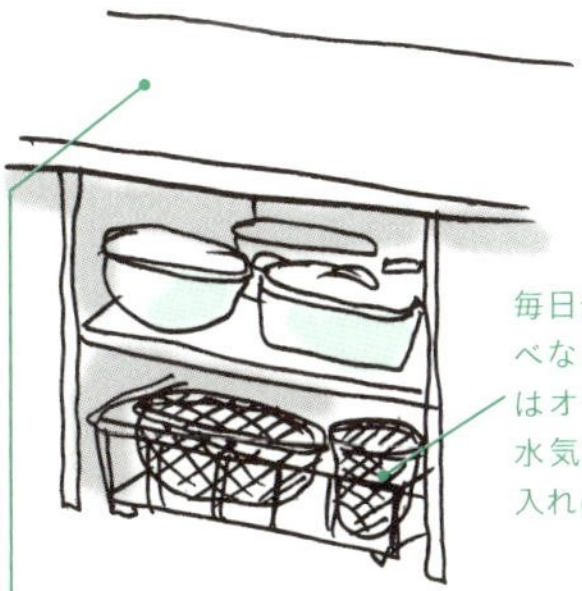
毎日使うザルやな
べなどの調理器具
はオープン棚へ。
水気も飛び、出し
入れにも便利

組立て式の調理家電は
分解しないこと。使うの
が億劫になってしまう

便利な調理家電はカウンターに並べておく。
スイッチONするだけでいつでも使えるように

シンクや洗面台の下はオープンに

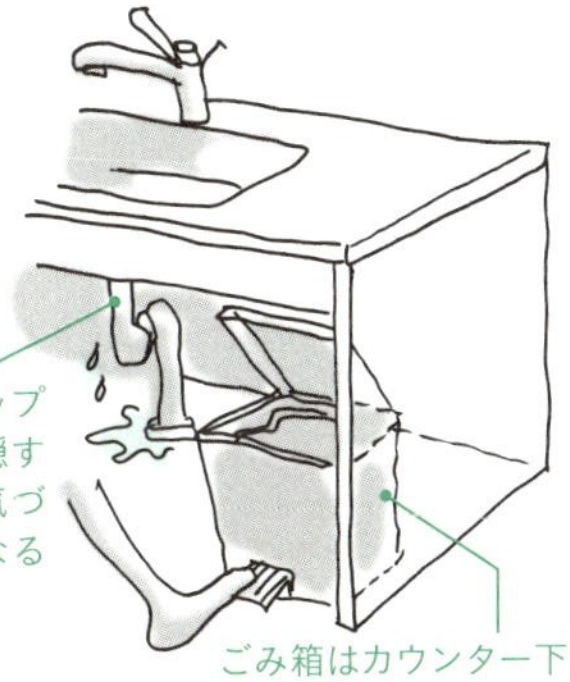
排水のトラップ
部分を扉で隠す
と水もれに気づ
かず大事になる
ことも
ごみ箱はカウンター下
やオープン棚に。存在
感を消すことができる

コート掛け

ぬれた帽子や
コートは玄関
のコートフッ
クに掛けてか
わかす

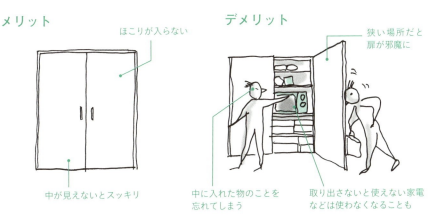

ジャストサイズに盲点がある

スマートに収まる壁面収納

正面から見ると

壁面いっぱいに造り付けた収納家具
2枚の戸を左右に引き分けてTVを見る
TVスペースは、手持ちのサイズにあわせたぴったりサイズ。将来的には使えなくなることも……

上から見ると

ドイツからシステム収納家具「インターリュプケ」(150㎜をモジュールとして、部屋に合わせてカスタマイズするユニット家具)が輸入され、日本でも壁面収納が定着した

収納したい物の大きさを測り、適切な場所にジャストサイズの収納を造り付ける。壁面収納などに物がぴったりと収まっている様子は気持ちよいものだ。

　とはいえ、造り付けるということは動かせないということ。フレキシビリティに欠けるのだ。家電置き場を兼ねた収納などは要注意。テレビなどは新商品が出るたびに、サイズも大きく変わる。場合によっては、古い物を「そのまま使い続ける」という覚悟も必要に。

　家具や収納を造り付ける場合は、多少のゆとりを設けておきたい。

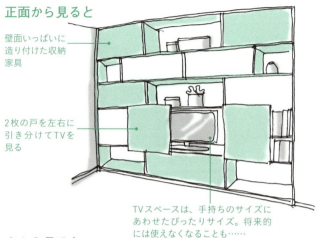

何をどこに入れるかを考えてつくりこむ

シンク後ろの吊戸は
普段使いの食器入れ
ホームパーティー用グラスなど個数が多いものや、小さな食器を並べる
冷蔵庫は造付け収納と別扱いにする
開き戸や上開き戸、引き出しを閉めれば、収納は真っ白の壁に見える。ダイニングから見たときも美しい
スパイスラック
調理家電収納の上開き戸は水平式収納なので、開きやすい。コンセント完備
湯気が出る炊飯器は湯気が収納内にこもらないように引き出して使える
ラップなどストックは引き出しに
シンク下は
ゴミ入れ
引き出しはレードルやカラトリー入れ
鍋や製菓道具、大皿など重たい物や大きいものは下段の開き戸収納に入れる

ぴったりサイズに要注意

造付け家具＋家電

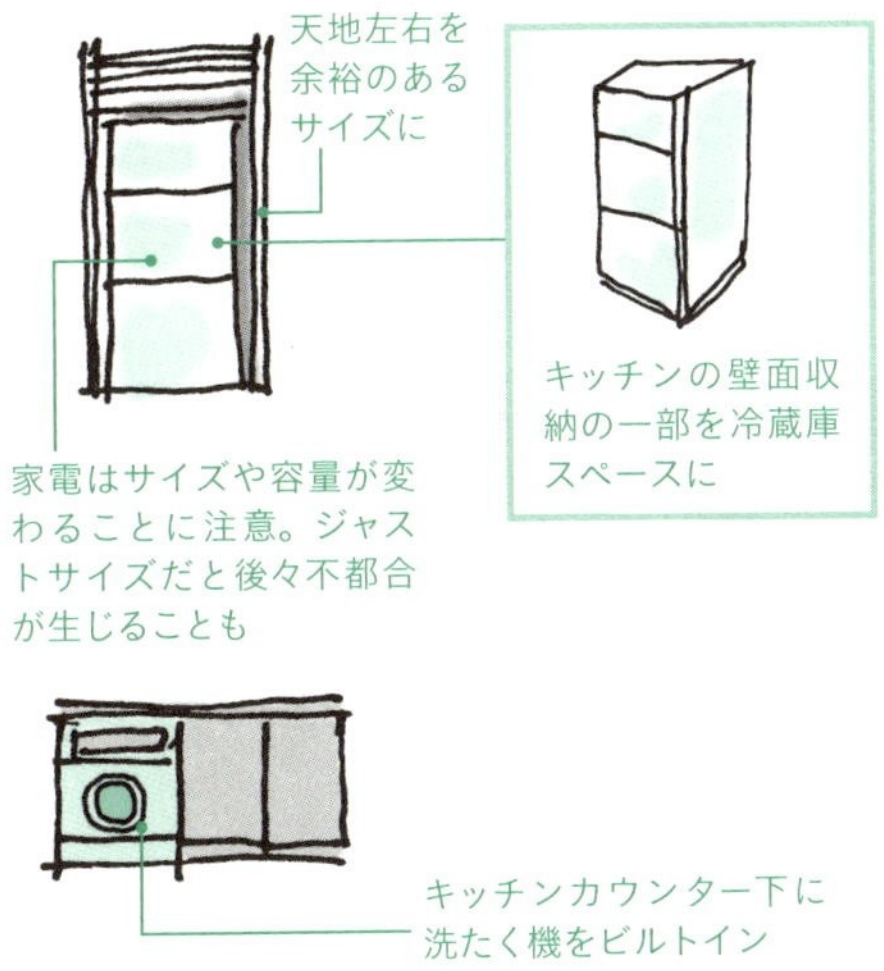
天地左右を
余裕のある
サイズに
キッチンの壁面収納の一部を冷蔵庫スペースに
家電はサイズや容量が変わることに注意。ジャストサイズだと後々不都合が生じることも
キッチンカウンター下に
洗たく機をビルトイン

CDや棚は＋20㎜

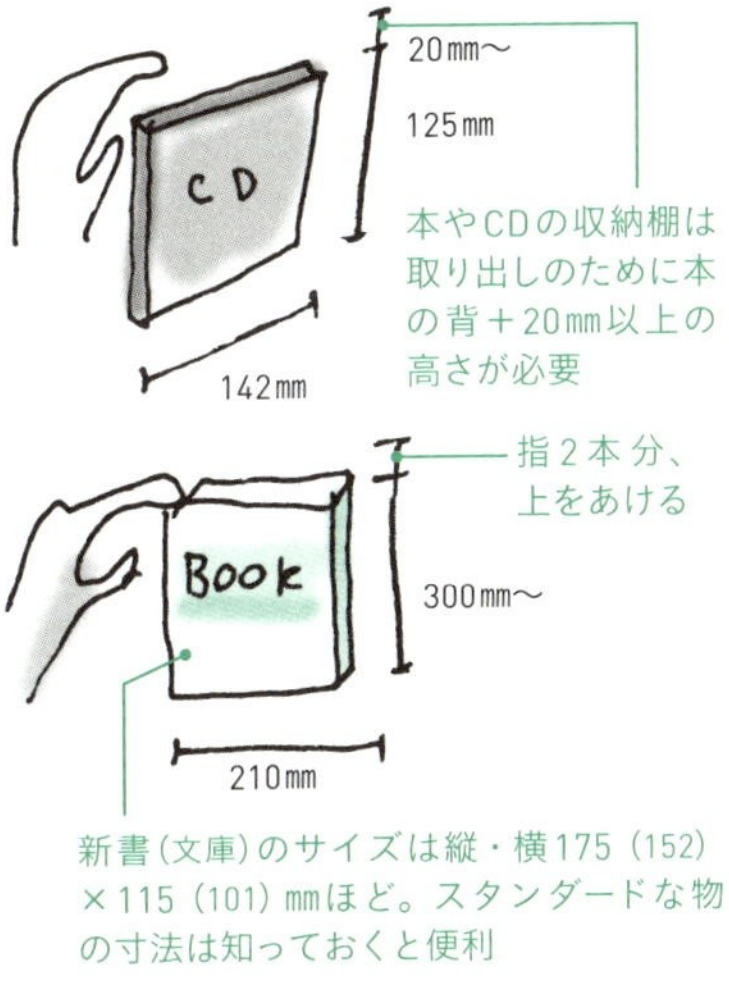
20㎜〜
125㎜
CD
142㎜
本やCDの収納棚は取り出しのために本の背＋20㎜以上の高さが必要
指2本分、
上をあける
BOOK
300㎜〜
210㎜
新書（文庫）のサイズは縦・横175（152）×115（101）㎜ほど。スタンダードな物の寸法は知っておくと便利

見せたくない設備機器

露出したままだとみっともない

目障りな機器たち

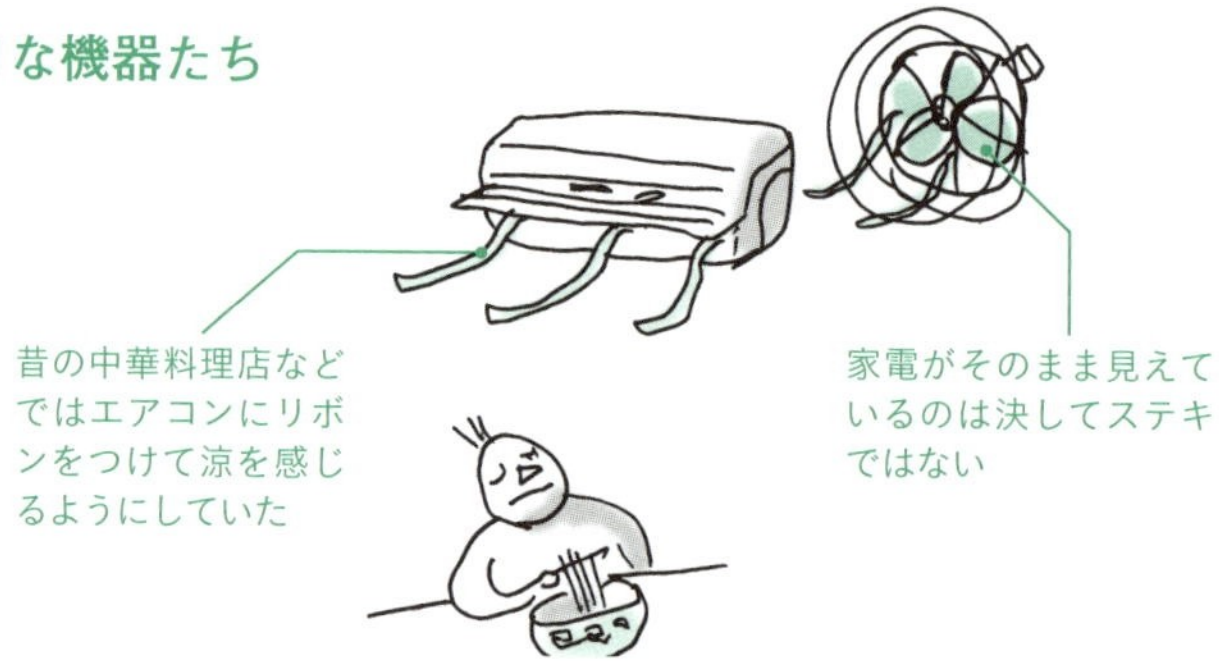
昔の中華料理店などではエアコンにリボンをつけて涼を感じるようにしていた
家電がそのまま見えているのは決してステキではない

ゴチャゴチャ配線

ぐちゃぐちゃになったケーブル。後ろはホコリだらけ
パソコン
分電盤

大量のスイッチプレート

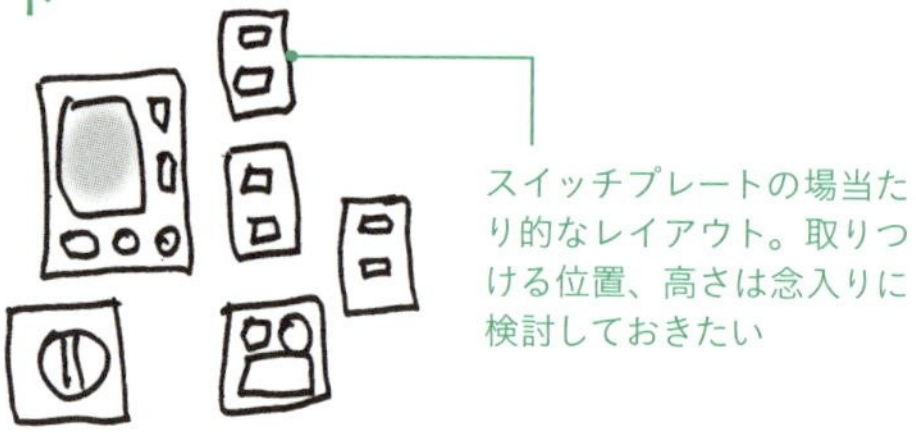
スイッチプレートの場当たり的なレイアウト。取りつける位置、高さは念入りに検討しておきたい

インターホンや分電盤などの設備機器は意外に目につくもの。壁を一部へこませて、機器の出っ張りをなくすだけでもその存在感を減らすことができる。覆いをしたり、壁や家具にビルトインしたりして、無粋な設備機器を「隠す」ことも。上質な空間には隠すことも必要だが、機能を十分に発揮できるよう無理なく処置したい。

設備を見せない工夫はすぐに始められる。パソコンにつながる多くのケーブルの配線ルートを考え、まとめてみよう。驚くほど部屋がすっきりするはずだ。

設備を収納して「見せない工夫を」

エアコン

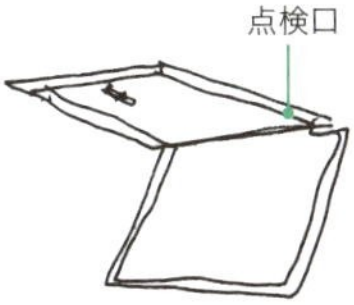

壁や天井埋込みを前提としてつくられた製品もある。天井埋込みなどのエアコンを採用する場合、メンテナンス用に天井点検口を設ける

将来、エアコンのサイズが大きく変わると、設置できなくなることも考えるとあまりおすすめしない

一般的な壁掛けタイプを壁のくぼみに設置し格子などで覆うと、ショートサーキット（誤作動）の心配も

木製格子などでエアコンを目立たなくする

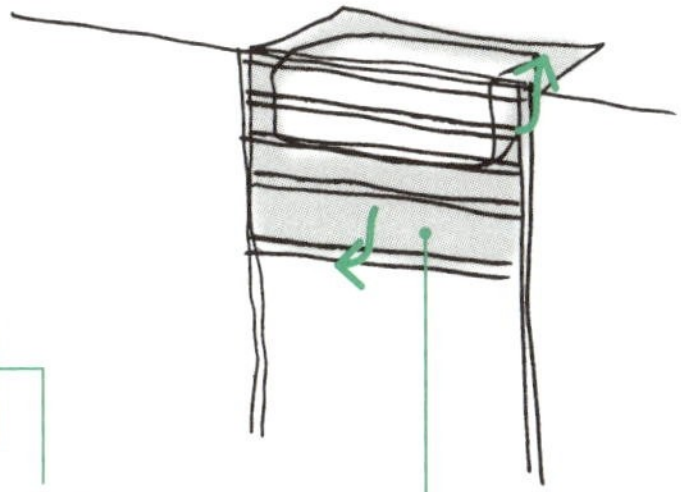

大きく開かなくてよいならエアコンの上からも下からも空気が抜ける工夫を

パソコン廻りの配線

有線でつなぐ場合の分電盤からCD管を入れておく。そうすると後から配線で変えられる

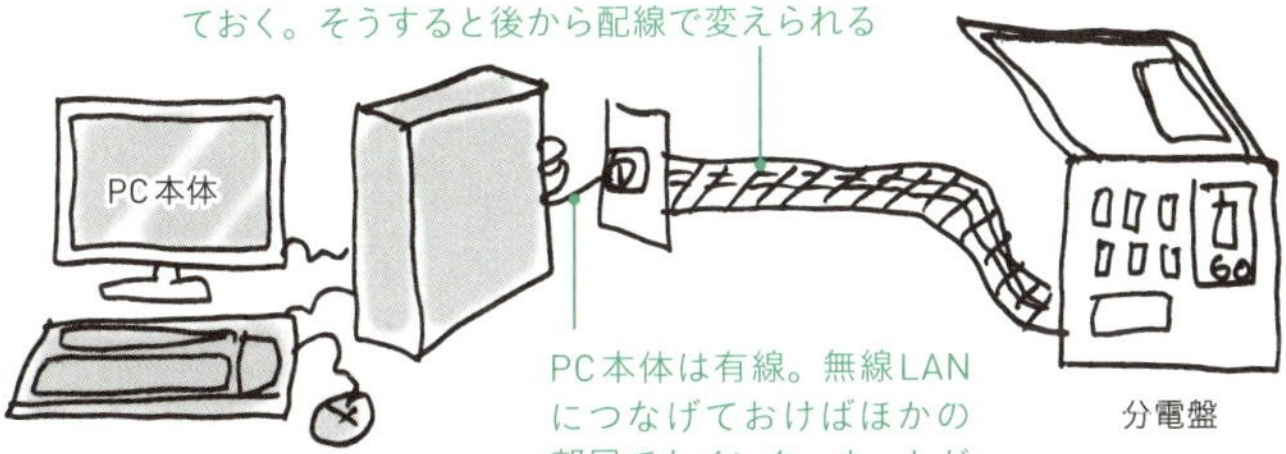

PC本体は有線。無線LANにつなげておけばほかの部屋でもインターネットが利用でき便利

インターホン

廊下などに露出するインターホンやスイッチなどは2～3cm奥に引っ込めるだけですっきり見える

コンセント・スイッチ

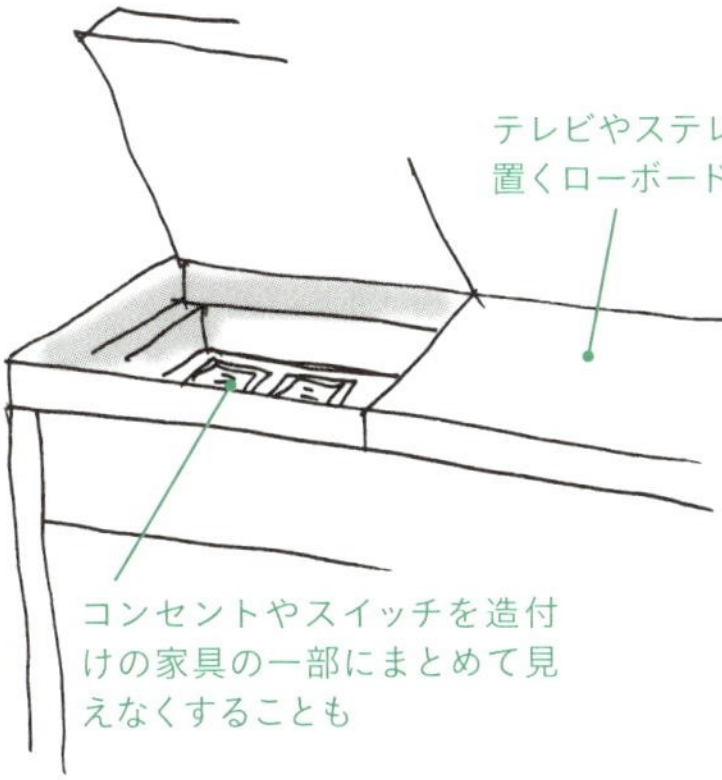

テレビやステレオなど置くローボードなど

コンセントやスイッチを造付けの家具の一部にまとめて見えなくすることも

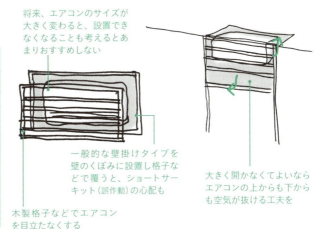

造付け収納はDIY可能？

誰がつくるかで価格も強度も異なる造付け家具

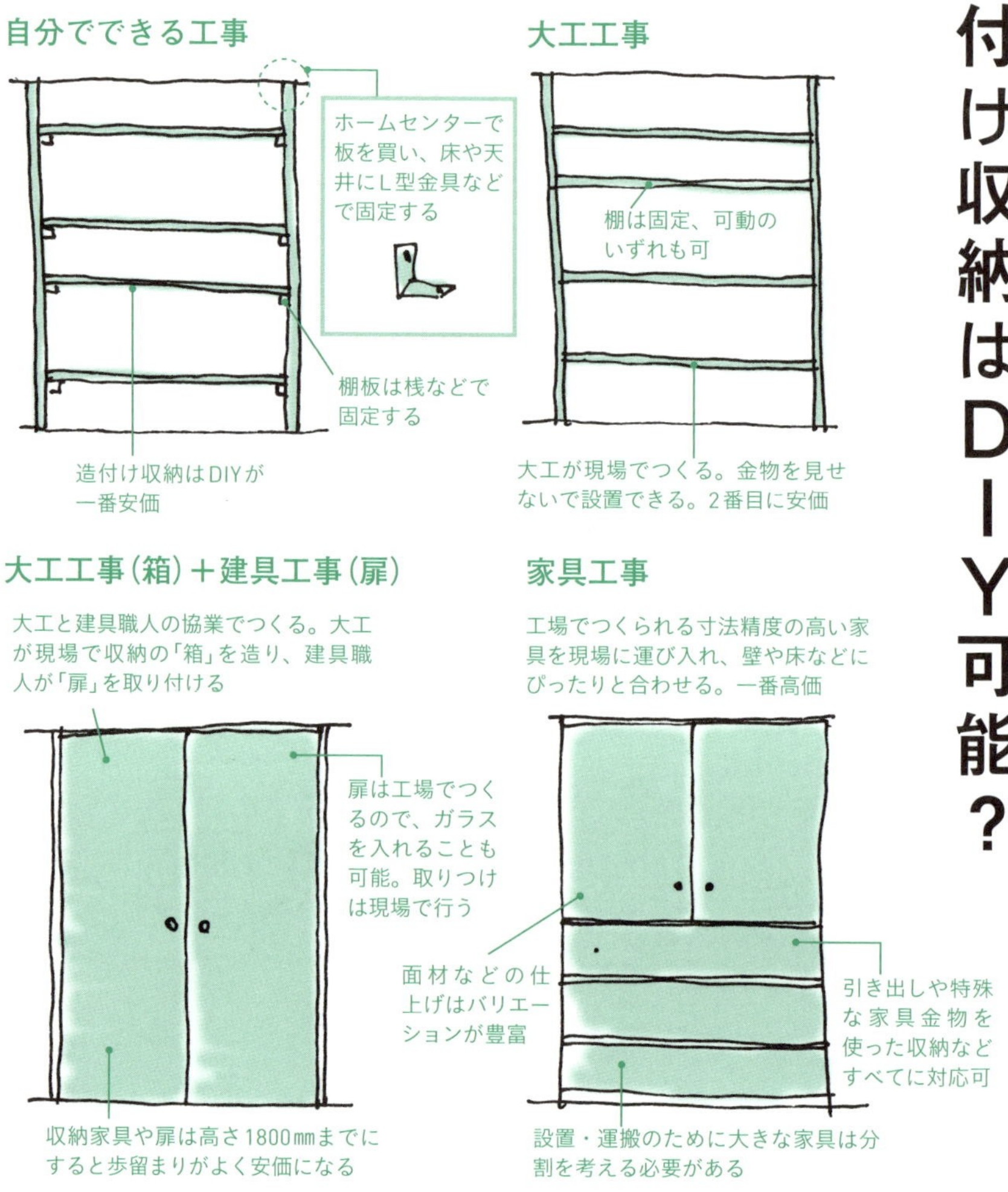

自分でできる工事
ホームセンターで板を買い、床や天井にL型金具などで固定する
棚板は桟などで固定する
造付け収納はDIYが一番安価
大工工事
棚は固定、可動のいずれも可
大工が現場でつくる。金物を見せないで設置できる。2番目に安価
大工工事（箱）＋建具工事（扉）
大工と建具職人の協業でつくる。大工が現場で収納の「箱」を造り、建具職人が「扉」を取り付ける
扉は工場でつくるので、ガラスを入れることも可能。取りつけは現場で行う
収納家具や扉は高さ1800㎜までにすると歩留まりがよく安価になる
家具工事
工場でつくられる寸法精度の高い家具を現場に運び入れ、壁や床などにぴったりと合わせる。一番高価
面材などの仕上げはバリエーションが豊富
引き出しや特殊な家具金物を使った収納などすべてに対応可
設置・運搬のために大きな家具は分割を考える必要がある

造付けの家具や収納は、既製品と違い、サイズや仕様に自由が利く。とはいえ、既製品を買うより工事費は高くつく。造付けの家具や収納は、家具職人の手によるのが精度も出来栄えもよい。大工がつくる場合は割安になるが、餅は餅屋。使える材料や仕上げなど選択肢が少なくなる。

オープン棚程度なら、DIYするという手も。材料や工具はホームセンターで簡単に手に入る。既製品の整理箱やカゴを引き出し代わりに応用すれば、安価で使いやすい収納が出来上がる。

使いやすい収納を DIY しよう

具体的なイメージが重要

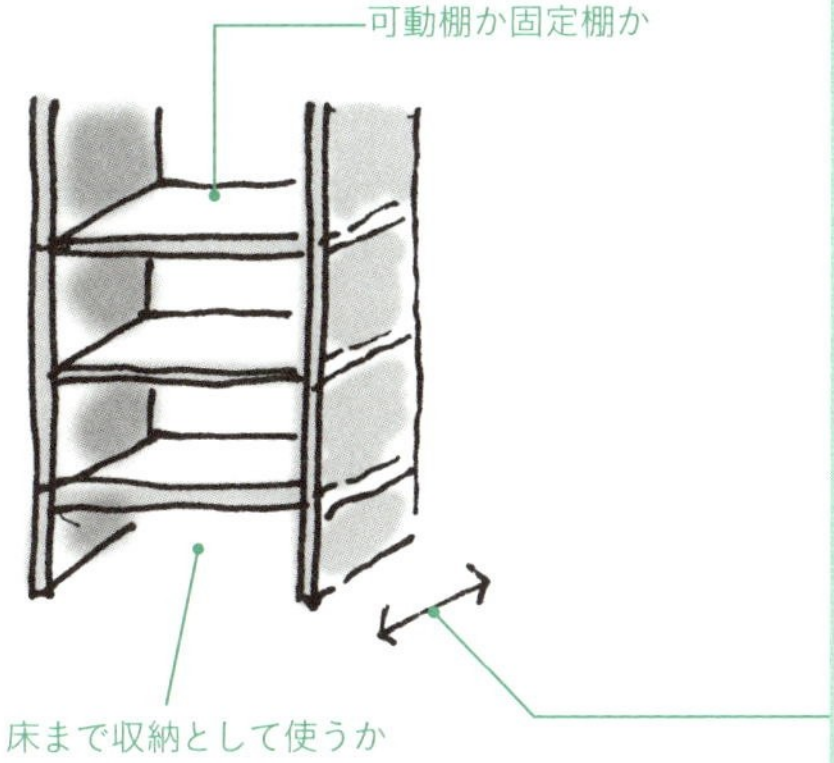
可動棚か固定棚か
床まで収納として使うか

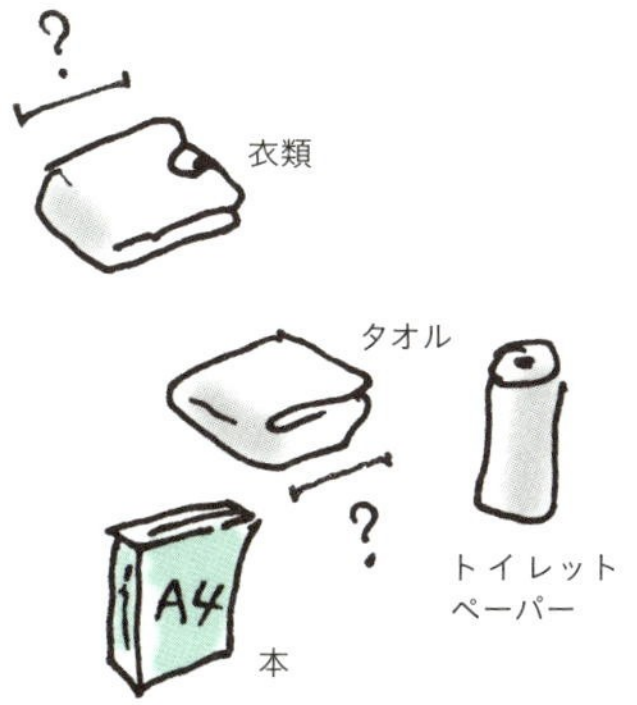
衣類
タオル
トイレット
ペーパー
A4
本

どう収納するのが効率的なのかをイメージする。収納する物も並べ方や畳み方によってサイズが変わる。効率のよい収納方法を考え、棚の奥行きを決める

オープン棚に引き出しを

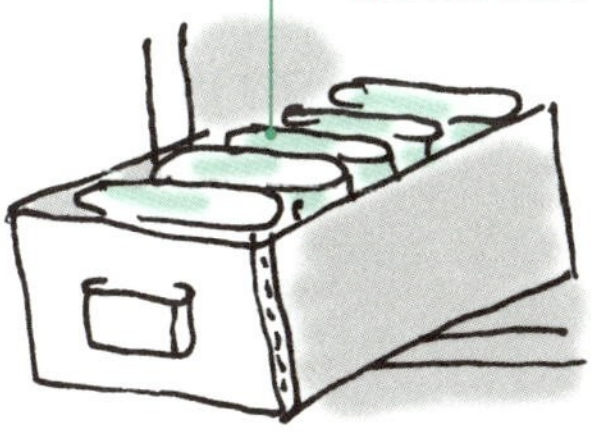
引き出しをつくるのは難しいので整理箱やカゴなど既製品を利用しよう

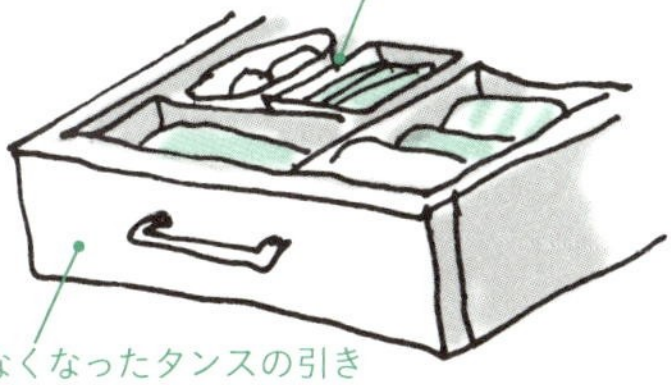
見えない部分の仕切りは空き箱などを利用しても
いらなくなったタンスの引き出しを再利用することも

風呂敷で包んで

どんなものでも包むことができるすぐれものの日本文化。美しく収納するときに重宝するのが風呂敷だ。ほこりよけにもなるが、出し入れが大変なので日々使う物の収納には不向き

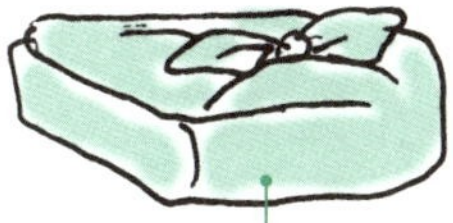
四角は箱を包む

長い物を包む

華やかに包む

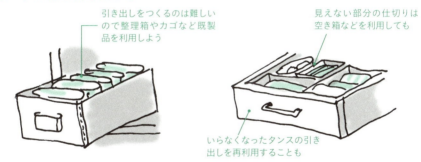

もっている家具を活用する

使えるけれど、好みでない家具

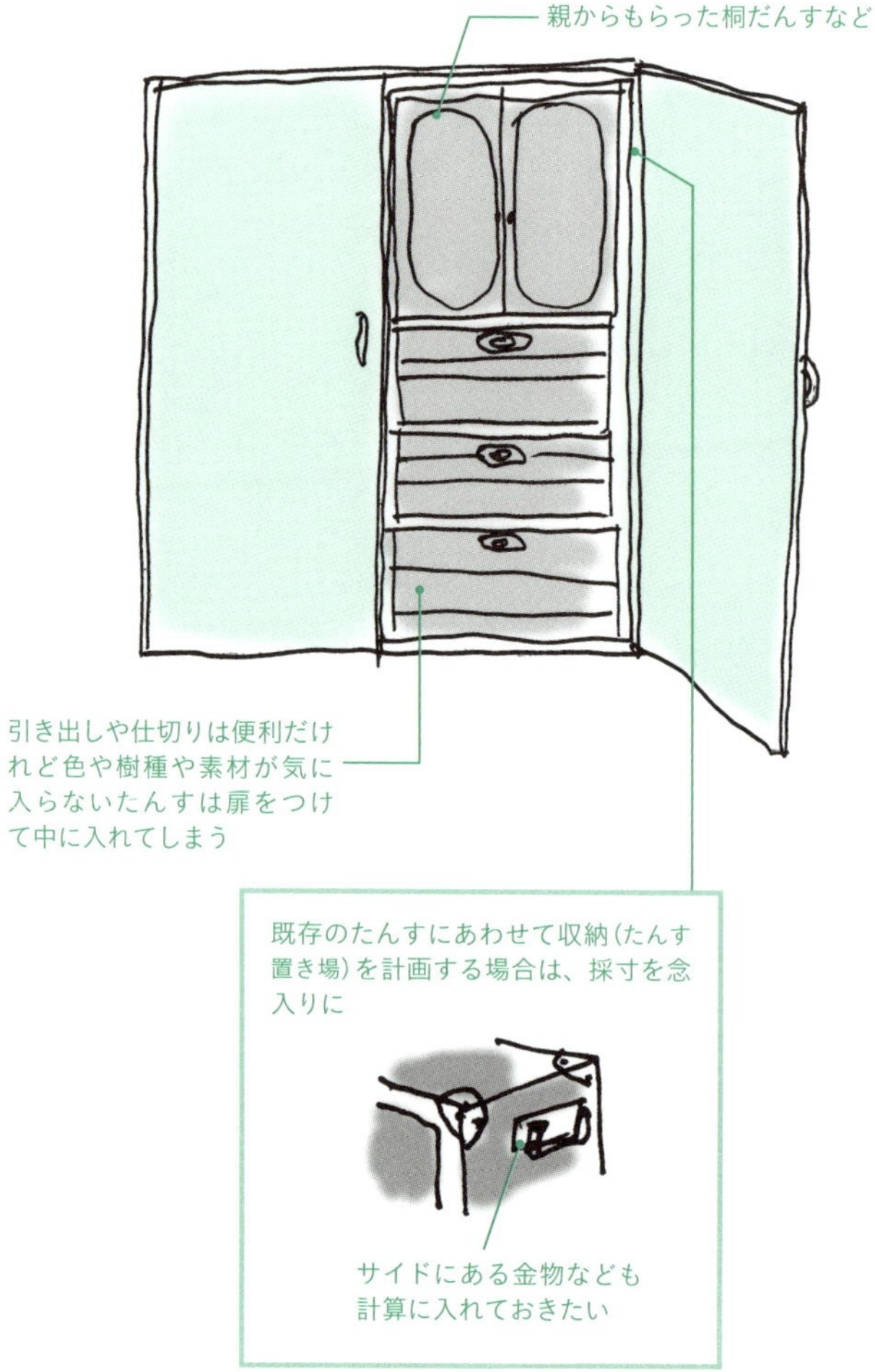
親からもらった桐だんすなど
引き出しや仕切りは便利だけれど色や樹種や素材が気に入らないたんすは扉をつけて中に入れてしまう
既存のたんすにあわせて収納（たんす置き場）を計画する場合は、採寸を念入りに
サイドにある金物なども計算に入れておきたい

「手持ちのたんすが部屋のインテリアに合わない」という悩みをよく聞く。家の新築やリフォームを考えているなら、納戸などをつくってその中に設置すればよい。部屋から見えなければデザインは意外と気にならないもの。機能的に満足していれば、捨てるのはもったいない。そもそも引き出し収納を特注しようものなら高くつく。ひと工夫して、うまく使いたい。

また、本来は用途が異なる物を収納家具として転用するという方法も。火鉢やはしごだってインテリアになる。発想を柔軟にしたい。

ちがう用途でオシャレに見える

火鉢が収納テーブルに

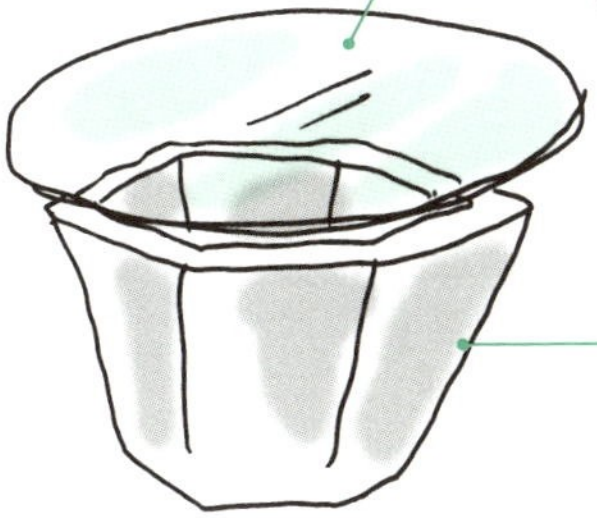

火鉢にガラス板をのせてテーブルにすれば、スタイリッシュな収納テーブルになる

中に観葉植物や照明を入れたり、水をはって金魚を入れても

和だんすが食器棚に

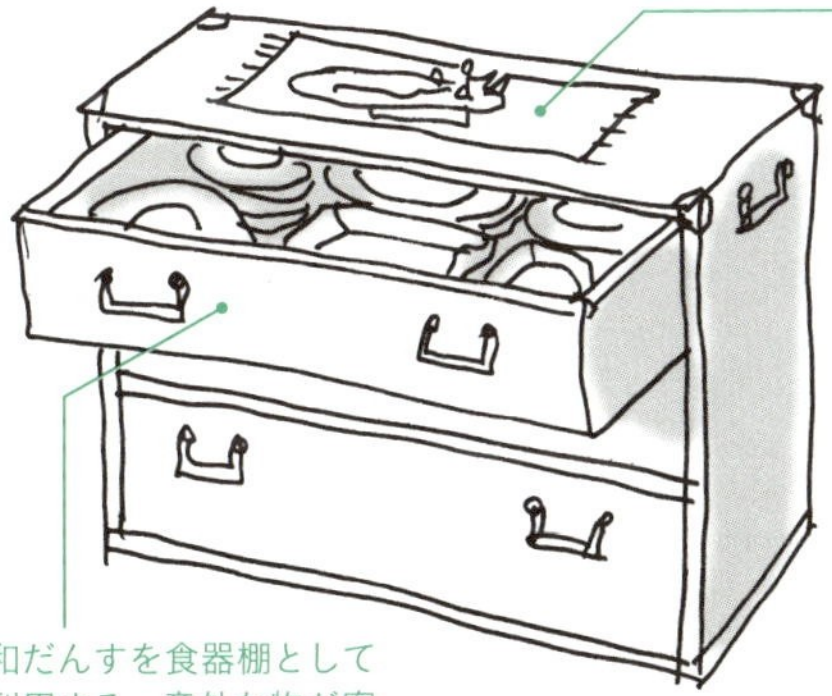

和だんすを食器棚として利用する。意外な物が案外シャレた収納になる

かごに月桂樹の葉などを入れて乾燥させて使い、さらには飾りとしても。実用とインテリアを兼ねる

はしごがリネン掛け

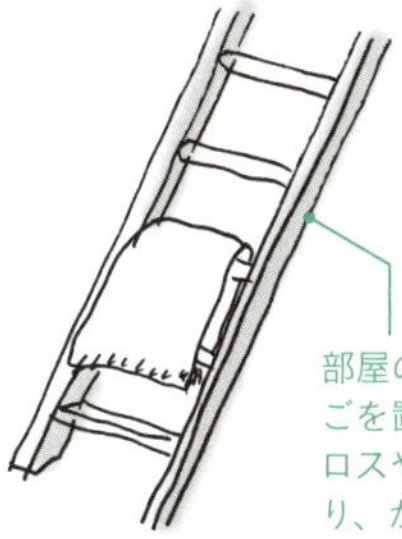

部屋の一角に木のはしごを置き、テーブルクロスやリネンを干したり、かけたりしても絵になる

小物は多用途に活躍

形の美しい空き瓶は花瓶や調理器具立てにも

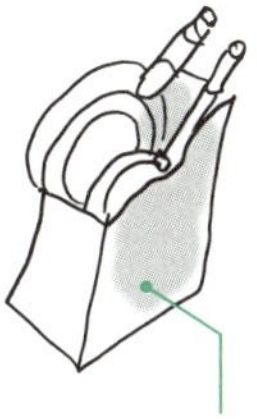

目につかないシンク下にはA4ファイルケース（プラスチック製）を置いてフライパンの収納に

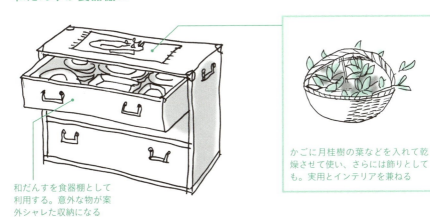

既製品にひと手間でステキな家具に

好みの家具にリニューアル

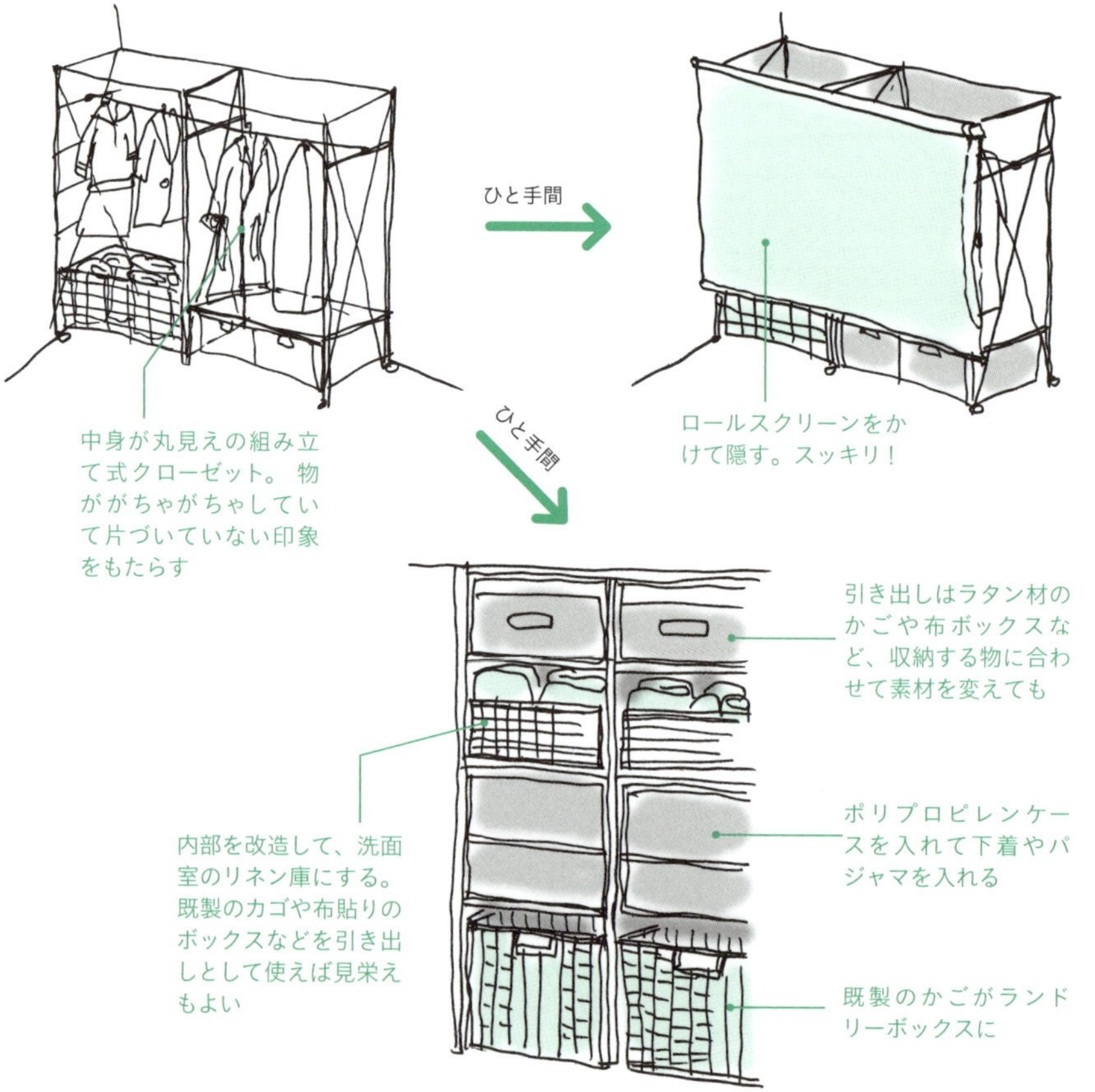
ひと手間
ひと手間
中身が丸見えの組み立て式クローゼット。物ががちゃがちゃしていて片づいていない印象をもたらす
ロールスクリーンをかけて隠す。スッキリ！
引き出しはラタン材のかごや布ボックスなど、収納する物に合わせて素材を変えても
内部を改造して、洗面室のリネン庫にする。既製のカゴや布貼りのボックスなどを引き出しとして使えば見栄えもよい
ポリプロピレンケースを入れて下着やパジャマを入れる
既製のかごがランドリーボックスに

すっきりテレビ台

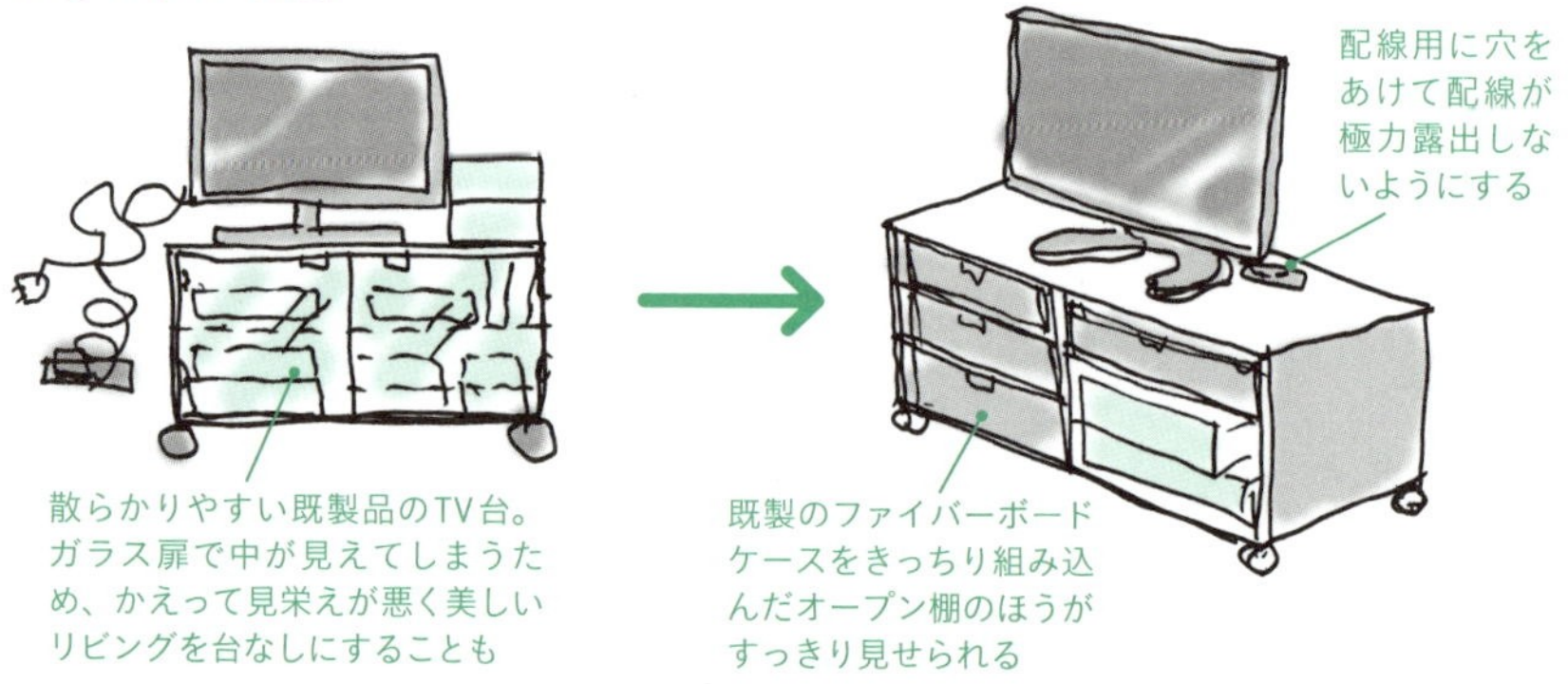
配線用に穴をあけて配線が極力露出しないようにする
散らかりやすい既製品のTV台。ガラス扉で中が見えてしまうため、かえって見栄えが悪く美しいリビングを台なしにすることも
既製のファイバーボードケースをきっちり組み込んだオープン棚のほうがすっきり見せられる

自分で工夫できる収納

収納的想像力を高める

タオル掛け金物は万能

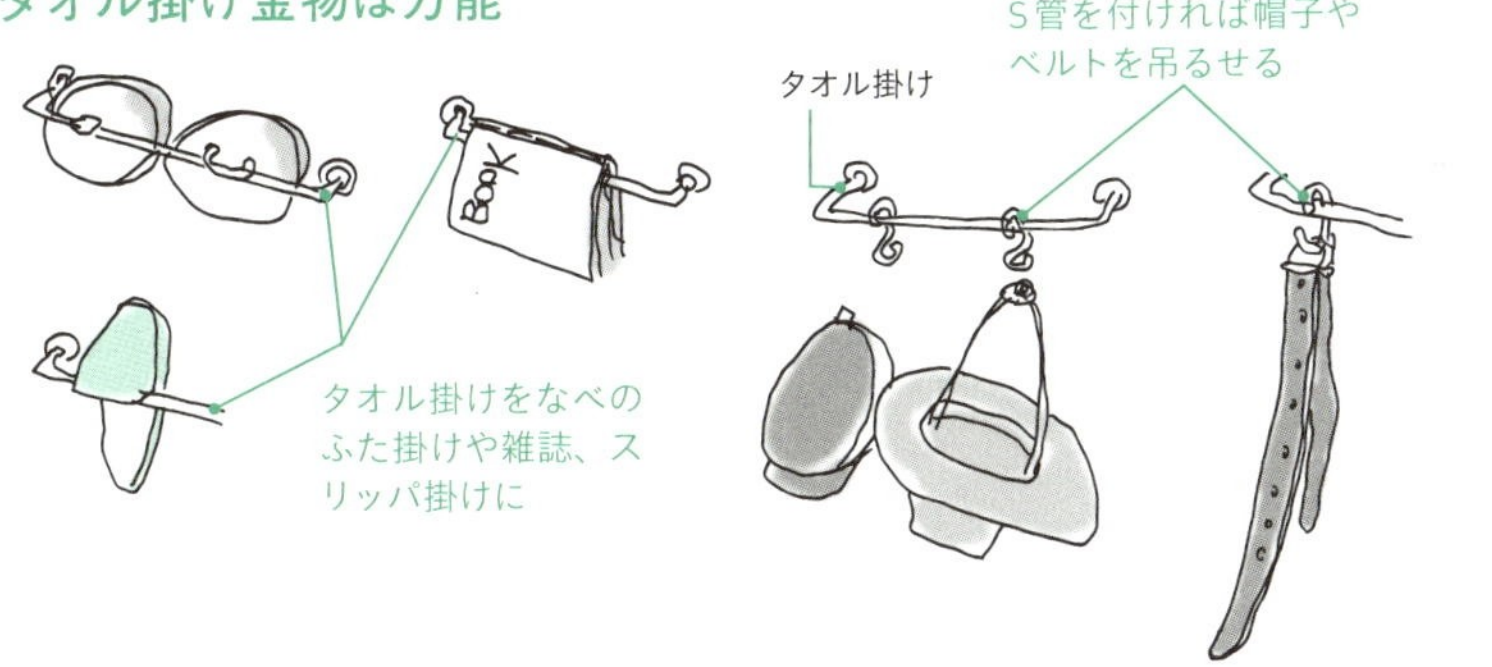
タオル掛けをなべのふた掛けや雑誌、スリッパ掛けに
BOOK
タオル掛け
S管を付ければ帽子やベルトを吊るせる

つっぱり棒は2本1組で

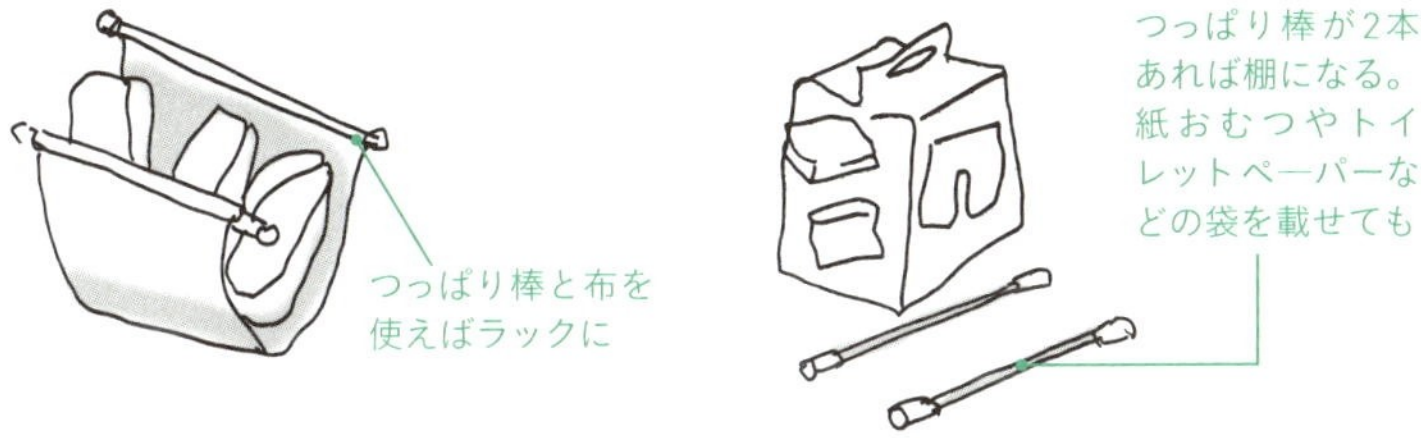
つっぱり棒と布を使えばラックに
つっぱり棒が2本あれば棚になる。紙おむつやトイレットペーパーなどの袋を載せても

金物を常備しよう

扉の内側にヒートンやフックをつければ、小物掛けに

仕切りは簡易でOK

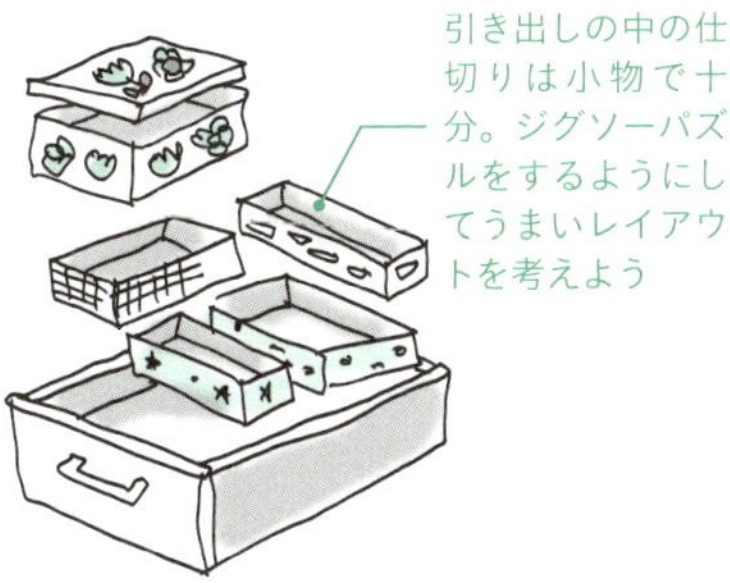
引き出しの中の仕切りは小物で十分。ジグソーパズルをするようにしてうまいレイアウトを考えよう

片づけるためには家中にたくさんある雑多な物をどこかに収納しなくてはならない。しかし、そのために、専門の業者に棚をつくってもらえば高くつくし、かといって既製品の家具を買うのもあまり気が進まない。

だったら、発想を変え、自分でつくってしまえばいい。身近にあるいろいろな物をちょっと工夫するだけで、収納の幅は格段に広がるのだ。

プロや既製品に頼らないで自分でオリジナルの、楽しい収納を考えてみよう。

使いやすさはちょっとした工夫から

ティッシュが取り出しやすいのはなぜ？

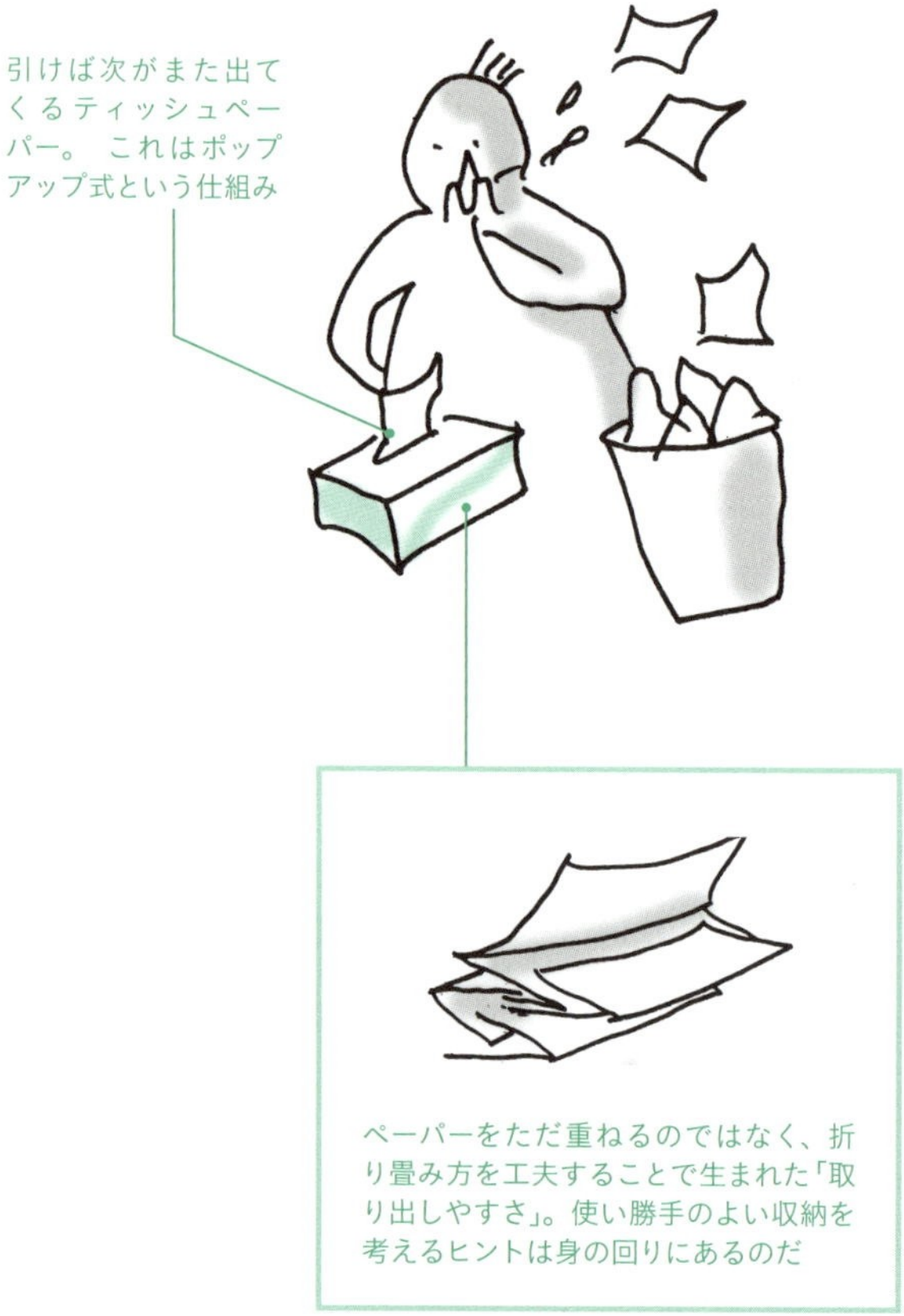
引けば次がまた出てくるティッシュペーパー。これはポップアップ式という仕組み
ペーパーをただ重ねるのではなく、折り畳み方を工夫することで生まれた「取り出しやすさ」。使い勝手のよい収納を考えるヒントは身の回りにあるのだ

たとえば、タオルをしまうとき、下から順番に洗たくしたものを積んでいくと、いざ、新しいタオルを使うときは、いつも洗たく仕立ての物ばかり。そして、一番下のタオルは、いつになっても使われることがない。心あたりのある人も多いのでは。

物をただきれいに片づければよいのではない。収納するときは、ふだん、実際に使うときのことを考えて、「使いやすさ」の工夫を考える必要がある。

収納物にあわせて「使いやすさ」の工夫を

タオル収納は万べんなく使えるように

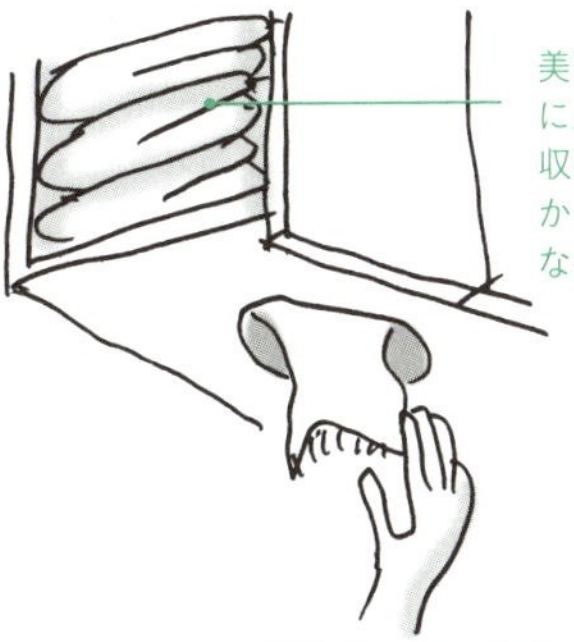

美容室のタオル入れのように上から入れて下から使う収納。前に洗たくしたものから順に使うことで、不便なく使える

タオルを棚に並べる場合はくるくると巻いて収納。下から上に積み重ねると洗たくしたてのものばかり使うことに

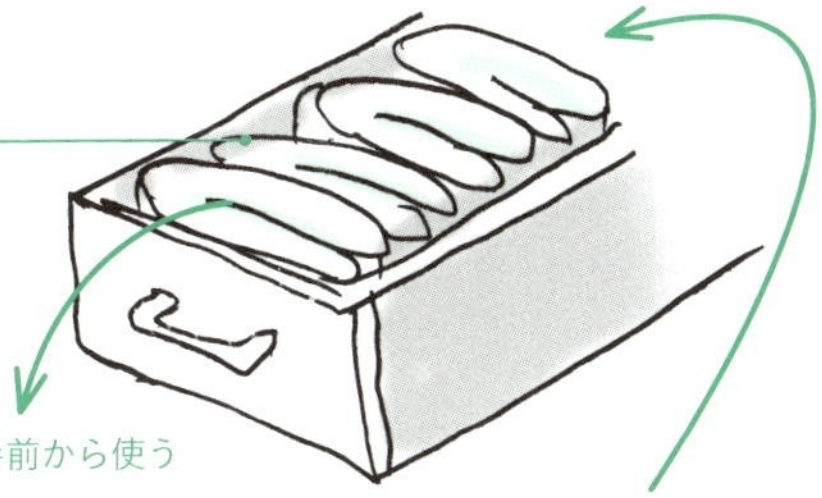
手前から使う
奥から入れる

引き出しのタオル収納。タオルのようにコーディネーションに関係ないものは、奥に入れて手前から使う。使用頻度に偏りがなくなり、もちもよくなる。

古い物から使えるストック収納

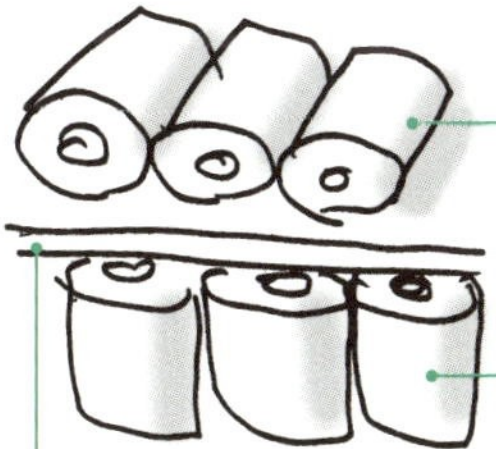
旧(寝かす)
新(立てる)

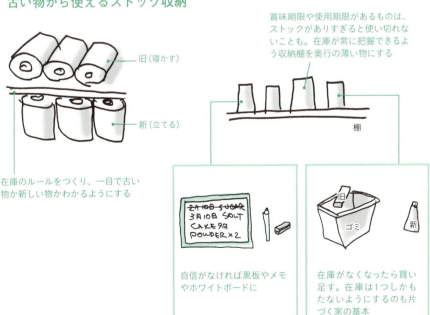

在庫のルールをつくり、一目で古い物か新しい物かわかるようにする

賞味期限や使用期限があるものは、ストックがありすぎると使い切れないことも。在庫が常に把握できるよう収納棚を奥行の薄い物にする

棚

2A10日 SUGAR
3月10日 SALT
CAKE 9日
POWDER×2

自信がなければ黒板やメモやホワイトボードに

旧
ゴミ
新

在庫がなくなったら買い足す。在庫は1つしかもたないようにするのも片づく家の基本

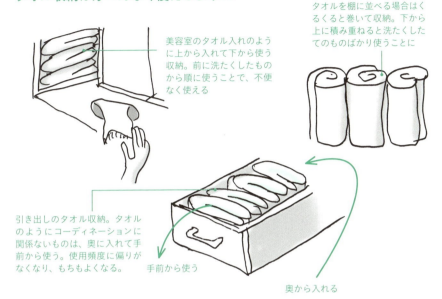

買うときに収納スペースを考える

上手に収納できても使わなければ意味がない

買うときに考えないと入らないものがある

限りある空間だから、物を買うときは設置場所や収納場所をよく考えたい。

そういった意味でマトリョーシカ人形のように入れ子式に収納できるものは魅力的だ。デザイン性に優れた製品も多くおすすめだが、重ねている物を取り出すのが面倒という人がいるのも事実。

特に重いものなどは出し入れが億劫になり、逆に使わなくなることもあるので、自分自身に合った物を選びたい。調理器具ならクリスタイルケースがよい。安いし、重ねたり、加えたり、いろいろな使い方ができる。

多機能な物を選んで省スペース化

収納しやすい調理器具

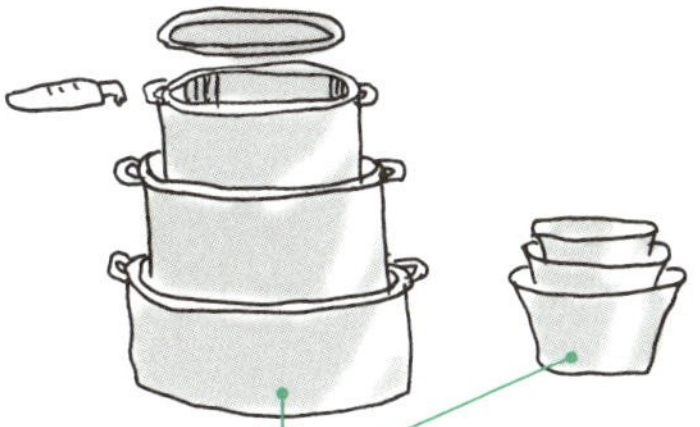

入れ子になっているなべやボウルは省スペース

別部品を買い足すと機能が広がるものは、1台で2役にも3役にもなる

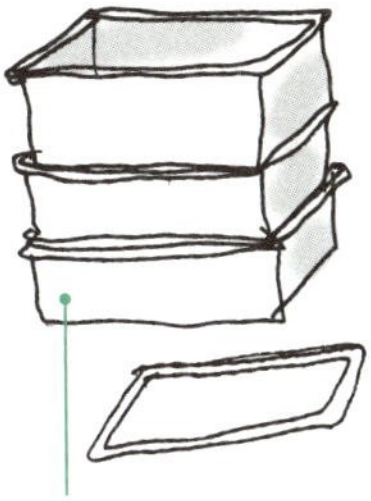

スタッキング可能な容器も収納しやすい。調理器具や食器といった小物ほど必要量（数）は多くなるもの

広がるテーブル

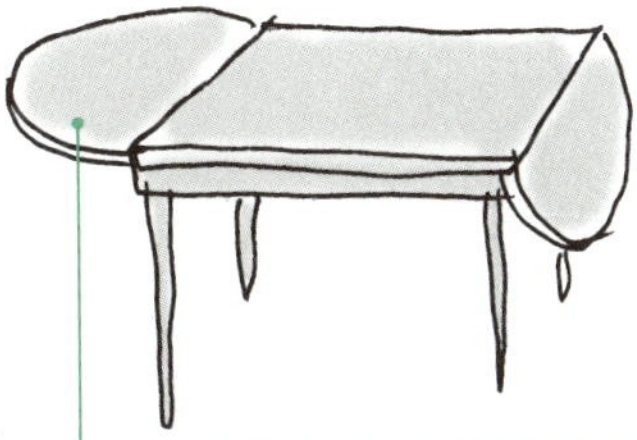

エクステンション部分を広げて使うのは大人数が集まったときだけで、ふだんは省スペースに

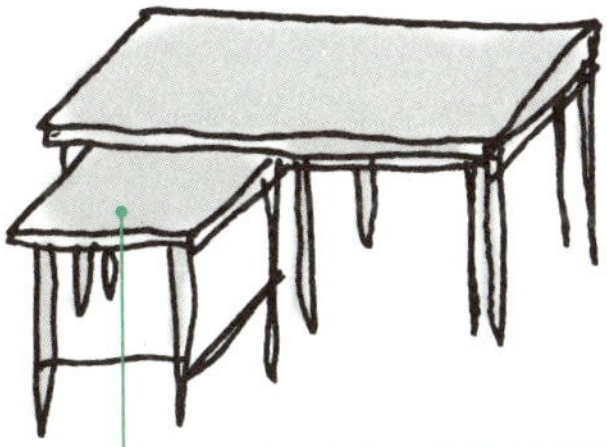

ネストテーブルは必要な時に手元に出せて不要な時はしまえるので便利

高さを変えられるテーブル

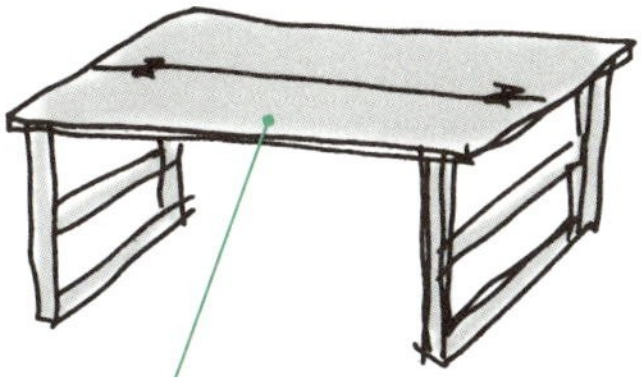

イスに座って使うテーブルはダイニングで使用

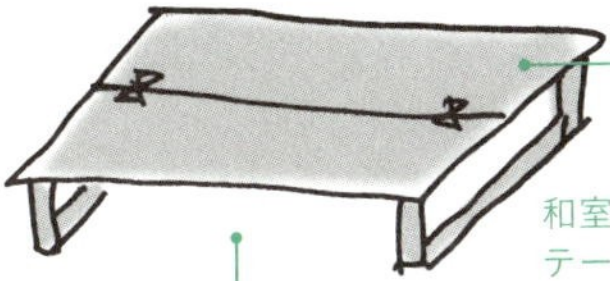

和室にお客様が来たら、テーブルを運び入れ、脚を畳んで座卓として使う。通常和室は何もないがらんとした空間

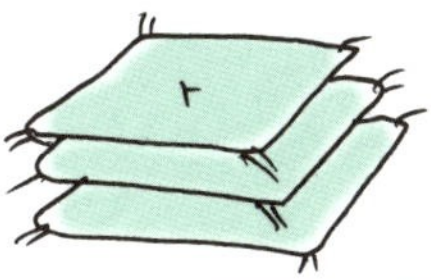

座卓を使うときは、座ぶとんを押入れから取り出す。座ぶとんは積み上げて収納できるので省スペース

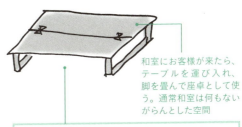

動く収納をうまく使う

これも動く収納？

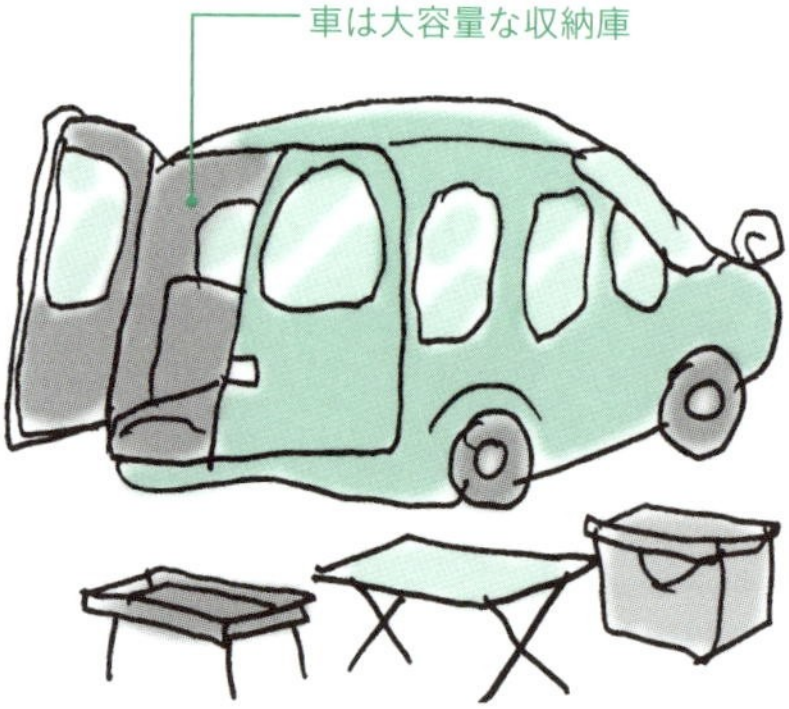

車が収納になっているアウトドア好きな人も大勢いる

荷物を運ぶ人も動く収納といえるかもしれない

動く収納といって思い出すのは、配膳などに使うワゴン。キャスターつきなので簡単に動かせ、そうじの際も邪魔にならない。使わないときには扉の奥にしまうこともできる。

　実は、動く収納にキャスターが不可欠というわけではない。裁縫に使うソーイングボックスがいい例だ。何らかの作業に関係する物がコンパクトにまとめられ、必要なとき必要な場所まで簡単に運んでくることができる収納。造付け収納や重たい家具よりも手軽で、案外に使い勝手がいいものだ。うまく生活に取り入れたい。

便利な動く収納

キャスターつきのワゴン

配膳や調理に関係するものをまとめたワゴン

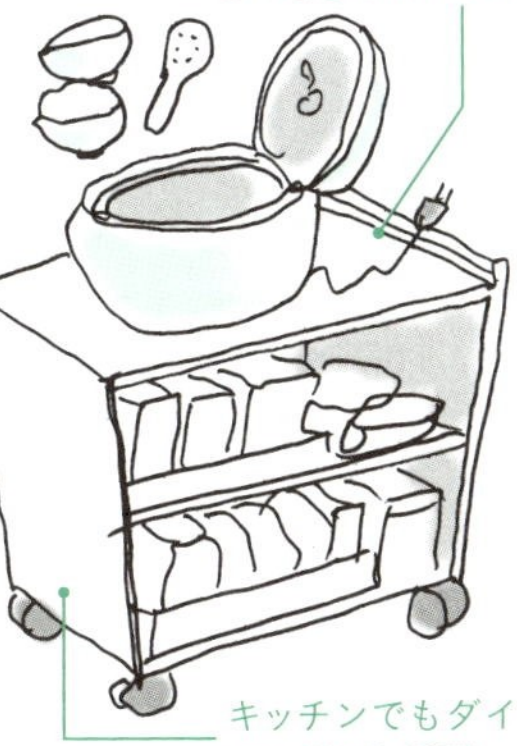

キッチンでもダイニングでも活躍

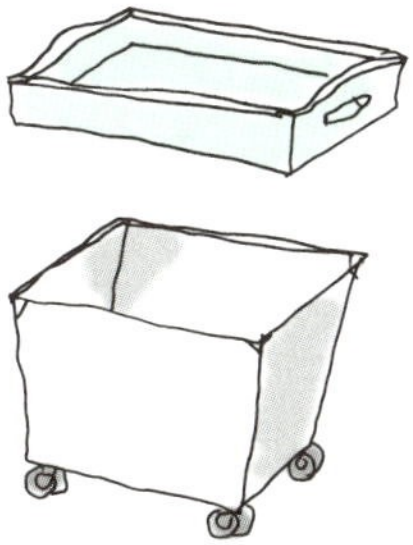

トレイをキャスターつきの収納に置いただけのお手軽なワゴン

ソファ横のコーヒーテーブルはちょっと動くと便利

移動式のハンガーラック

玄関近くに置くことで花粉がついた服を干して、居室の外によけておくという使い方も

洋服や帽子、マフラーをかけるほか、洗たく物をほしたまま物干し場まで運ぶことができる

キャスターがなくても動く収納

ソーイングボックスを身の回りに持ってくればいつでもどこでも裁縫ができる

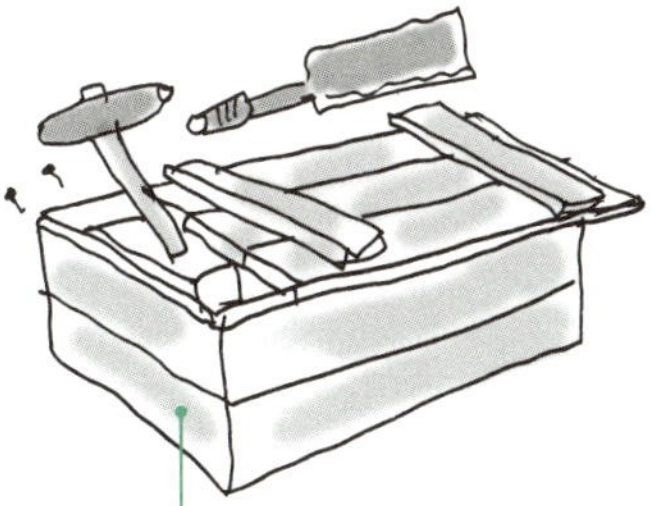

大工さんの道具箱は昔からある動く収納だ

意外に多い季節品は収納が必須

小屋裏収納に入れる物は吟味して

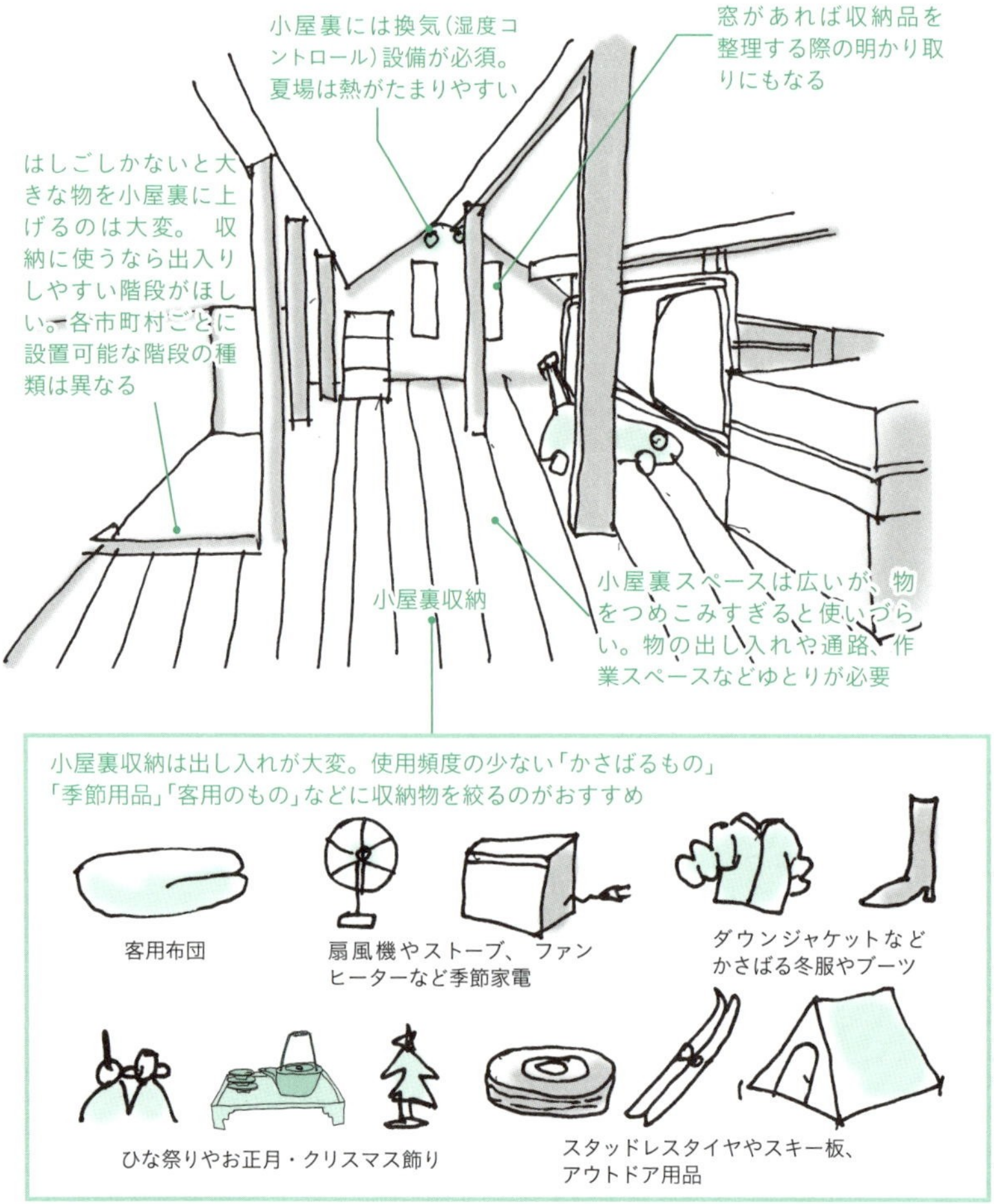

小屋裏には換気（湿度コントロール）設備が必須。夏場は熱がたまりやすい
窓があれば収納品を整理する際の明かり取りにもなる
はしごしかないと大きな物を小屋裏に上げるのは大変。収納に使うなら出入りしやすい階段がほしい。各市町村ごとに設置可能な階段の種類は異なる
小屋裏スペースは広いが、物をつめこみすぎると使いづらい。物の出し入れや通路、作業スペースなどゆとりが必要
小屋裏収納
小屋裏収納は出し入れが大変。使用頻度の少ない「かさばるもの」「季節用品」「客用のもの」などに収納物を絞るのがおすすめ
客用布団
扇風機やストーブ、ファンヒーターなど季節家電
ダウンジャケットなどかさばる冬服やブーツ
ひな祭りやお正月・クリスマス飾り
スタッドレスタイヤやスキー板、アウトドア用品

日本人は物持ちだ。それは四季の変化に富む気候風土のせいでもある。洋服や寝具、冷暖房器具に季節飾りなど、季節に応じた物があり、シーズンごとに入れ替える必要がある。

季節品の収納には和室の押入れや小屋裏収納が向いている。容量もある程度あり、物を出し入れするスペースも十分取れる。

なお、布製品を長期保存する場合は、湿度管理を怠らないように。押入れなら定期的にふすまを開け、サーキュレータなどで空気をまわす。小屋裏収納には換気扇をつけておくとよい。

押入れは湿気対策が必須

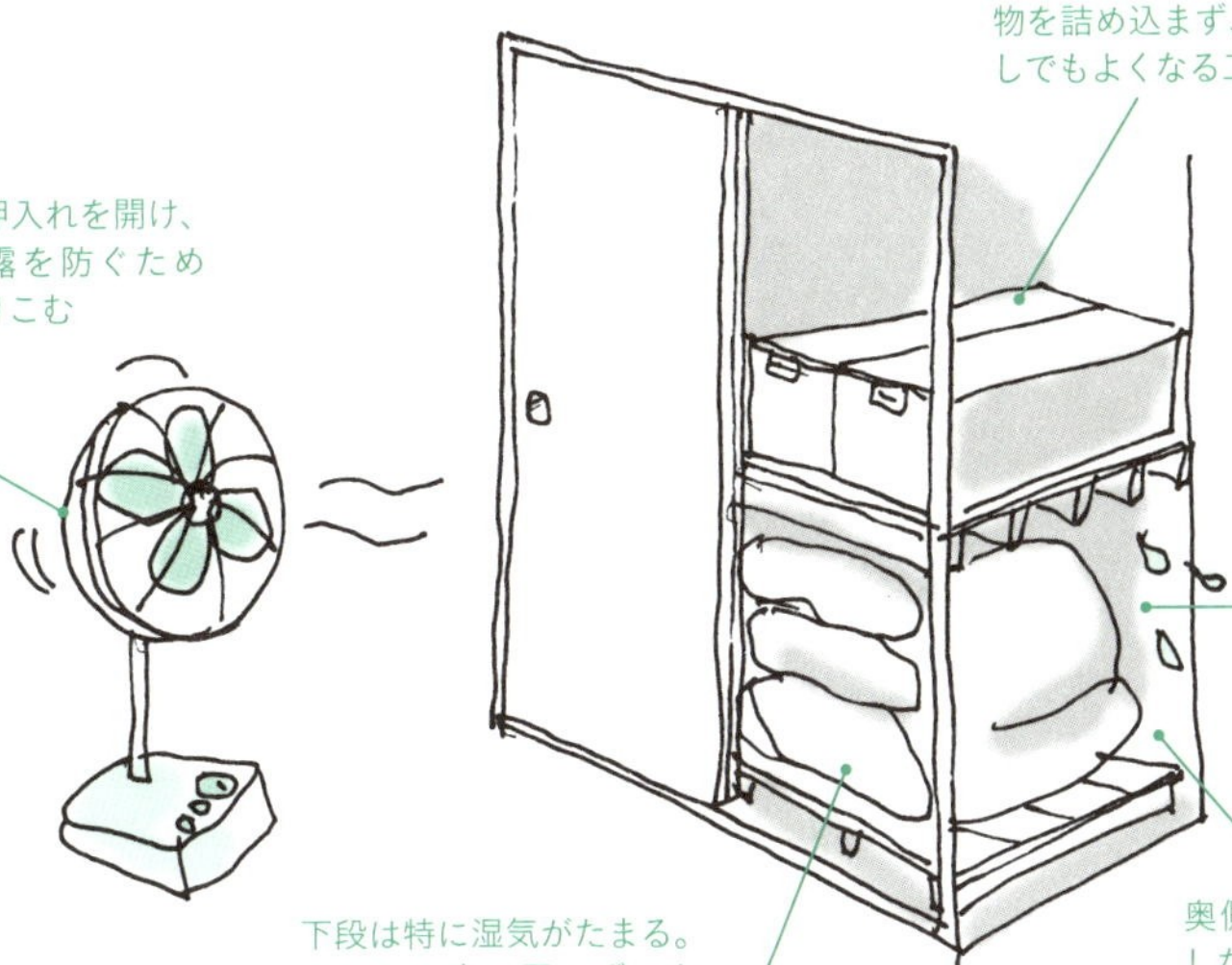
押入れにはぎゅうぎゅうに物を詰め込まず、通気が少しでもよくなる工夫を
定期的に押入れを開け、カビ・結露を防ぐために風を送りこむ
奥が一番結露しやすい
下段は特に湿気がたまる。ふとんは直に置かず、すのこなどの上に
奥側に空気が停滞しないように

ふとんをうまく収納しよう

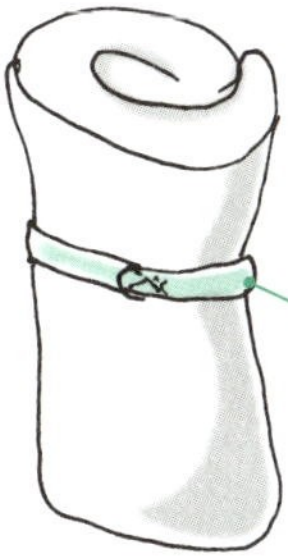
マジックテープを使い、ふとんをまるめて入れれば、奥行の狭い収納にも入る

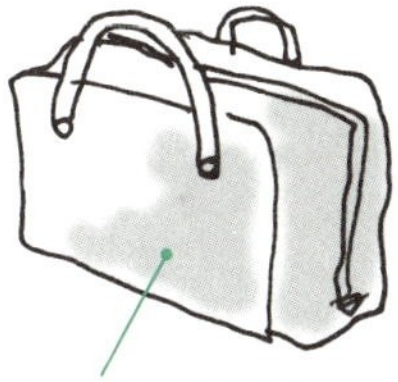
客用のふとんなどは専用バッグ(購入時に入っていたもの)やふとん袋に入れても。以外にコンパクトにまとまる。中には乾燥剤を入れるとなおよい

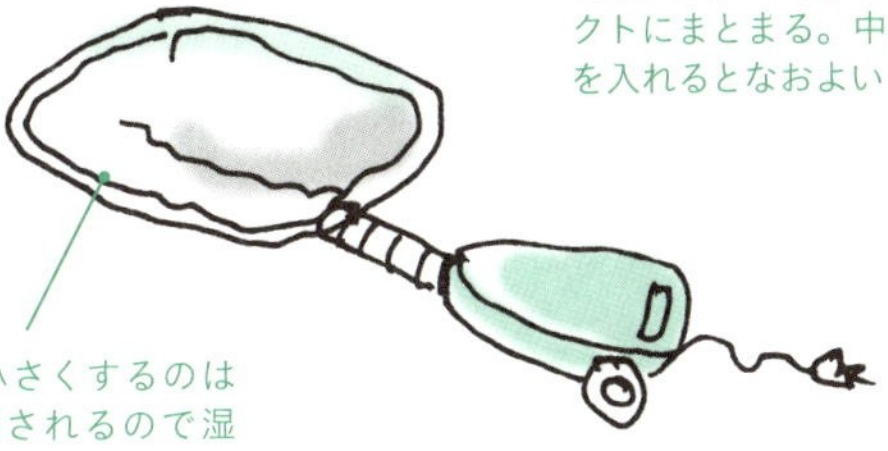
圧縮袋で小さくするのは王道。密閉されるので湿気も防げる

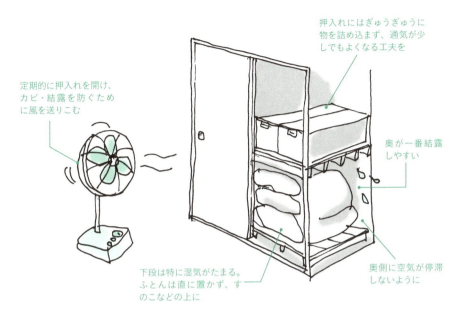

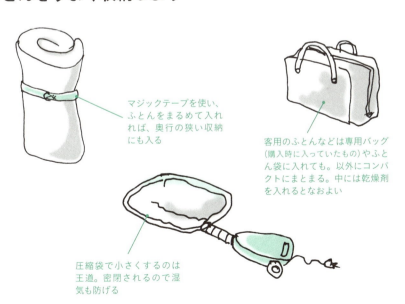

飾りを美しく魅せるには？

こんな飾り棚は NG

テイストもぐちゃぐちゃで
まとまりに欠ける
手の入る隙間もなく
そうじができない
物が多すぎ
家具の最上段にある飾り棚は各地の民芸品で
ぎゅうぎゅう。自慢のコレクションだが物が
よく見えないし、美しく感じられない

物を飾るなら、きれいに魅せたい。お土産でもらった民芸品や家族写真、コレクションのミニカーなど、飾りとなる物は多岐にわたる。単体で見るといずれもステキなのだが、それらを考えなしに並べた飾り棚は目も当てられない。

　そんないまひとつの飾り棚は、物がぎゅうぎゅう、ホコリがたんまり、人目につかないところにあることが多い。美しい飾り棚を実現させるには、物の並べ方・数を吟味し、飾るためのスペースを人目につく明るい場所につくる必要がある。

飾り棚を美しく見せるコツ

並べる物の数を限定する

高価なものもお互いに消しあってその価値がなくなってしまう

なんでもかんでも並べるときれいに見えない

物を厳選して飾る。ひとつだけのほうが活きるものもある。そうじも行き届くので美しく保つことができる

色味や形、素材、サイズが似たもの同士をまとめて並べるという方法も

形がばらばらでも色がそろっているだけで統一感がでるもの

常にそうじをし、定期的に物を入れ替える

ほこりをかぶったものはどんな美しい物でも薄汚い印象を与える

季節やテーマなどに合わせ物を入れ替えると、見る人も楽しい。入れ替えの際は念入りにそうじができて◎

目が届くように明るくする

観葉植物などは太陽光が必須なのと同様、クリスタルガラスなどは光を当てないと美しく見えない

紫外線を当てすぎると大半のものは劣化する。特に写真や紙製品は注意

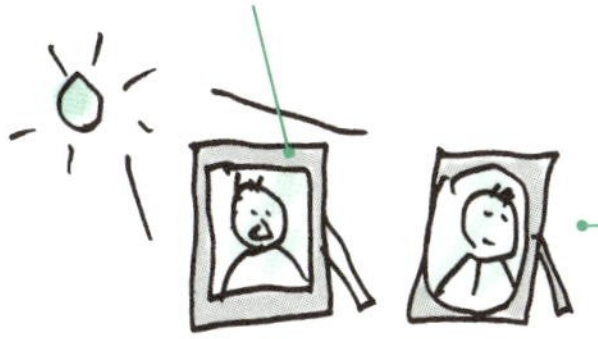

蛍光灯などの照明なら紫外線も少ない。フィギュアなどはUV対策が施されたケースに入れても

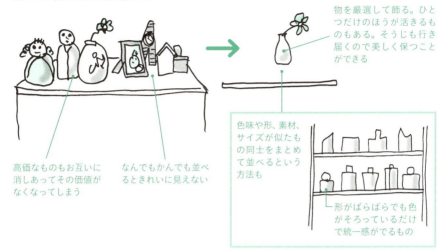

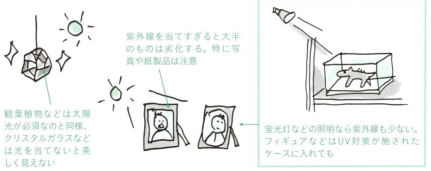

素敵に見せる収納の工夫

飾り棚は人目につく場所に

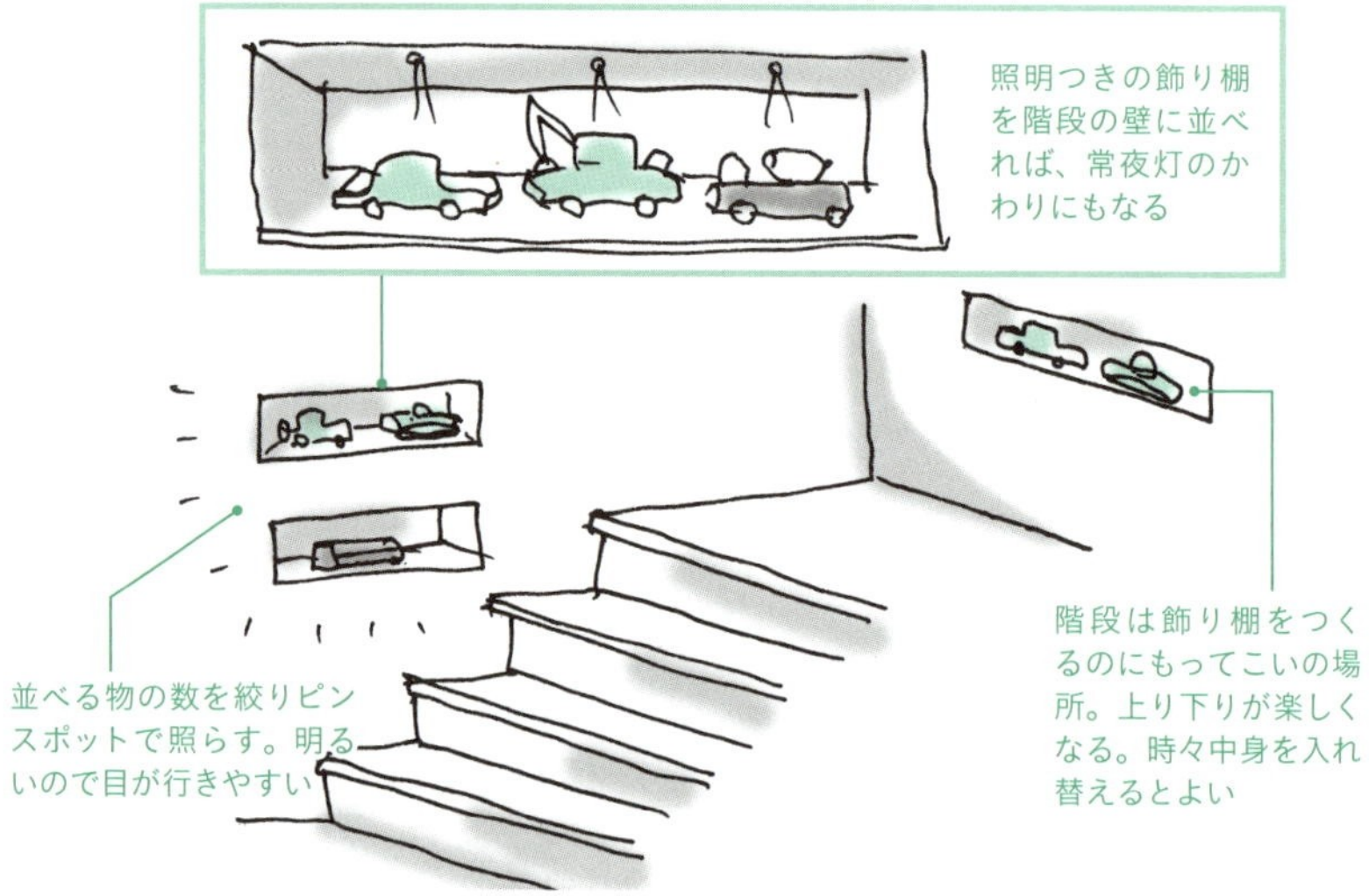
照明つきの飾り棚を階段の壁に並べれば、常夜灯のかわりにもなる
並べる物の数を絞りピンスポットで照らす。明るいので目が行きやすい
階段は飾り棚をつくるのにもってこいの場所。上り下りが楽しくなる。時々中身を入れ替えるとよい

「使う飾り」は使いやすく

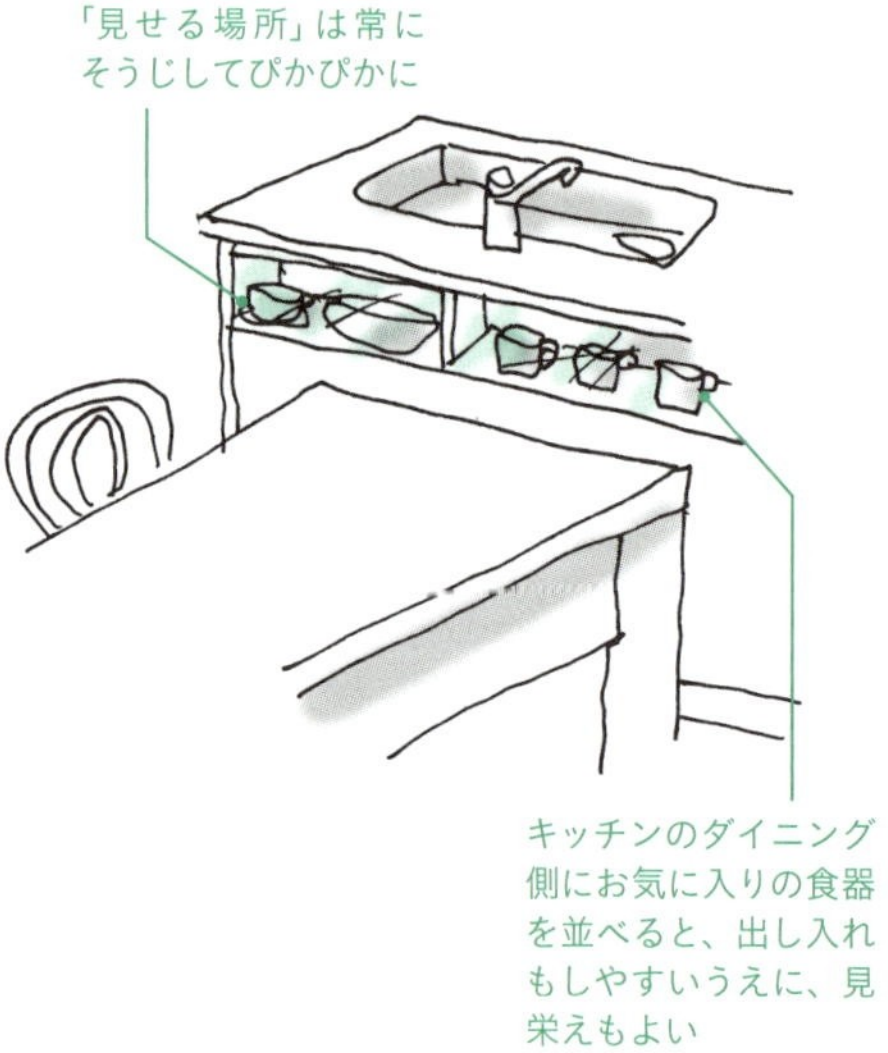
「見せる場所」は常にそうじしてぴかぴかに
キッチンのダイニング側にお気に入りの食器を並べると、出し入れもしやすいうえに、見栄えもよい

ジャストサイズの棚をつくる

飾る物が決まっているなら、ジャストサイズの幅で棚をつくっても。これ以上物を並べさせ得ない工夫でもある
小物の飾り棚なら奥行10㎝程度で十分

ひな人形の飾り場所・しまう場所

段飾りはビッグサイズ

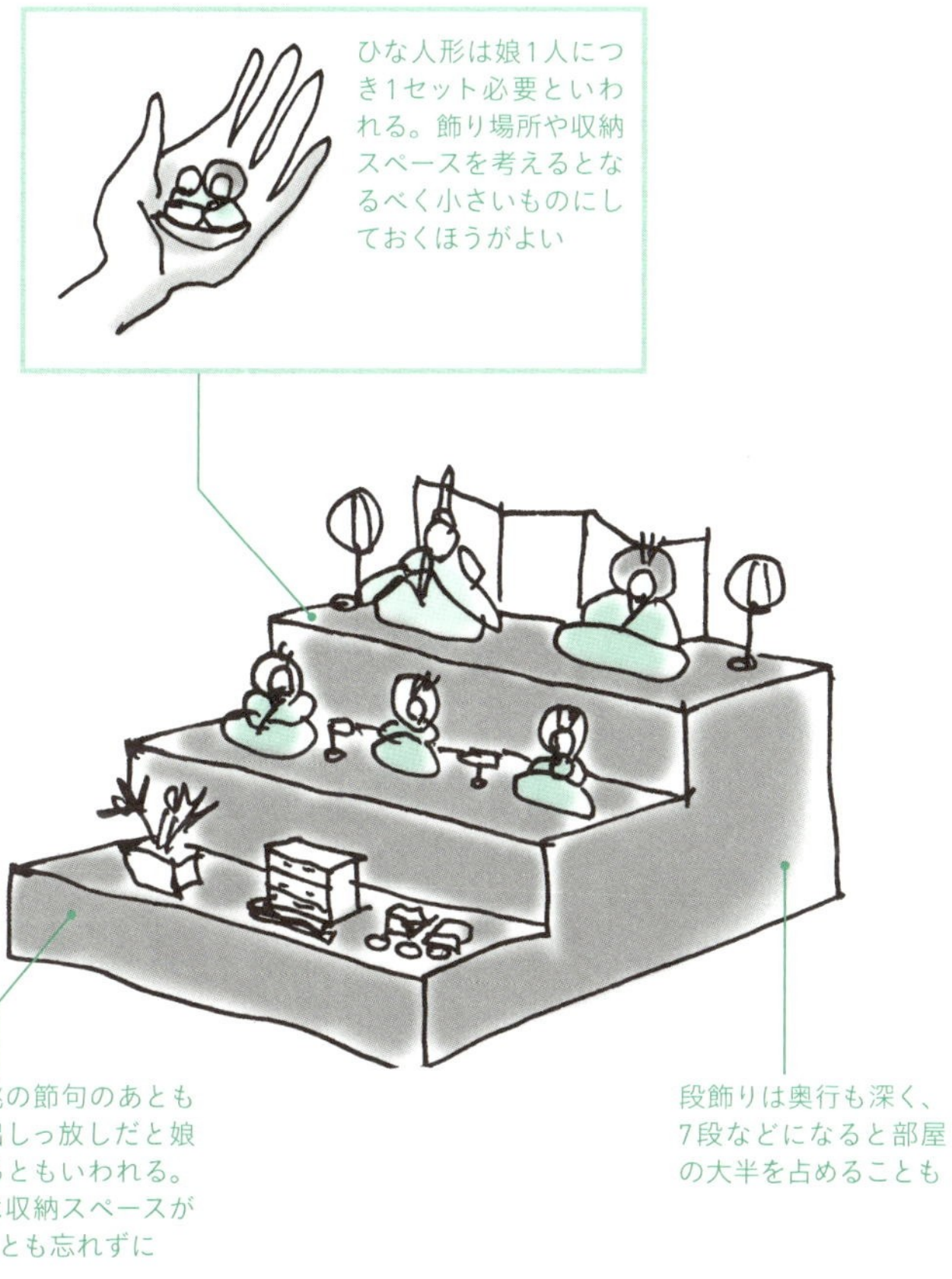
ひな人形は娘1人につき1セット必要といわれる。飾り場所や収納スペースを考えるとなるべく小さいものにしておくほうがよい
ひな飾りは桃の節句のあとも片づけず、出しっ放しだと娘が嫁ぎ遅れるともいわれる。季節の飾りは収納スペースが必要になることも忘れずに
段飾りは奥行も深く、7段などになると部屋の大半を占めることも

桃の節句に飾るひな人形をはじめ、季節の飾りは、時期が過ぎたら片づけるのが習い。そのため、飾る場所としまう場所の双方が必要になる。

一年に一度しかない晴れ舞台を華やかに見せられるよう、飾り場所はきちんと確保しておきたい。とはいえ、季節の飾りは収納されている時間のほうが長い。しまうときにはかびが生えないように防湿・防虫の手当てをし、きちんとスペースを取って丁寧に収納したい。飾り場所以上に、しまう場所が重要なのだ。

ひな人形は設置スペースを考えて

折り畳み式の飾り棚

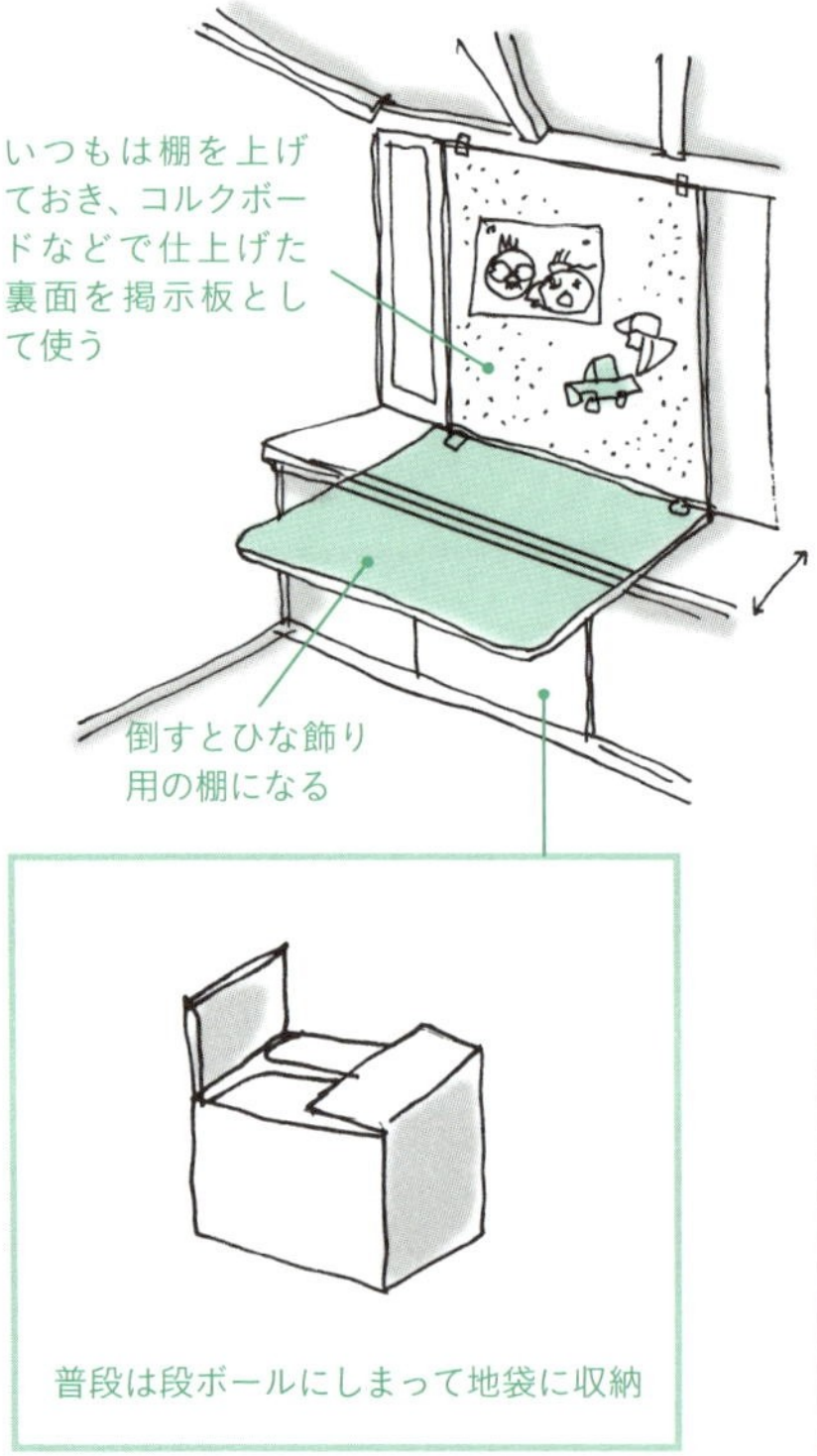
いつもは棚を上げておき、コルクボードなどで仕上げた裏面を掲示板として使う
倒すとひな飾り用の棚になる
普段は段ボールにしまって地袋に収納

玄関の飾り棚に飾る

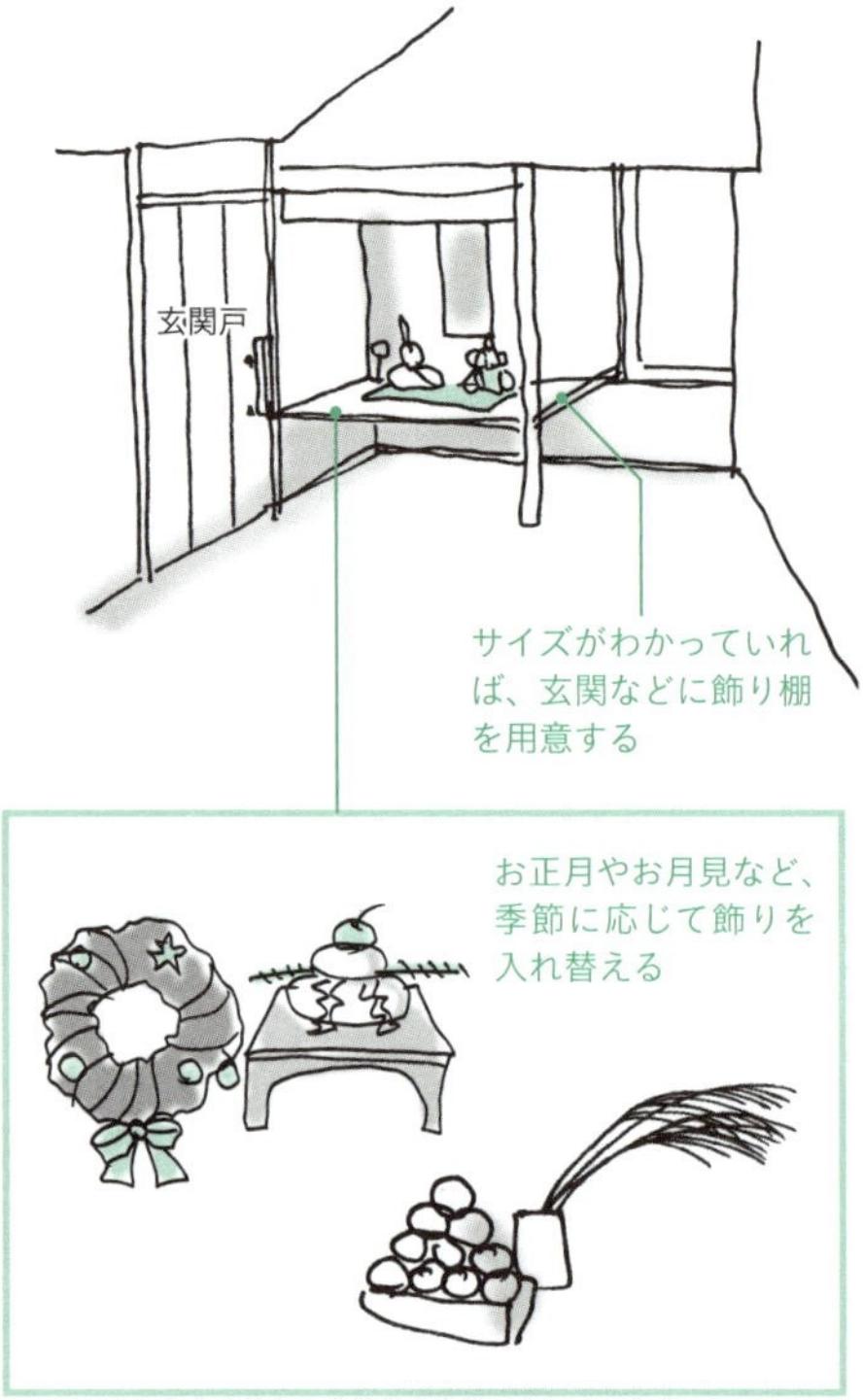
玄関戸
サイズがわかっていれば、玄関などに飾り棚を用意する
お正月やお月見など、季節に応じて飾りを入れ替える

板を置くだけでもOK

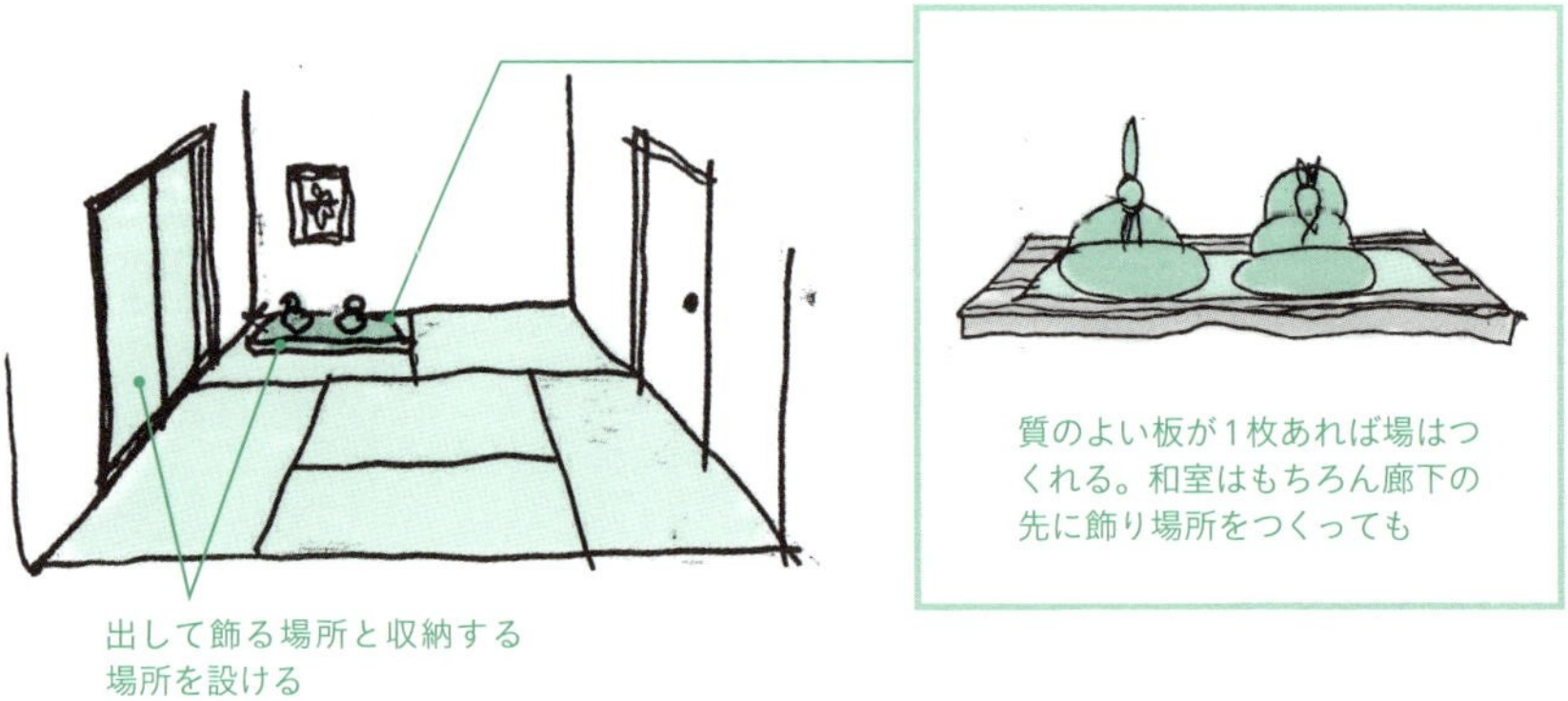
出して飾る場所と収納する場所を設ける
質のよい板が1枚あれば場はつくれる。和室はもちろん廊下の先に飾り場所をつくっても

廊下の先の豪華飾り棚

平面で見ると

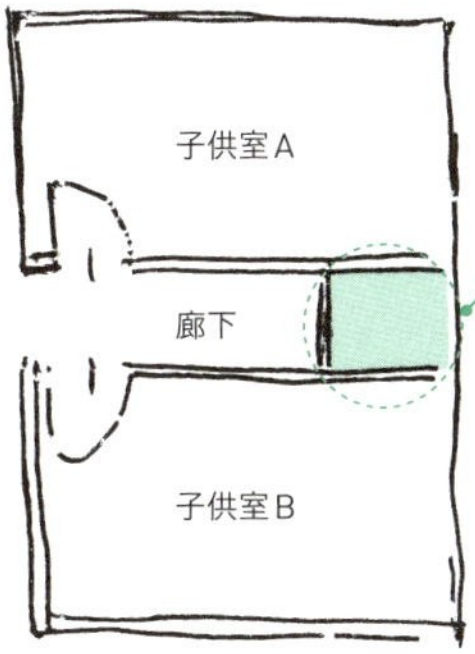
子供室A
廊下
子供室B

廊下の先を段上の飾り棚としてしつらえる。
桃の節句にはひな人形を飾る

立体で見ると

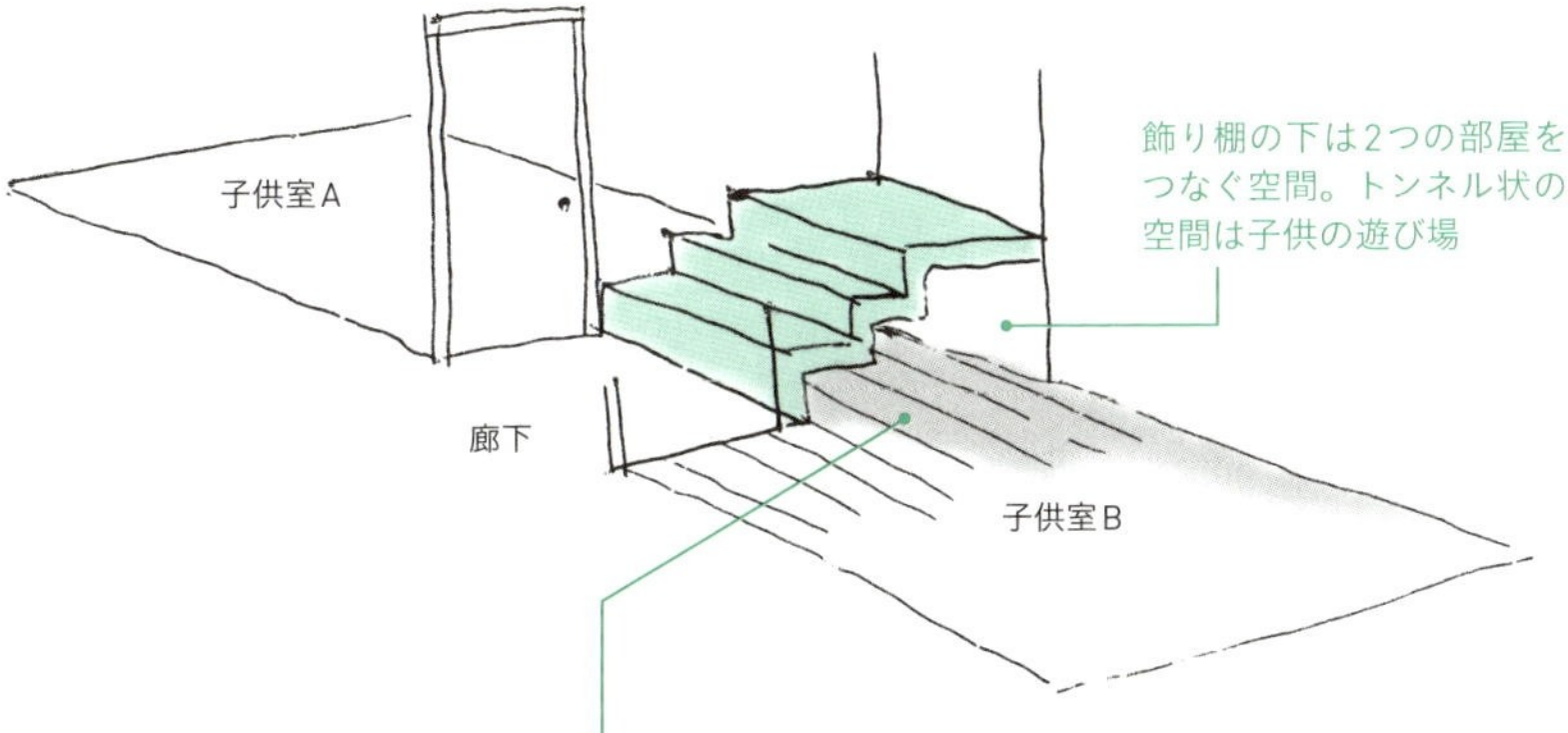
子供室A
廊下
子供室B
飾り棚の下は2つの部屋を
つなぐ空間。トンネル状の
空間は子供の遊び場

子供が大きくなったら、
トンネルに扉をつけて
2室からそれぞれ使う
収納に。ひな人形の収
納場所としても使える

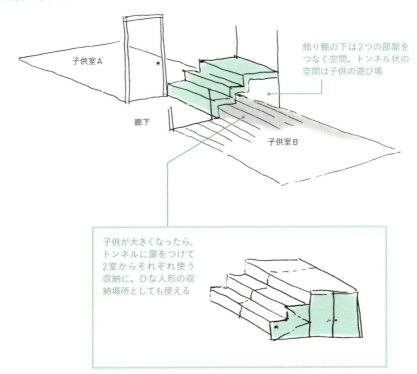

五月人形の飾り場所は通年確保

部屋が薄暗くては飾る意味がない

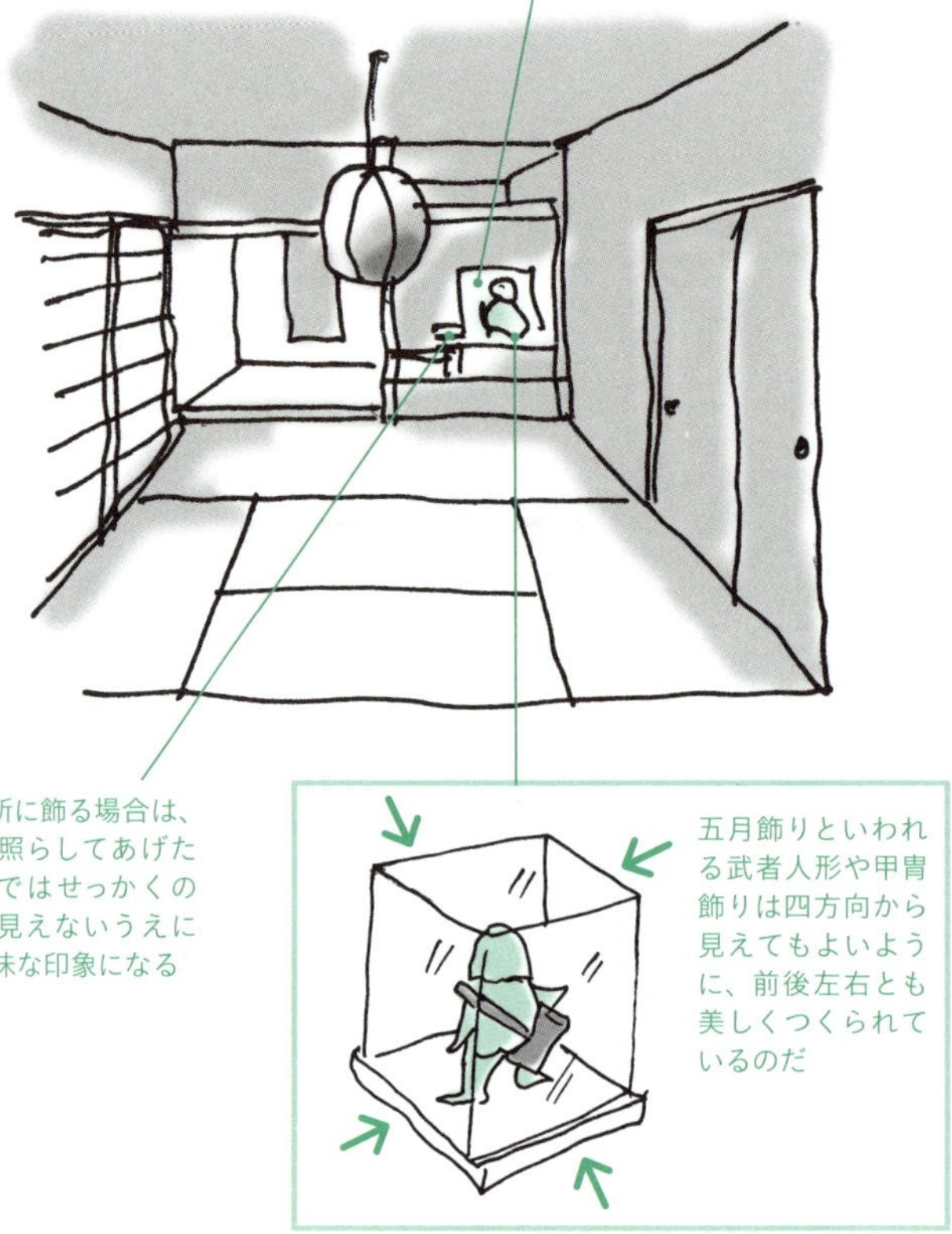
壁を背にして五月人形を飾ると人形の背中が見えない、これではもったいない
奥まった場所に飾る場合は、関節照明で照らしてあげたい。暗がりではせっかくの人形もよく見えないうえに部屋も不気味な印象になる
五月飾りといわれる武者人形や甲冑飾りは四方向から見えてもよいように、前後左右とも美しくつくられているのだ

かぶとや武者人形といった五月飾りは、季節の飾りといえども、年中飾っておけるのが特徴だ。せっかくなら家の中でもよく目につき、飾りを最も美しく見せることができる場所に設置したい。ひな人形とは異なり、ずっと飾っておいても息子がいき遅れることもない。

コンパクトな五月人形を選べば、場所の自由度も高くなる。

収納すれば余計に場所をとるだけ。「飾る」ことが収納方法のひとつでもあることを忘れずに。

階段吹き抜けは絶好の飾り場所

上下左右から楽しめる

階段の吹き抜けに飾り棚をつくり、五月人形を設置。四方向から眺められる

五月人形を年中飾らないなら花びんやつぼを飾ってもよい。いつも目につく場所なら掃除もおこたらないので、飾り棚はいつもキレイなまま

どの方向から光が射しても人形がきれいに見える

五月人形は案外大きく場所を取る。飾る場所に加え、収納場所を用意するのはもったいない。年中飾ることができれば収納いらずに

手摺壁を飾り棚に

階段脇の壁を部分的にくぼませて飾り棚としても。吹き抜け上部なら頭もぶつからず階段廻りの装飾（アクセント）になる

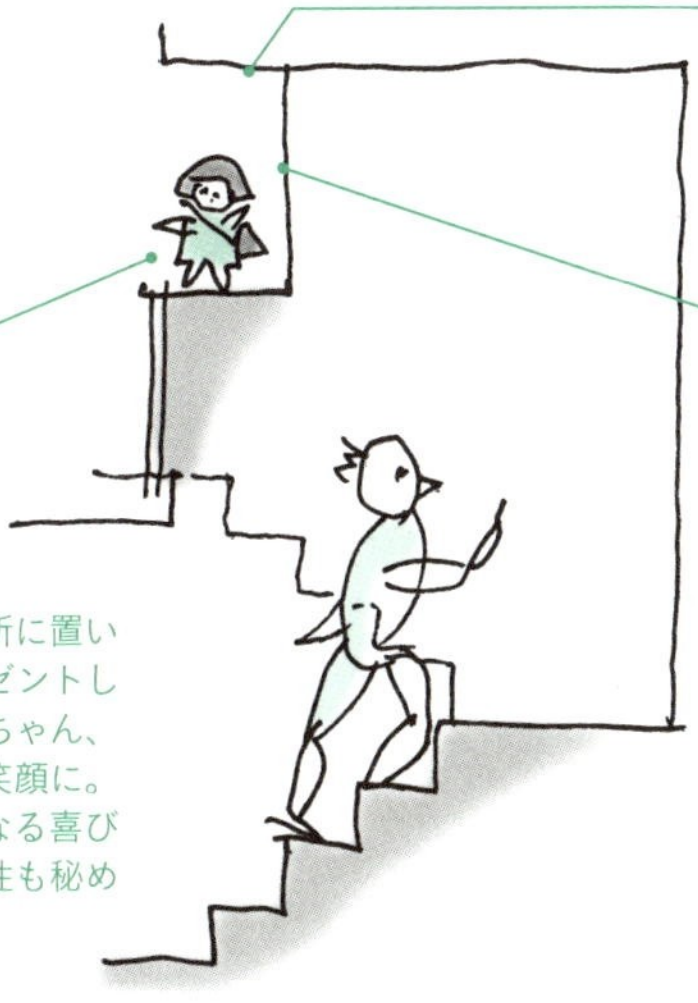

五月人形だけではなくほかの飾りに替える予定もある場合は、いちばん大きなサイズを想定しておく

いつも見える場所に置いておくと、プレゼントしてくれたおじいちゃん、おばあちゃんも笑顔に。結果としてさらなる喜びにつながる可能性も秘めている

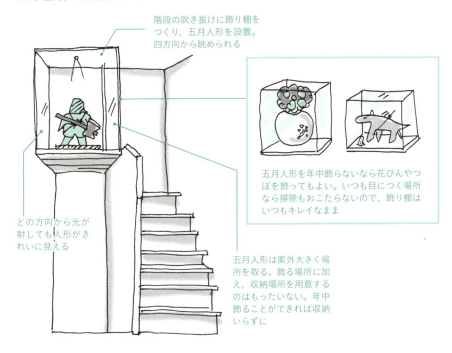

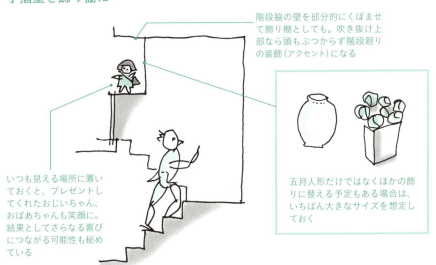

断捨離してはいけない物もある

防災グッズは減らさないで

ベッドサイドに逃げる用意を

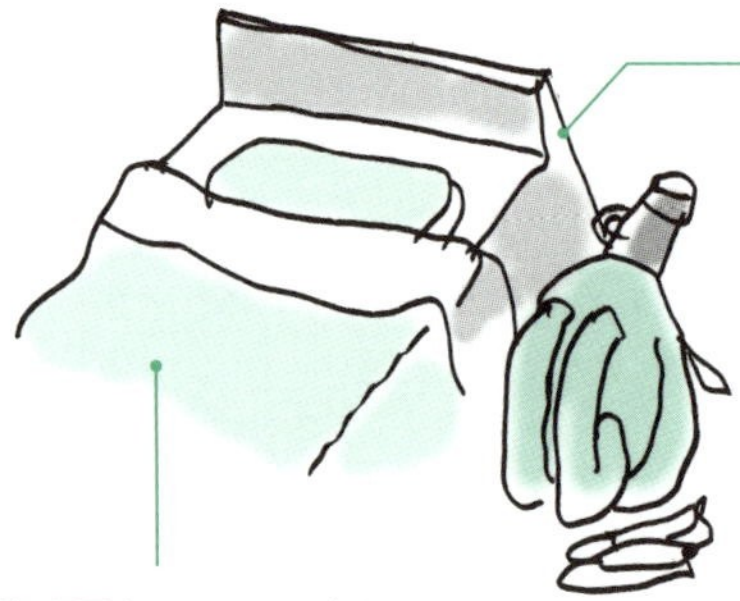

懐中電灯、リュック（最低限の水、着替え、アーミーナイフ、ライター・マッチ、薬、筆記用具、洗面・衛生用品、耳栓、ラジオ・電池）、靴

スマートフォンとカギ、財布を一緒に収納できる便利なケースも。貴重品は枕元に

スマートフォン（防水型）

非常食は月1で入れ替える

レトルト食品は時々使って入れ替える。いろいろ試しておいしい物を常備。菓子や保存のきくパンなども

使い捨てカトラリーにテッシュやビニール袋、トイレットペーパーなど水は1人1日1ℓとして10日分ほしい

最小限の備蓄も

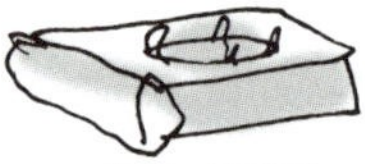

カセットコンロ

ボンベ

タオル

缶詰

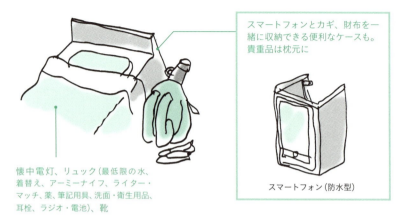

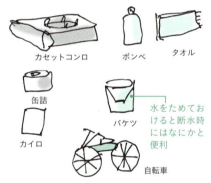

カイロ

バケツ

水をためておけると断水時にはなにかと便利

自転車

そのほか簡易トイレも

物を減らしたいが防災用品は例外だ。万一に備え、最低限の物を詰めたリュックをベッド脇に置き、非常用の食品や生活グッズは物置にまとめておく。

住宅内部の防災対策も忘れずに。大きな揺れが来たとき、家具は凶器に変わる。転倒防止金物や耐震ゴムなどを取りつけたい。造付けの収納も扉が開いて物が飛び出すことがあり、耐震ラッチが必須だ。

いつ何が起きるかはわからない。自身の対策として、まずは見せてもよい下着を常に身につけることをおすすめする。

家電や収納の耐震対策

転倒防止策を講じる

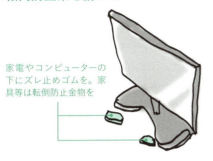

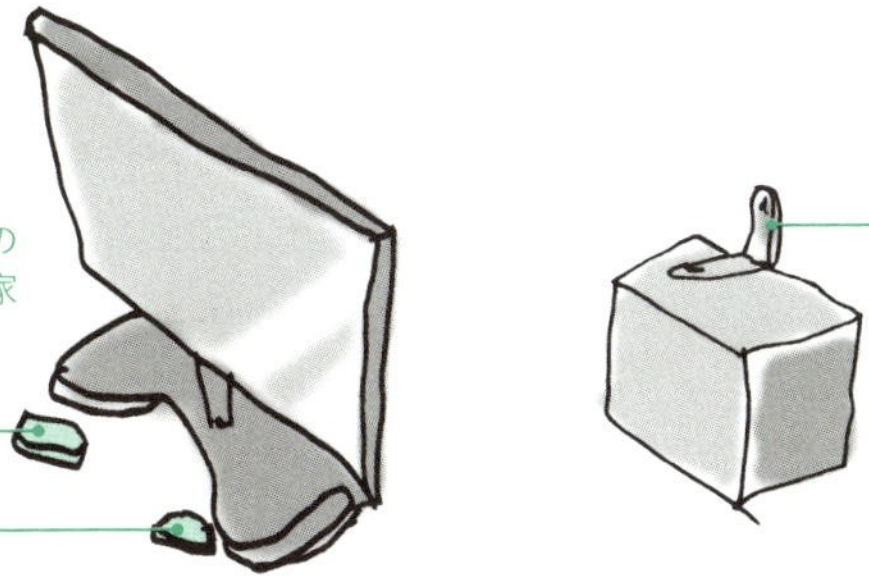
家電やコンピューターの下にズレ止めゴムを。家具等は転倒防止金物を
造付けの家具でない場合は、転倒防止金物で建物に止めつける（金物が見えてしまうため見栄えがよくない）

目立たない耐震ラッチ

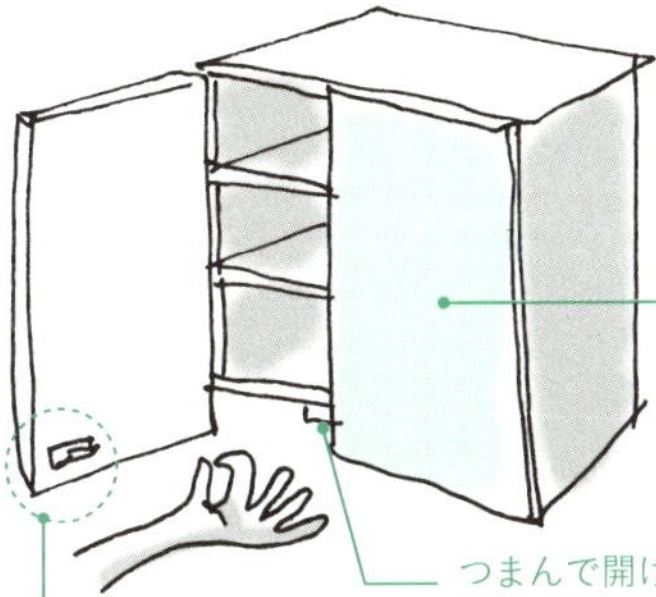
つまんで開けるなどロック解除方法は製品による

開き戸用の耐震ラッチ。振動を感知するとラッチ（掛け金）にロックがかかって開き扉が開かなくなる。後付けが可能な製品も。引出し用の耐震ラッチもある

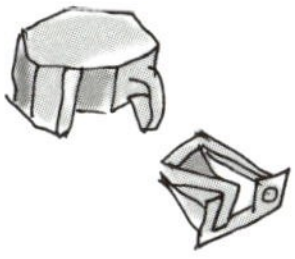

収納用の開き扉に耐震ラッチを仕込んでおけば、地震時に物が落ちて来て……ということにならない

露出タイプの耐震ラッチ

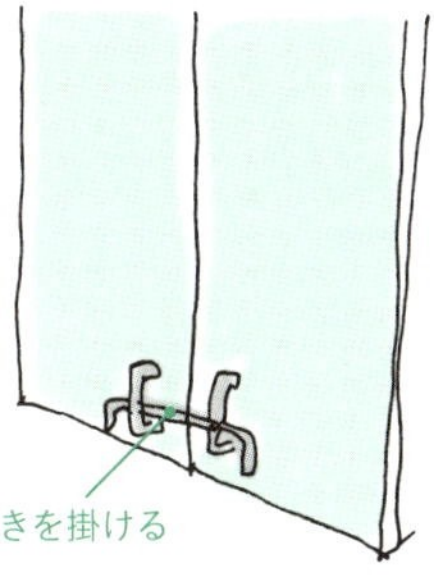
かんぬきを掛ける

ホームラッチ
打掛け
チェーン式

外づけの耐震金物は見栄えもよくないが安全には変えがたい

COLUMN 1

要望をストレートに伝える

住宅の設計を生業としている筆者は、クライアントから住まいについての要望を伺う。あるとき、造付け収納についての要望をまとめたスケッチを頂いた。何をどこに入れて、何をしたいのかストレートに伝わるもので、設計に非常に役立った。出来上がりの物に満足していただけたのはいうまでもない。住宅はオーダーメード品。住み手と設計者の意思疎通が何より重要なのだ。

クライアントの要望に応える収納

洗面収納の要望のスケッチ

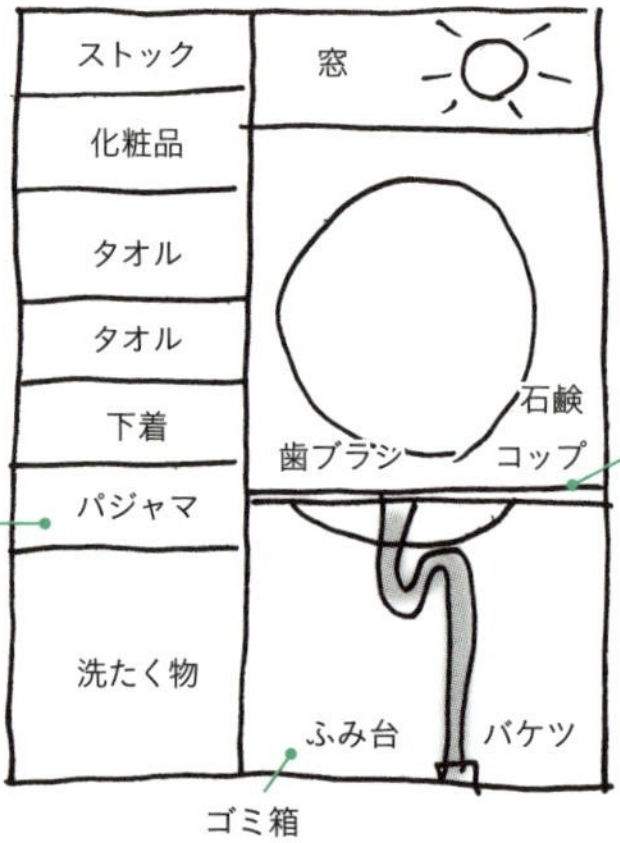

何をどこにしまうのかはもちろん、洗面では何をするのかなどライフスタイルが読み取れる

寸法などを細かく指示する必要はない。餅は餅屋というように、設計者を信じよう

洗面収納のスケッチを実現すると

カゴを引き出しのかわりにすることでコストダウンを図る

ランドリーボックスはキャスターつき。洗たく機まで楽に運べる

壁排水にすることで足下はすっきり。バケツやゴミ箱を置いても邪魔にならない

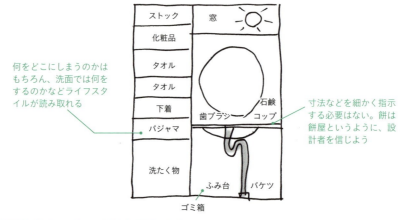

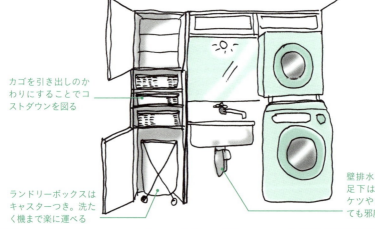

2章

収納から考える家づくり

隙間を探して収納に

平面図ではわからない空間の立体利用

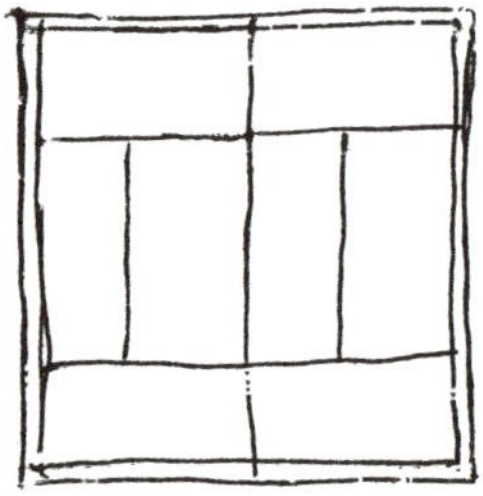

平面ではごく普通な8畳の部屋

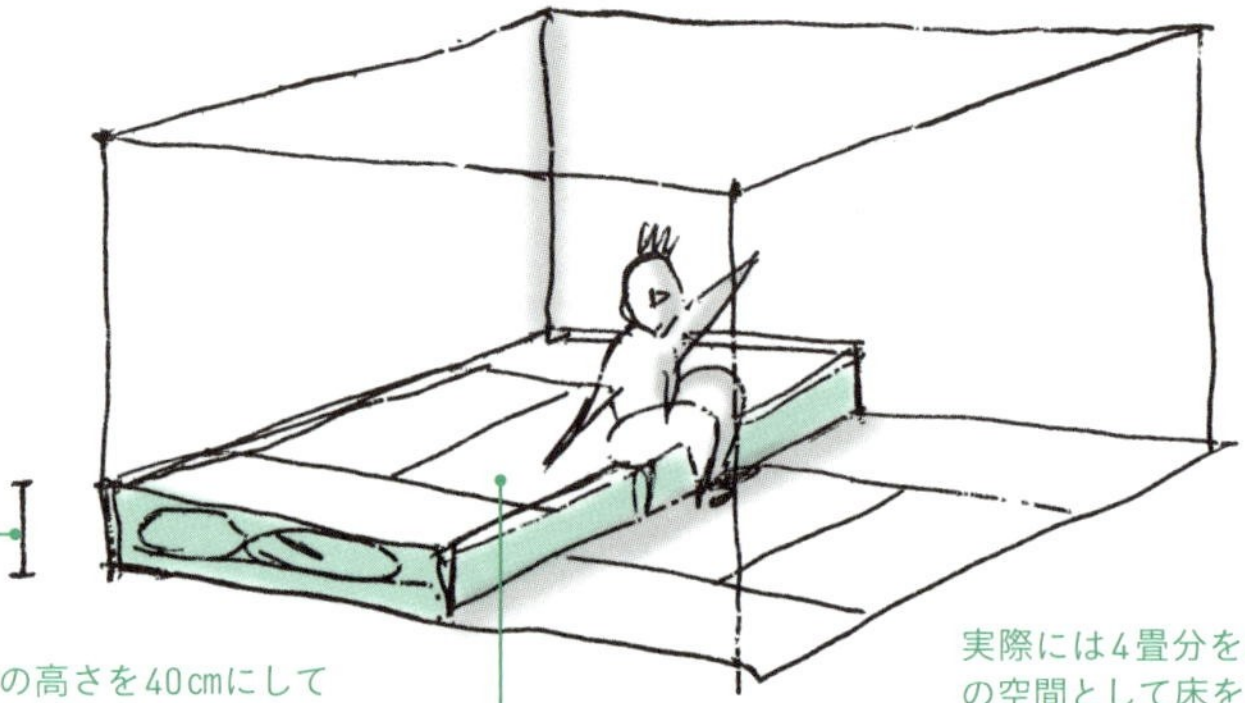

収納の高さを40㎝にしておけば段差部分はベンチ代わりにもなる

実際には4畳分を小上がりの空間として床を上げ、下部を収納にしている。8畳に4畳を加え、計12畳分の床を利用できる

家の新築やリフォームの際には、なるべくたくさんの収納がほしいもの。ウォークインクローゼットやパントリーなどは憧れだが、居住スペースをおろそかにしてまで収納をつくるのは本末転倒だ。

間取り図からはなかなか見つけられないが、家の中にはいろんな隙間がある。床の下や壁の中、天井裏に造付け家具やベンチの下……。

特に狭小住宅などでは、それらを利用して収納をつくるという方法をおすすめしたい。隙間を探すコツは立体で家を考えること。

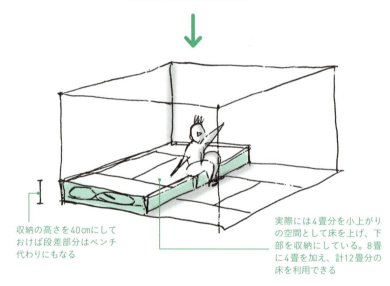

窓際のベンチはマルチに大活躍

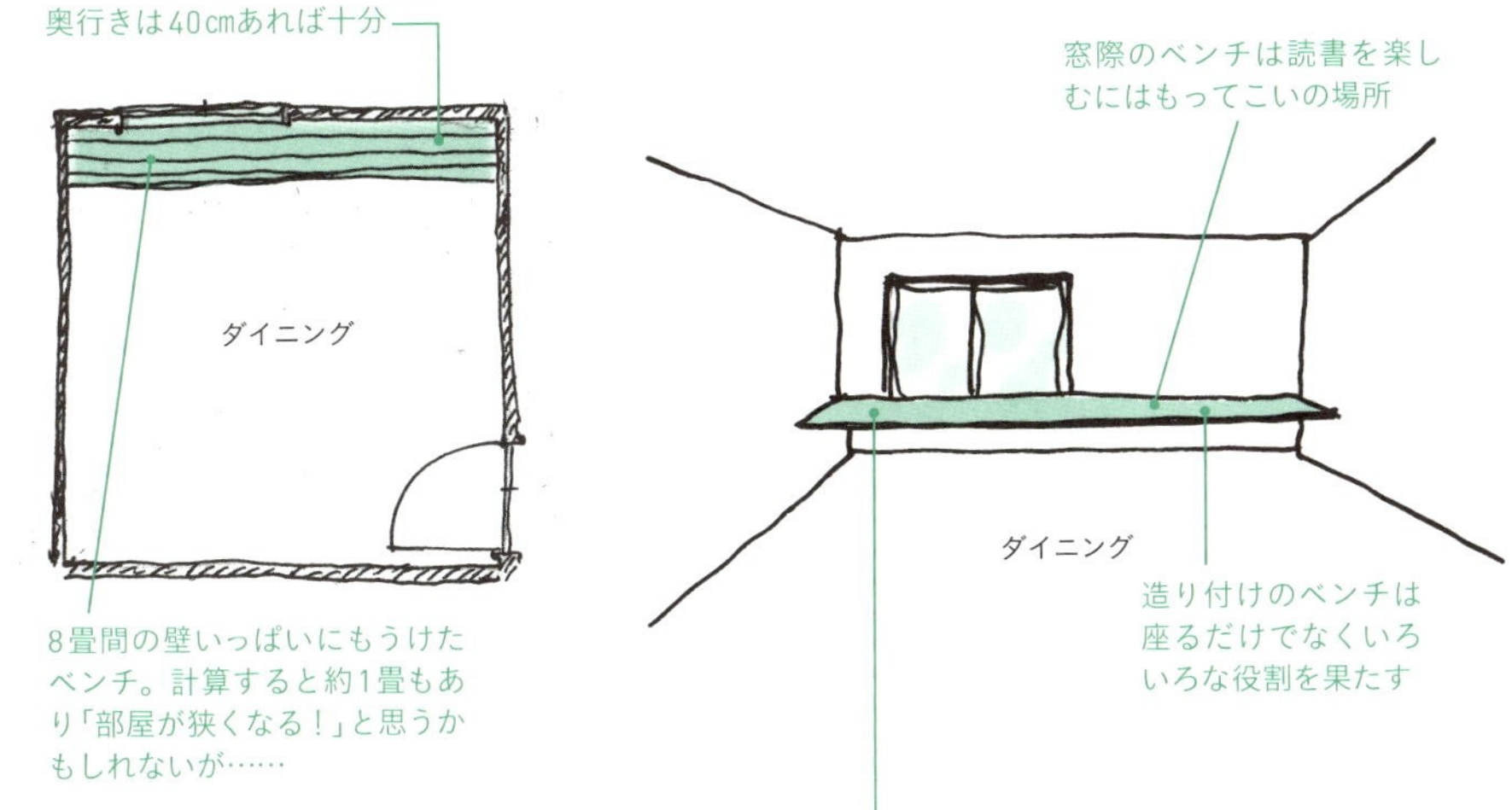
奥行きは40cmあれば十分
ダイニング
8畳間の壁いっぱいにもうけたベンチ。計算すると約1畳もあり「部屋が狭くなる！」と思うかもしれないが……
窓際のベンチは読書を楽しむにはもってこいの場所
ダイニング
造り付けのベンチは座るだけでなくいろいろな役割を果たす

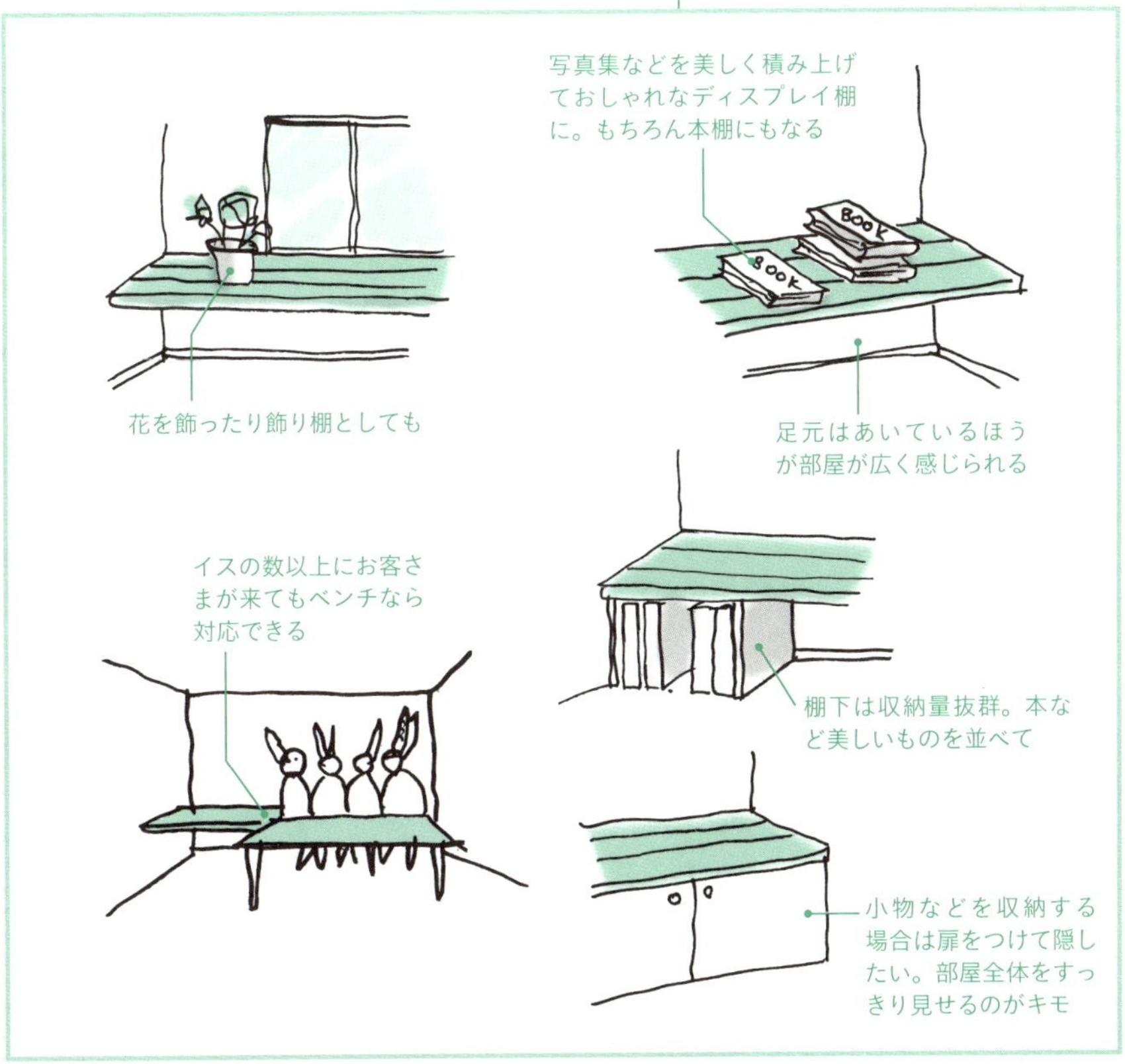
花を飾ったり飾り棚としても
写真集などを美しく積み上げておしゃれなディスプレイ棚に。もちろん本棚にもなる
BOOK
BOOK
足元はあいているほうが部屋が広く感じられる
イスの数以上にお客さまが来てもベンチなら対応できる
棚下は収納量抜群。本など美しいものを並べて
小物などを収納する場合は扉をつけて隠したい。部屋全体をすっきり見せるのがキモ

家具の足元にある隙間

台輪は何のためにある？

台輪はどこにある？

家具の足もとにある部材が台輪（巾木）。台輪部分は高さ40㎜ほどある隙間空間

台輪の果たす役割

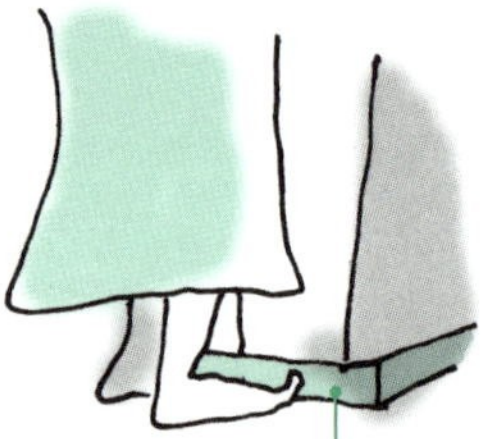

台輪は家具本体より50㎜ほど奥に設置されるので、つま先があたるのを避けることができる

そうじ機の吸い込み口が家具本体に当たらず、衝撃が緩和される

家具本体の下に台輪があることでほこり・ゴミや湿気などが家具の中に入りにくい

家具の中には、一番下に「台輪《だいわ》」という部材が取りつけられているものがある。家具を支える「台」であり、扉や引出しの開閉をスムーズにするなどの役目もある。

ただこの台輪部分は何にも使えないデッドスペースでもある。造付け家具をつくる際は、あえて台輪のないデザインにしてもよいだろう。収納スペースが広がるなど、メリットも多い。ただし、台輪部分を配線や配管スペースとして利用する場合もあるので要注意。ただの隙間になるのならそこを利用する価値はある。

台輪をなくすという選択もある

収納量アップ

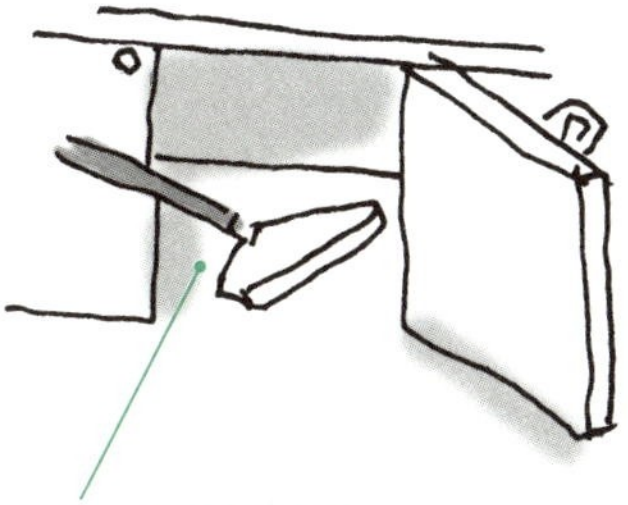

デッドスペースがなくなり
収納量がアップ。中までそ
うじすることができる

使い勝手の向上

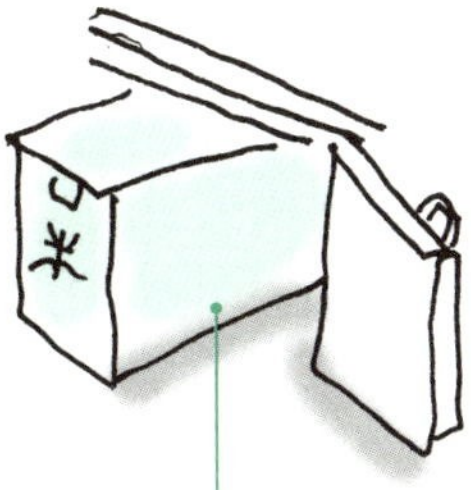

重い物も床から持ち上げ
ることなく滑らせて収納
できる

台輪部分を収納にする

台輪スペースを引き出しに

家具本体は壁で支えるなど
自立させて台輪部分に力が
かからないようにする

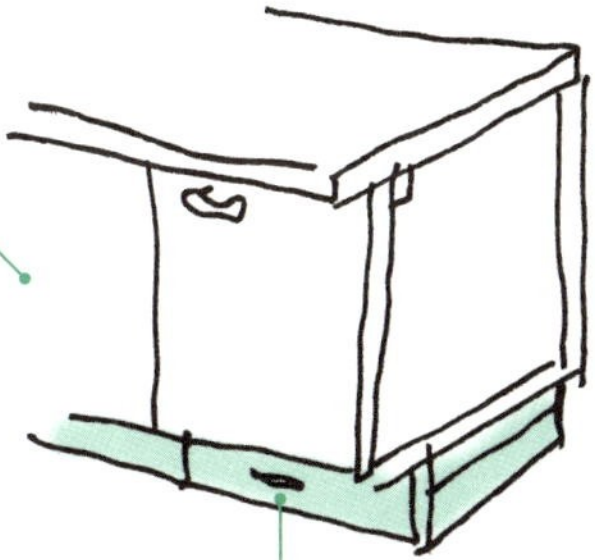

台輪部分は引き出しに
する

既存・家具の場合は要注意

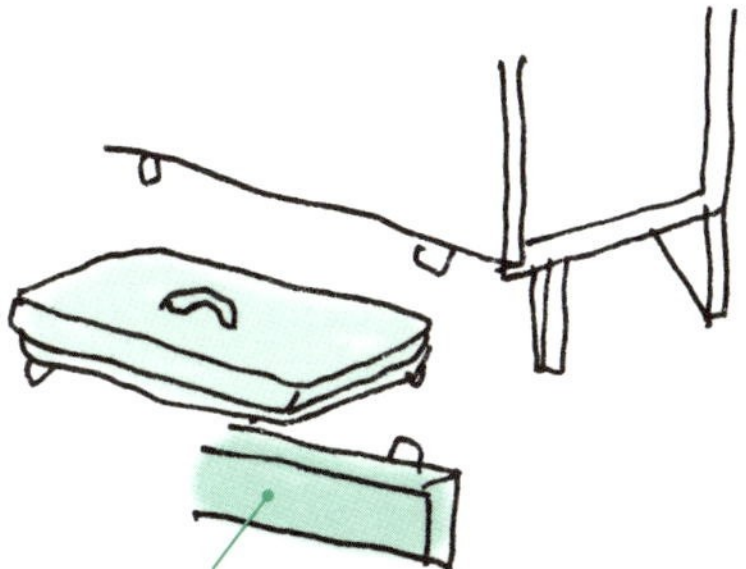

既存の台輪つき収納も場合によっては
取り外すことができる。台輪部分に力
がかかっておらず、配線や配管スペー
スに使われていないようであれば取り
外して薄い家電（ホットプレートなど）を
スライドして入れても

床下を積極的に使う

床下の空間はこうなっている

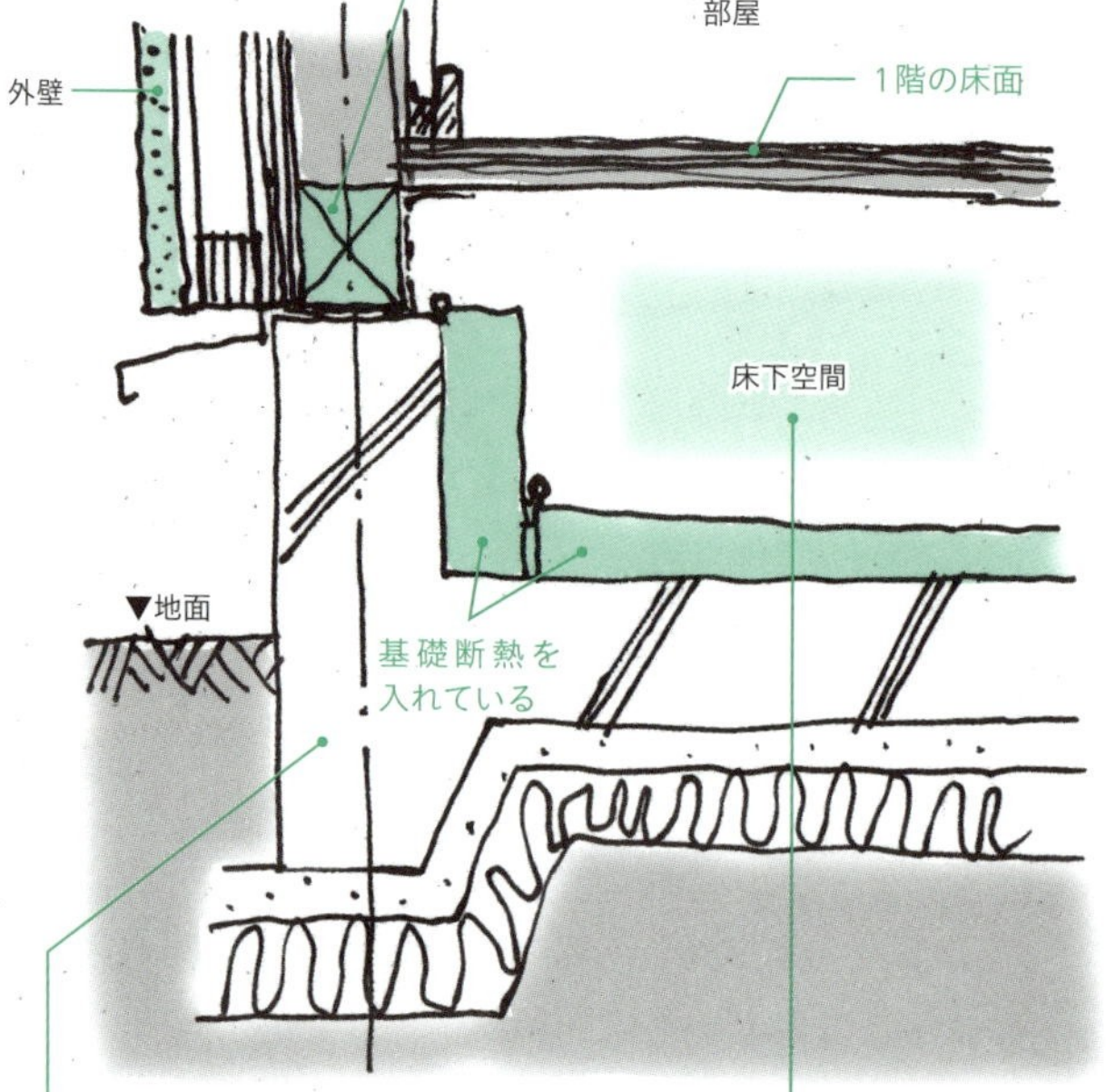
土台まわりは気密シートで
密閉されている
部屋
外壁
1階の床面
床下空間
▼地面
基礎断熱を
入れている
基礎コンクリート

木造住宅の１階はフローリングなどの床下に図のような空間がある。これは防湿上必要な空間（建築基準法に床を地面より40㎝以上高くするというルールがある）だが、ただのデッドスペースともいえる

物を片づけるために、限られた部屋の空間を最大限利用することだけを考えがちだが、目に見える空間以外でも、実は大きな空間がある。それが床下収納だ。

床下収納の歴史は古く、明治時代まで遡る。当時は台所にガスがなく、床上でかまどや七輪が使われ、その一部を収納として利用し、ぬかどこや、梅酒などを保存していた。床下のため、湿気対策が必須だが、現在は高気密、高断熱の床下がほとんど。利用しない手はない！

床下収納をつくろう

既製品にもよしあしがある

しめたところ

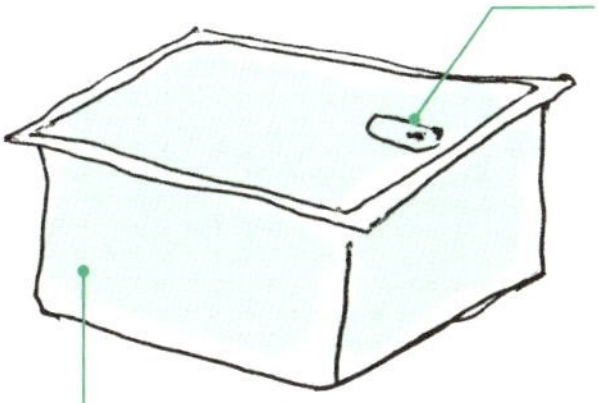
床に床下収納庫の金物が見えて、あまり美しくない
フローリングの床に穴を開け、床下収納庫をセットするだけなので、ガタツキやすい。しかし利点は外せば床下にもぐれる（点検口になる）

あけたところ

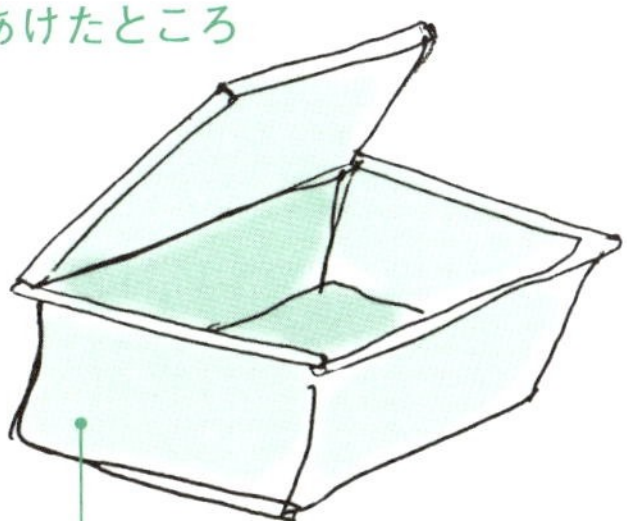
プラスチックなど水に強い素材でできているのは◎、ただしサイズは製品ごとに決まっているので自由度は低い

手づくり床下収納

既製品を使わずに、あるものを利用するという方法も。床の一部を取り外しできるようにしておき、収納ケースを基礎に直置きすればよい

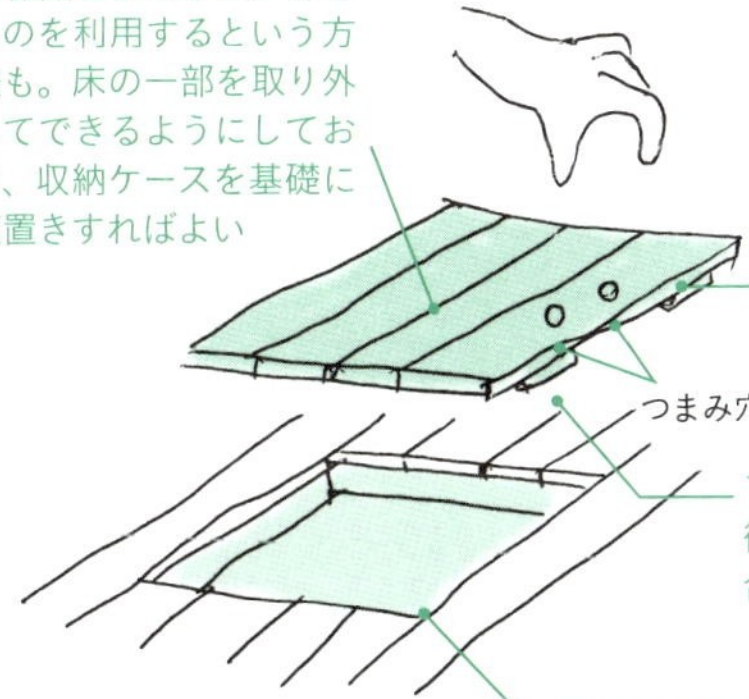
つまみ穴
フローリングを後ろ（下）で縫い合わせる
子どもの作品やワインなどを収納する

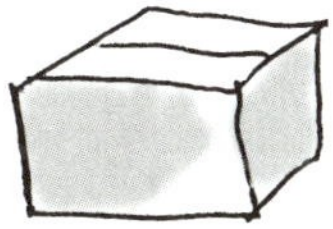
段ボールを利用してもOK

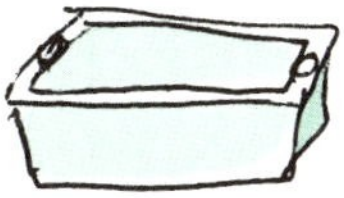
プラスチックケースを利用すれば気密性も上がる

床下収納は家具のないところに

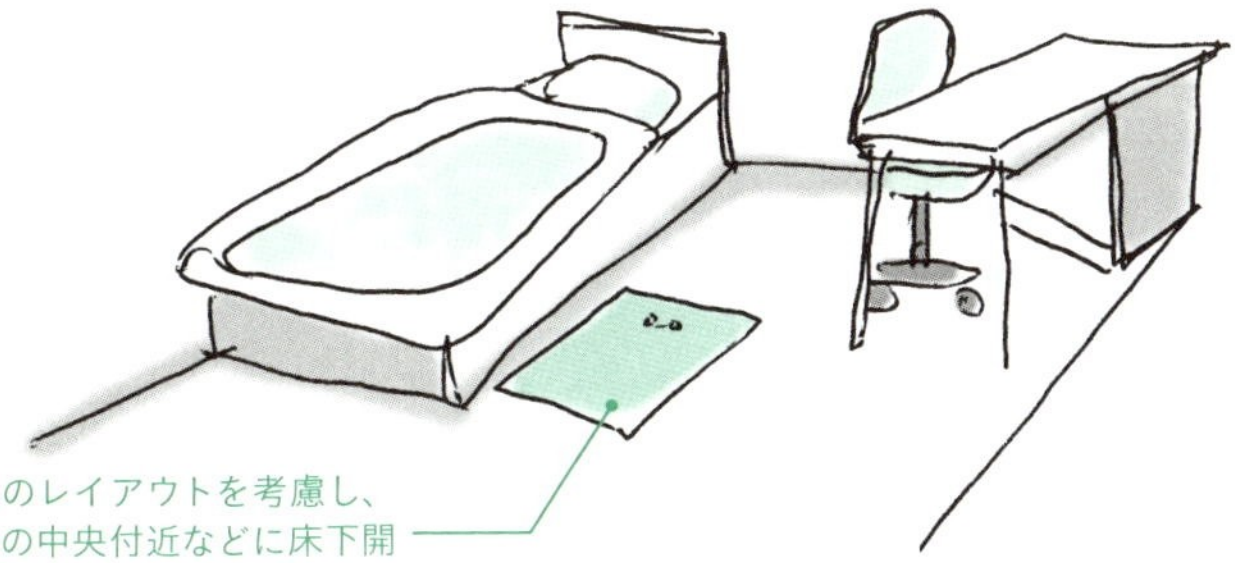
家具のレイアウトを考慮し、部屋の中央付近などに床下開口を計画する

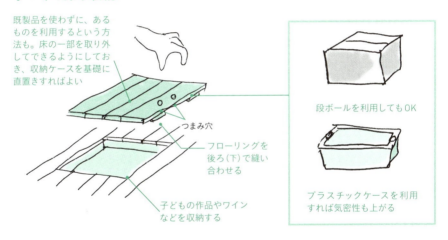

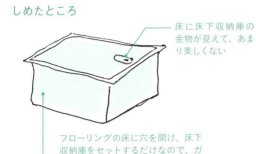

小屋裏を積極的に使う

吹き抜けのある部屋

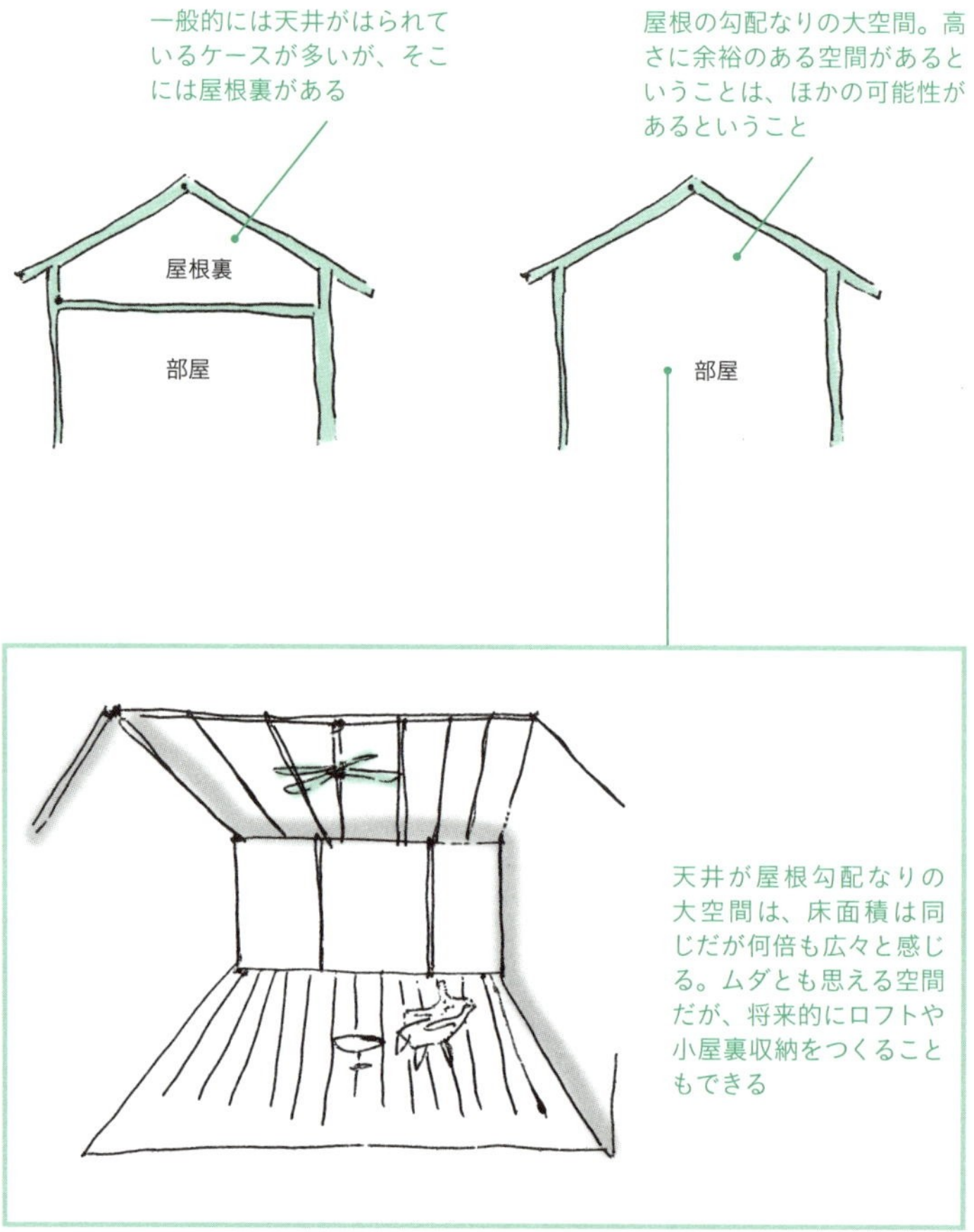
一般的には天井がはられているケースが多いが、そこには屋根裏がある
屋根裏
部屋
屋根の勾配なりの大空間。高さに余裕のある空間があるということは、ほかの可能性があるということ
部屋
天井が屋根勾配なりの大空間は、床面積は同じだが何倍も広々と感じる。ムダとも思える空間だが、将来的にロフトや小屋裏収納をつくることもできる

2階建ての木造住宅の場合、1階には天井裏という空間が、2階には小屋裏という空間がある。配管や配線のスペースになっていて、完全なデッドスペースではないが、実は使い道は多岐にわたる。最上階は天井をなくし、吹き抜けのある大空間をつくると広々と気持ちいいが収納が不足するようであれば、その一部のみにロフトなどをつくるとよい。小屋裏物置をつくる際は、3階立てとみなされないよう、市区町村との事前協議が欠かせない。階段や窓・電源をつけてもよいか、詳細を確認しよう。

大空間に小屋裏物置をつくる

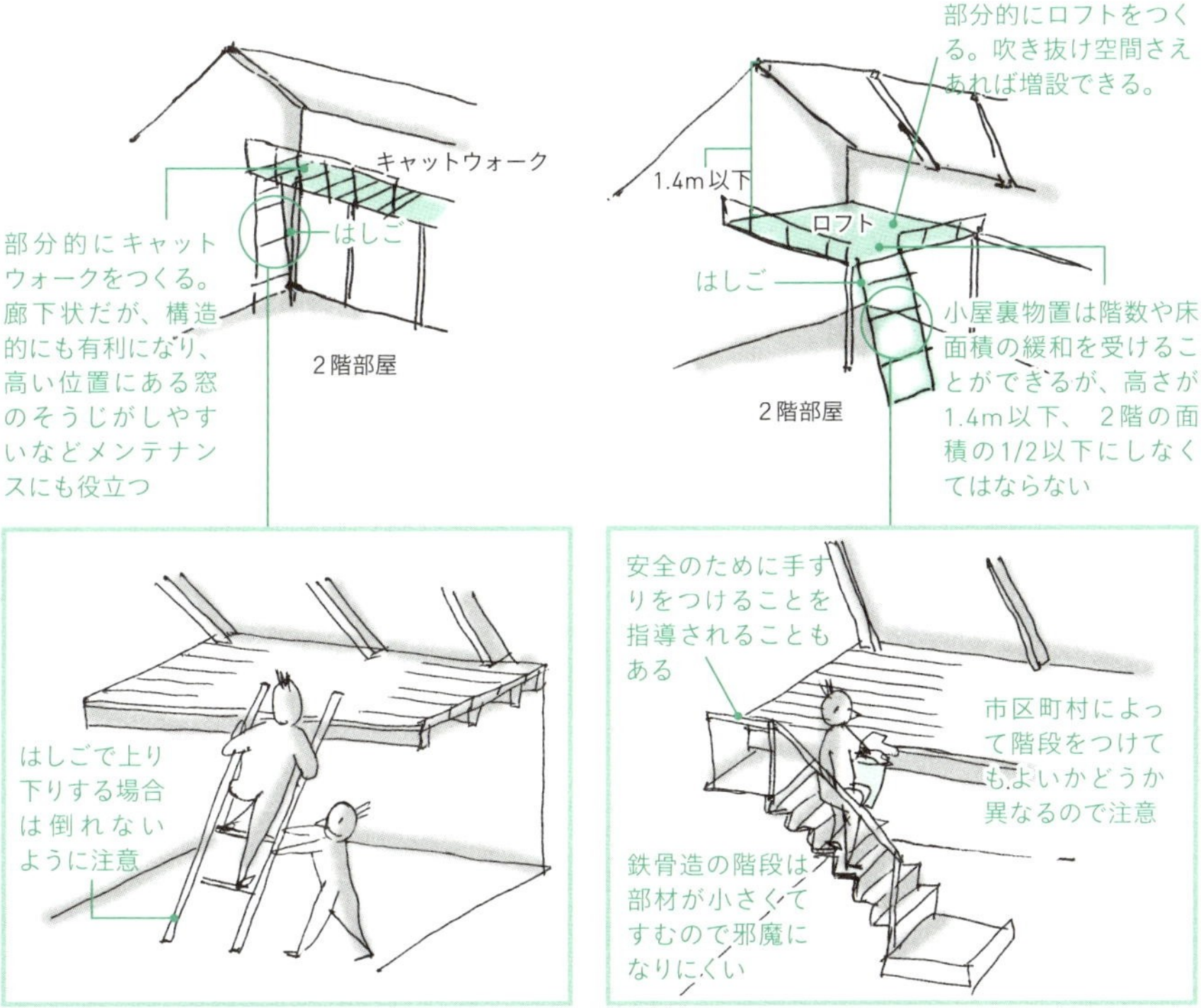
キャットウォーク
はしご
部分的にキャットウォークをつくる。廊下状だが、構造的にも有利になり、高い位置にある窓のそうじがしやすいなどメンテナンスにも役立つ
2階部屋
部分的にロフトをつくる。吹き抜け空間さえあれば増設できる。
1.4m以下
ロフト
はしご
小屋裏物置は階数や床面積の緩和を受けることができるが、高さが1.4m以下、2階の面積の1/2以下にしなくてはならない
2階部屋
はしごで上り下りする場合は倒れないように注意
安全のために手すりをつけることを指導されることもある
市区町村によって階段をつけてもよいかどうか異なるので注意
鉄骨造の階段は部材が小さくてすむので邪魔になりにくい

狭くても小屋根をつかって充実の空間に

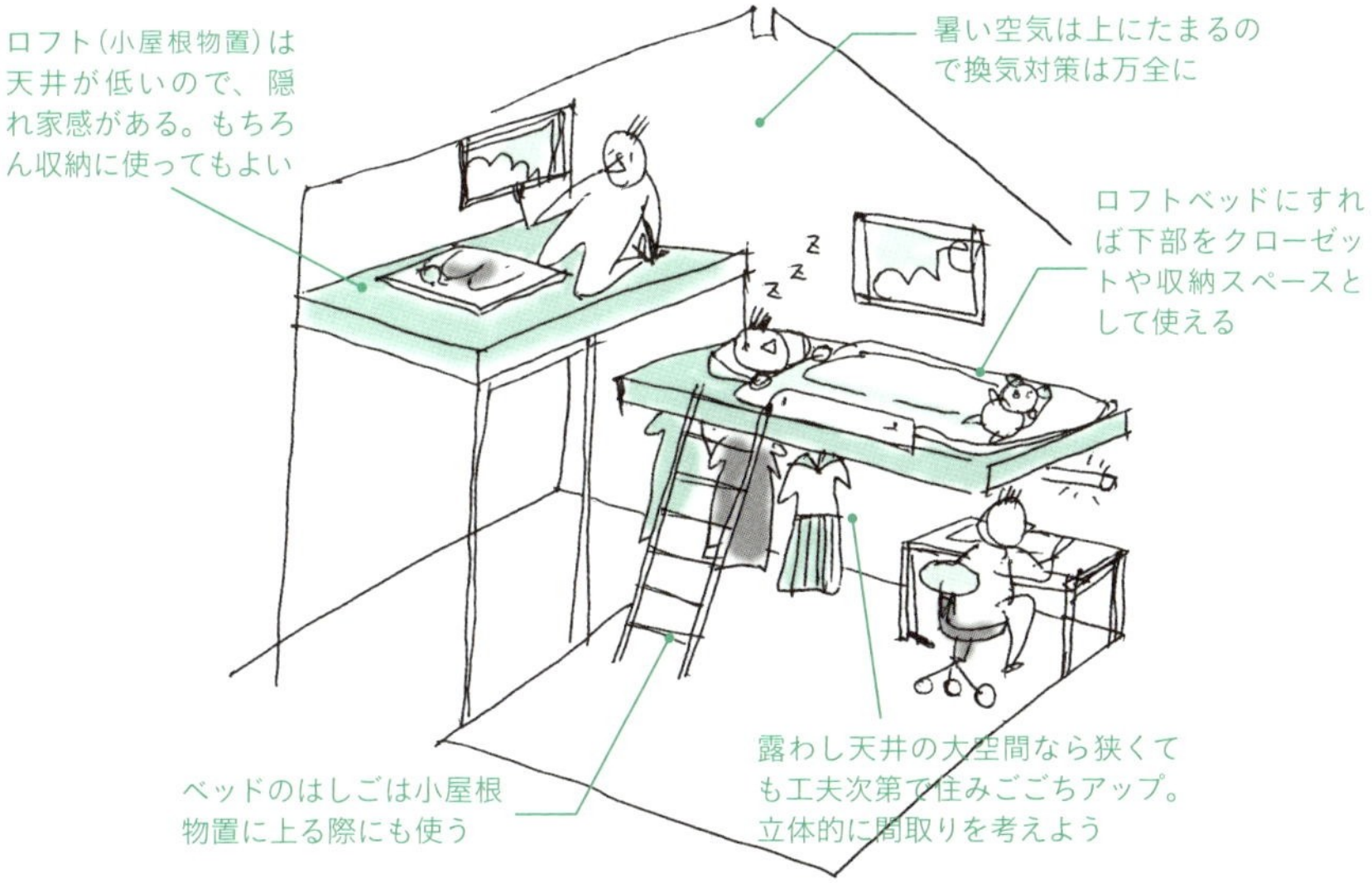
ロフト(小屋根物置)は天井が低いので、隠れ家感がある。もちろん収納に使ってもよい
暑い空気は上にたまるので換気対策は万全に
ロフトベッドにすれば下部をクローゼットや収納スペースとして使える
ベッドのはしごは小屋根物置に上る際にも使う
露わし天井の大空間なら狭くても工夫次第で住みごこちアップ。立体的に間取りを考えよう

壁や柱を最大限利用する

壁の基礎知識──壁は柱からできている

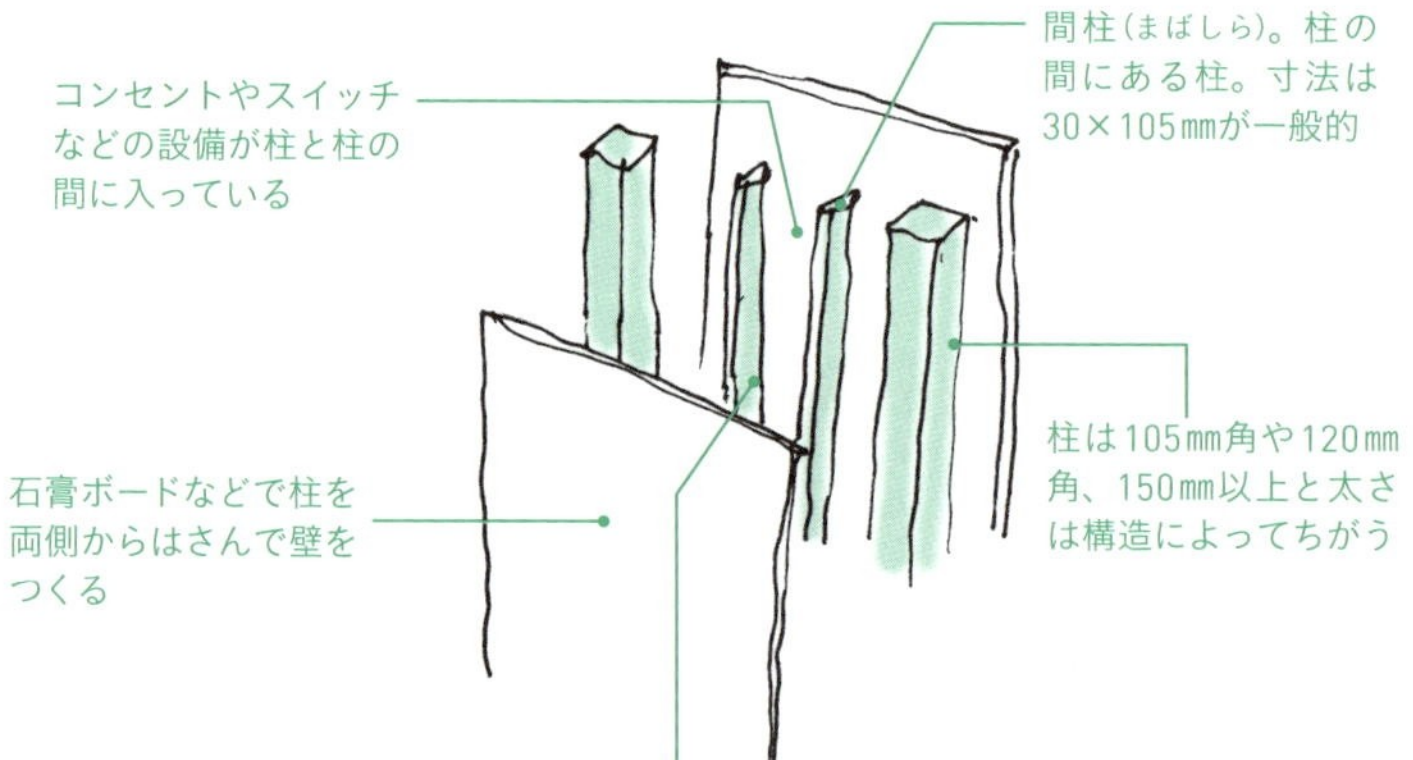

コンセントやスイッチなどの設備が柱と柱の間に入っている
間柱（まばしら）。柱の間にある柱。寸法は30×105㎜が一般的
石膏ボードなどで柱を両側からはさんで壁をつくる
柱は105㎜角や120㎜角、150㎜以上と太さは構造によってちがう

柱と柱の間に間柱を立てる。それ以外に断熱材を入れたり、筋交（すじかい）を入れたりする

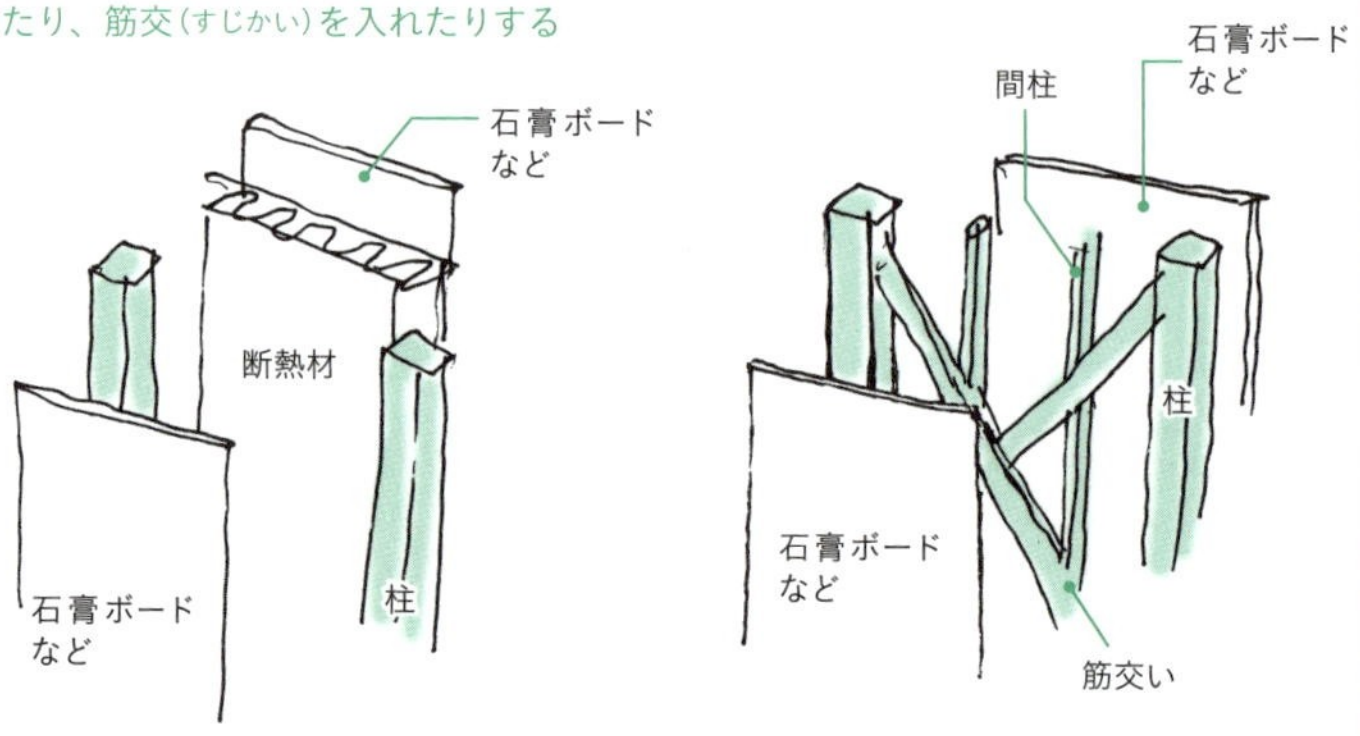

石膏ボードなど
断熱材
石膏ボードなど
柱
間柱
石膏ボードなど
柱
石膏ボードなど
筋交い

壁や柱は、地震や台風などから家を守ることはもちろん、断熱や遮音、配線などの設備関連の通り道になるなど、家にとってとても大切な役割を果たしている。

しかし、そのような用途をもたない壁部分も案外多く存在しているので、一見すると「収納場所」とは全く無関係と思われるが、工夫しだいで、いろいろな物を収納できる便利な空間となる。

壁や柱を利用した収納を考えてみよう。上手に利用すれば100㎜程度の奥行きが確保できる。

柱や壁を利用して収納をつくる

廊下の壁が収納に

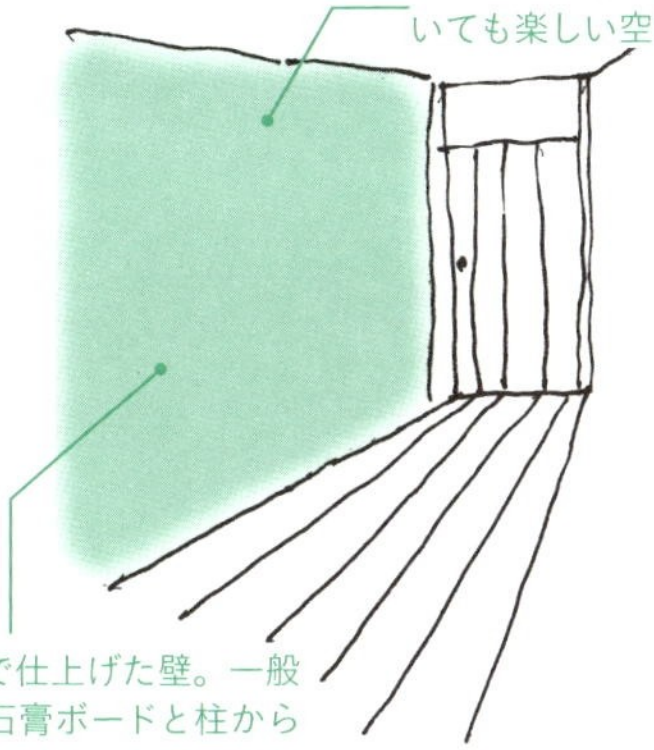

収納棚のつくり方

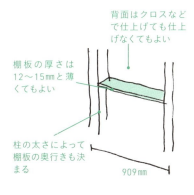

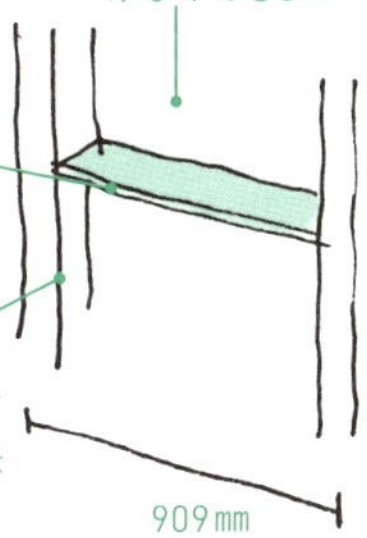

柱の断面が105㎜角なら文庫、120㎜角なら新書、150㎜角ならCDを置く棚にぴったり

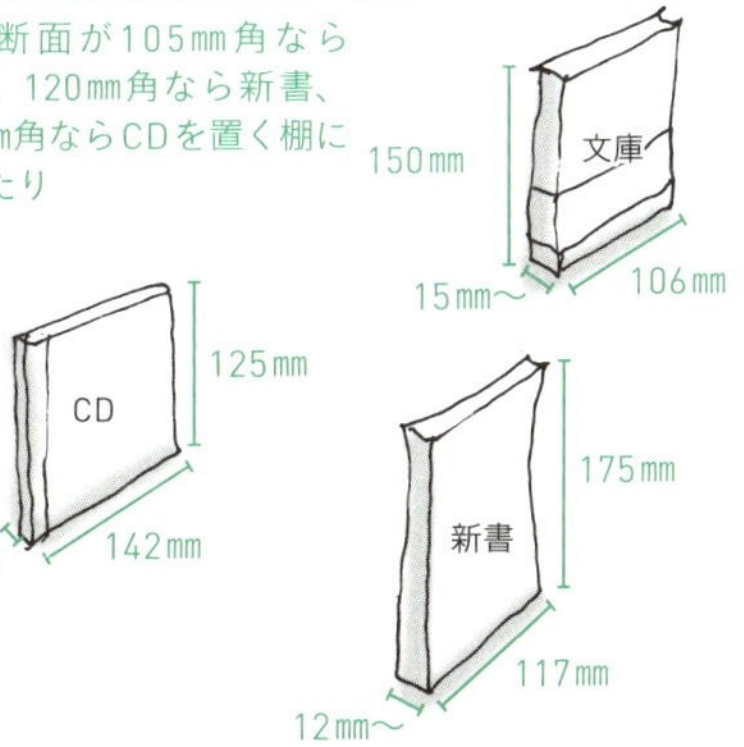

収納以外の使い道

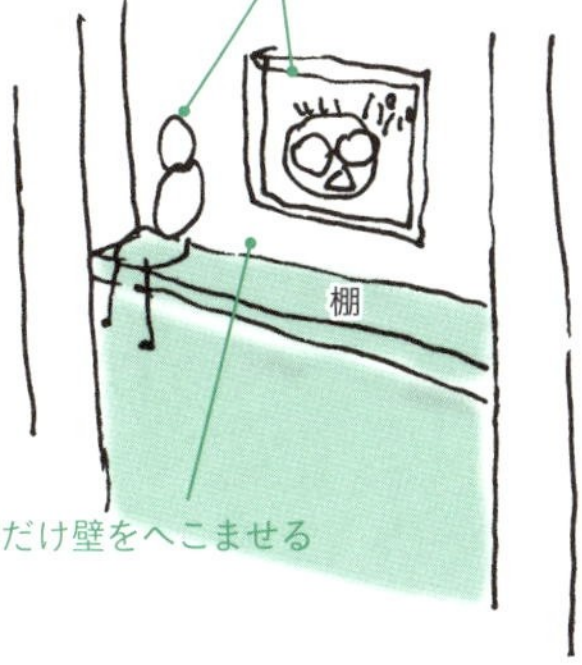

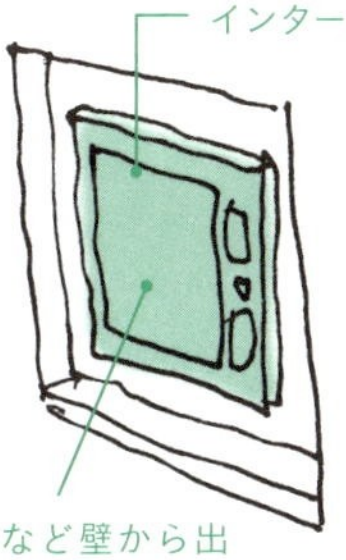

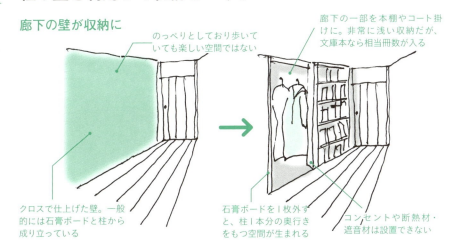

収納や家具を間仕切りに

部分的にほかの部屋とつながる仕組み

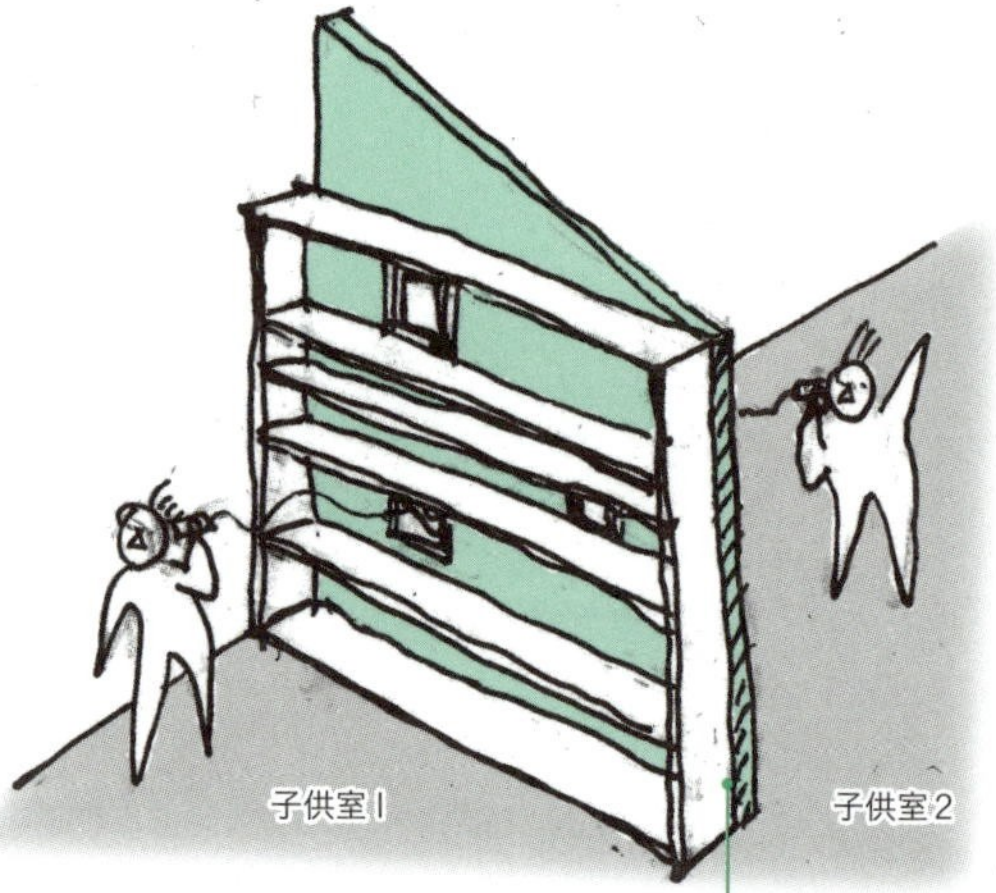
子供室1
子供室2

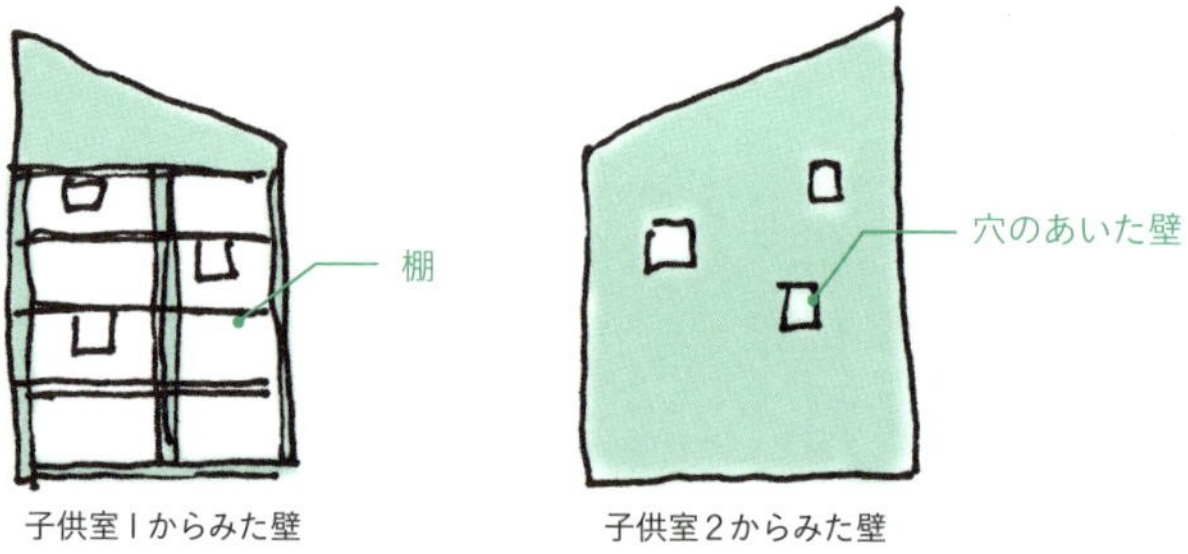
棚
穴のあいた壁
子供室1からみた壁
子供室2からみた壁

壁面収納で間仕切られた2つの子供室。小さな窓をあけるだけで2つの空間につながりが生まれる

部屋どうしを仕切るには壁（間仕切り壁）だけでなく、収納や家具を使うという方法もある。

家具や収納で間仕切る場合には、空間のつながり度合いを調整しやすい。背の低い家具を間仕切りにするとつながりは強くなり、奥行きも生まれる。一方、壁面収納のような高さのある家具だと、つながりは弱くなる。とはいえ家具は壁にくらべ、加工が簡単。小さな開口を設ければ、あっという間に2つの部屋に関係性が生まれる。お互いのぞき見することもでき、空間に面白みが加わる。

オープン棚で2室を仕切る —たとえばリビングとダイニングの間の家具

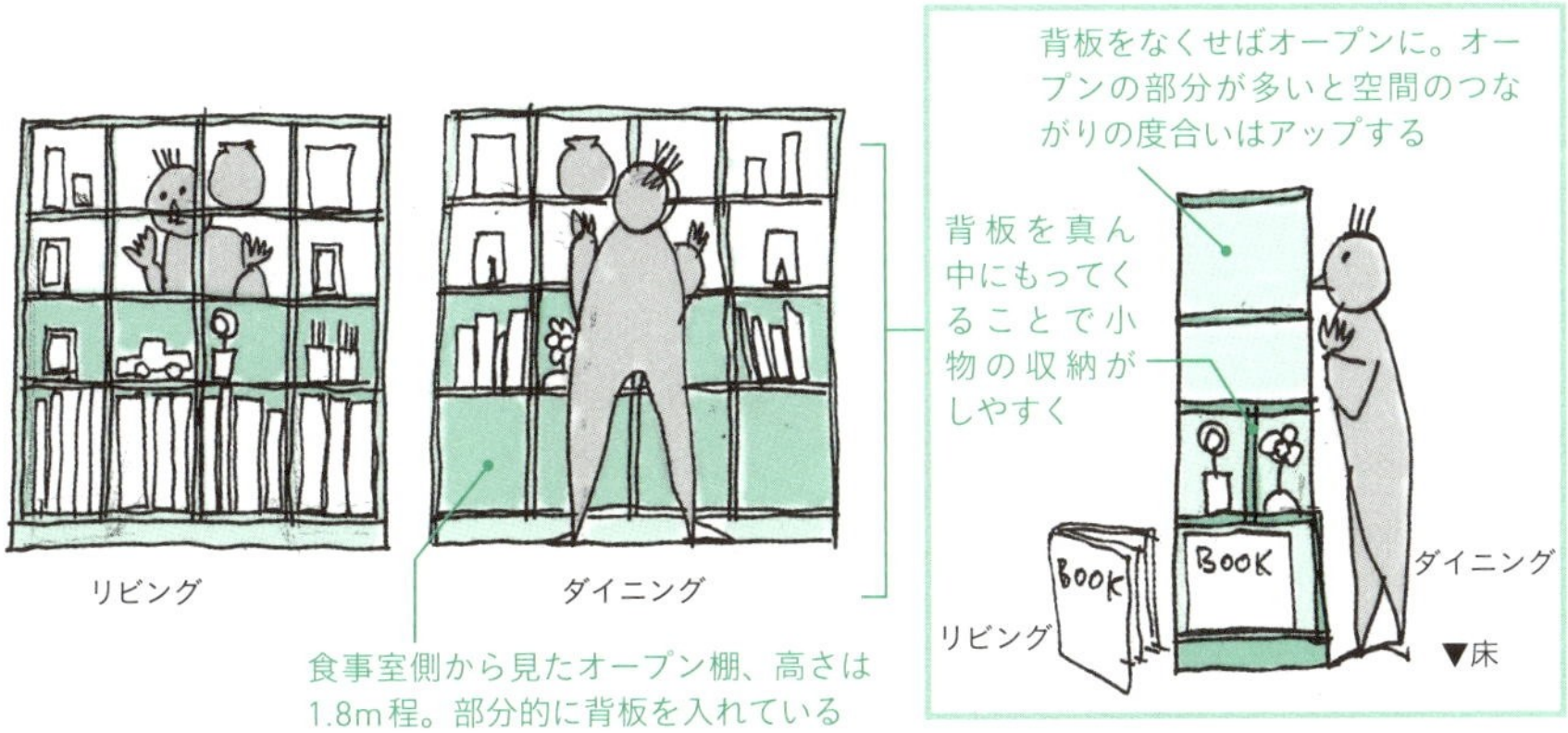
背板をなくせばオープンに。オープンの部分が多いと空間のつながりの度合いはアップする
背板を真ん中にもってくることで小物の収納がしやすく
BOOK
BOOK
リビング
ダイニング
▼床
リビング
ダイニング
食事室側から見たオープン棚、高さは1.8m程。部分的に背板を入れている

二段ベッドが間仕切りに —たとえば子供室と子供室の間

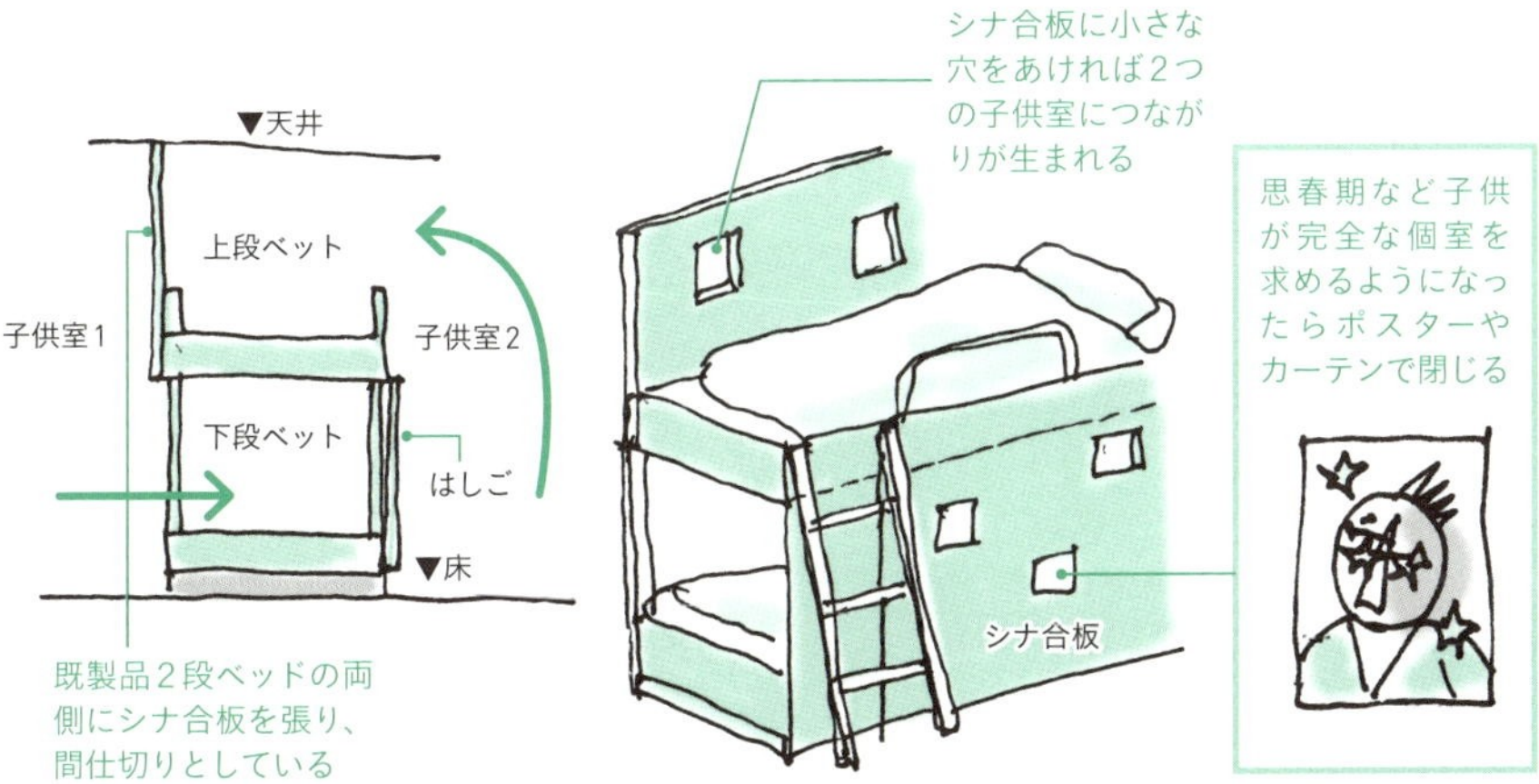
▼天井
上段ベット
子供室1
子供室2
下段ベット
はしご
▼床
既製品2段ベッドの両側にシナ合板を張り、間仕切りとしている
シナ合板に小さな穴をあければ2つの子供室につながりが生まれる
シナ合板
思春期など子供が完全な個室を求めるようになったらポスターやカーテンで閉じる

つながれる壁もある —たとえば子供室とお母さんの部屋

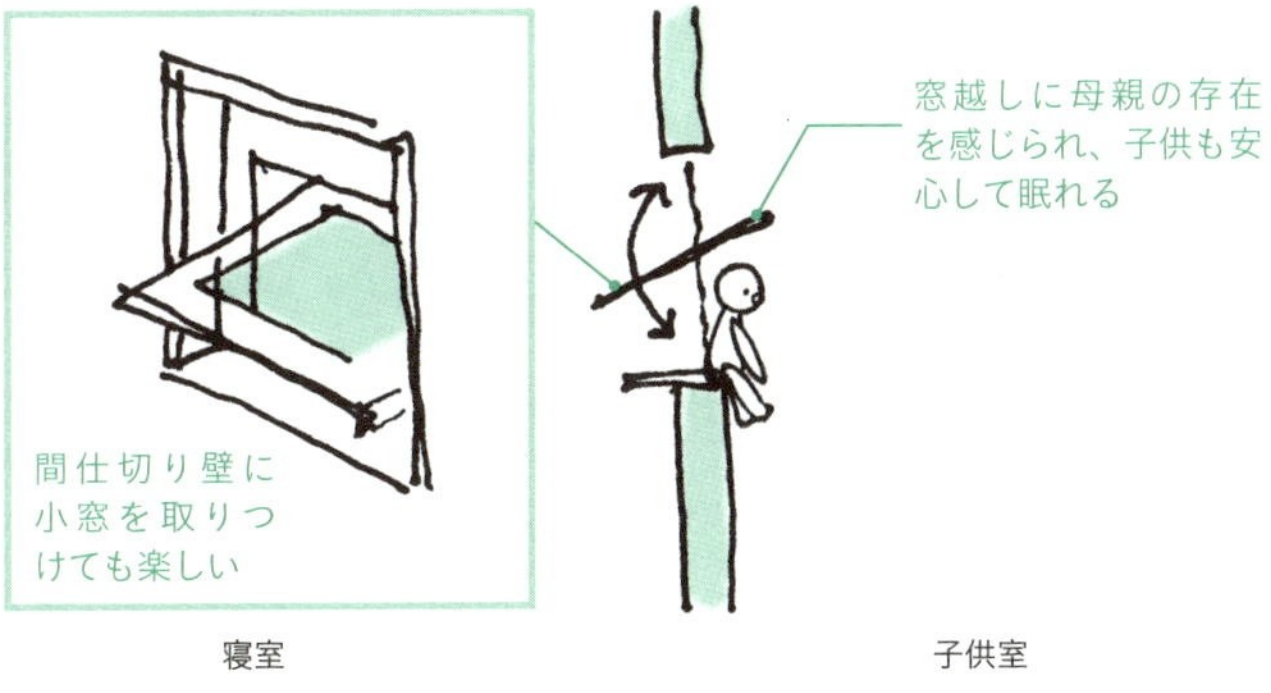
間仕切り壁に小窓を取りつけても楽しい
窓越しに母親の存在を感じられ、子供も安心して眠れる
寝室
子供室

壁をもっと使いこなそう

マルチな才能をもつ壁

収納と落下防止も兼ねる

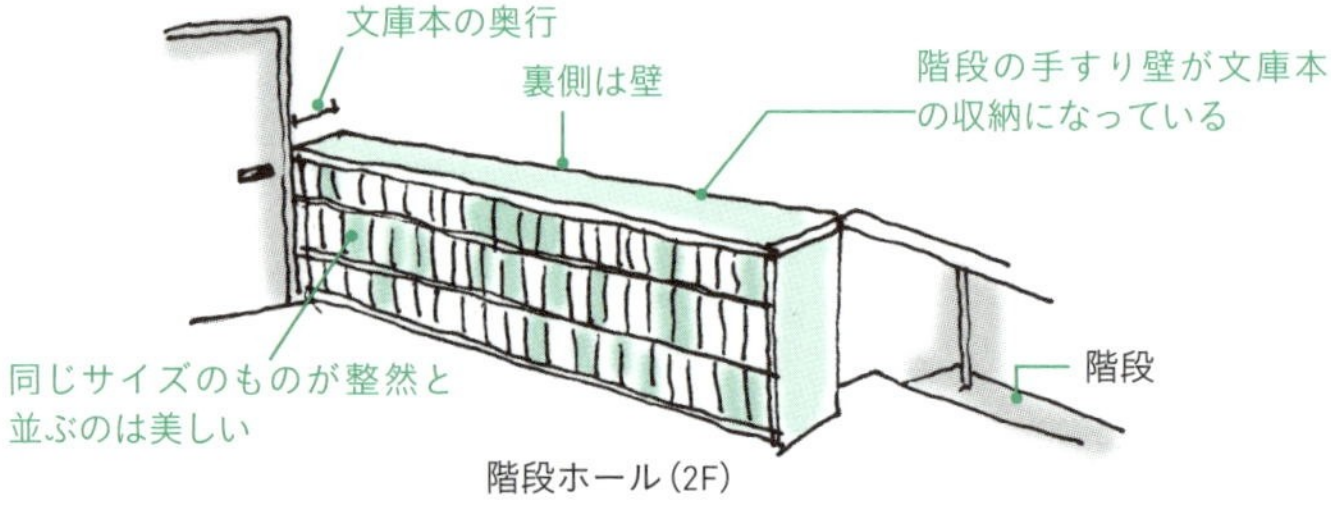

文庫本の奥行
裏側は壁
階段の手すり壁が文庫本の収納になっている
同じサイズのものが整然と並ぶのは美しい
階段
階段ホール（2F）

玄関脇の手すり壁は靴箱代わり

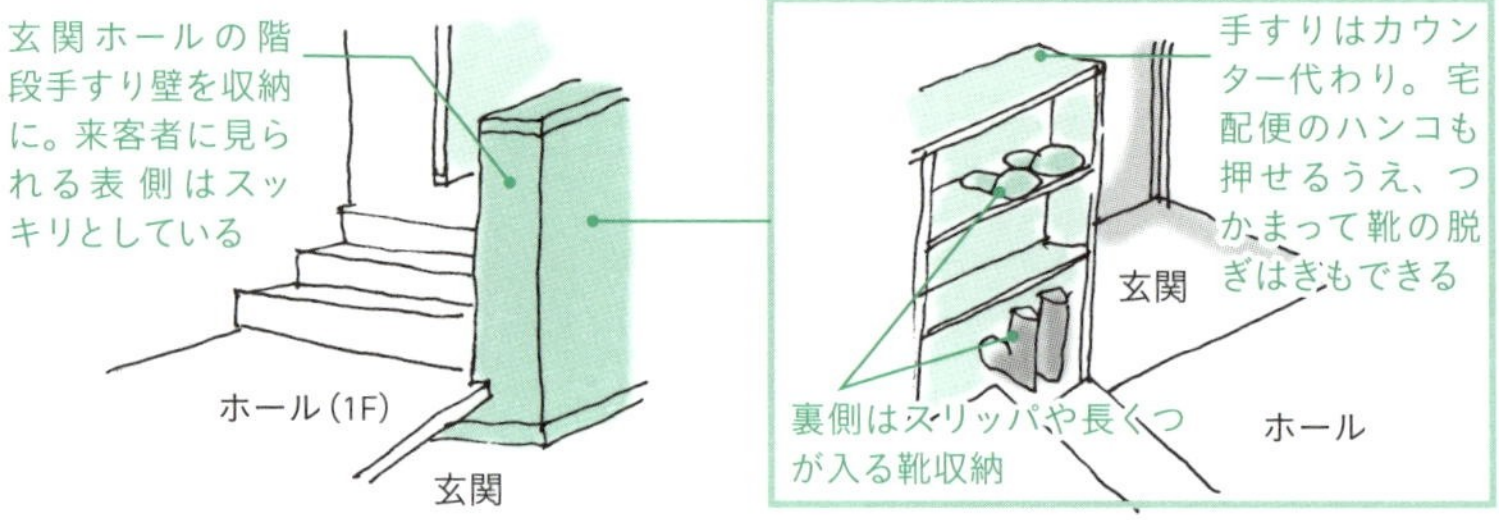

玄関ホールの階段手すり壁を収納に。来客者に見られる表側はスッキリとしている
ホール（1F）
玄関
手すりはカウンター代わり。宅配便のハンコも押せるうえ、つかまって靴の脱ぎはきもできる
玄関
裏側はスリッパや長ぐつが入る靴収納
ホール

目隠し用の壁

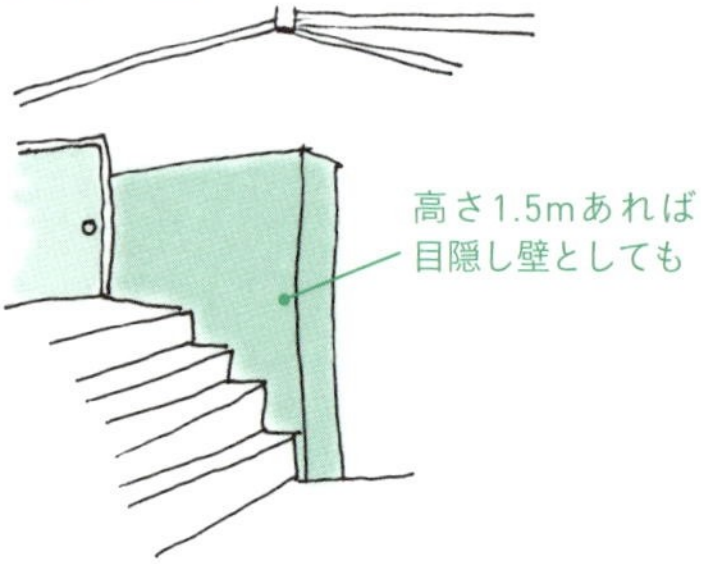

高さ1.5mあれば目隠し壁としても

壁がパーティション代わりに

空間をゆるく仕切る壁は上を抜くと奥行き感が生まれる

一般的に、「壁」は建物を支える構造体のひとつ。そのほか、断熱材が入っていれば住宅の温熱性能にも関わるし、コンセントやスイッチボックスが埋め込まれていれば設備と関わっている。見えないところで大きな仕事をしているのが壁なのだ。

一方で家具でつくる壁もある。収納できるうえに部屋を仕切るパーティションや目隠しとして使えるし遮音や吸音といった性能をもたせることもできる。

壁を便利なツールとして、さまざまな用途に使いこなしてみよう。

暮らしに合わせて動く収納壁

ワゴンのような動く収納は「建築的規模」でつくることもできる。壁いっぱいのクローゼットを動かせるようにしつらえるのは難しくはない。壁面収納を簡単に動かすことができれば、部屋の広さを自由自在に変えられるようになる。

ライフスタイルというのは一定ではない。家族の数ですら、増えたり減ったりする。暮らしの変化に合わせて、家も柔軟に変化できるようにしておくのが理想的だ。

読書家には収納量の多い動く本棚がおすすめ。何を動かすか考えるのも楽しい。

大きな動く収納あれこれ

動くクローゼット

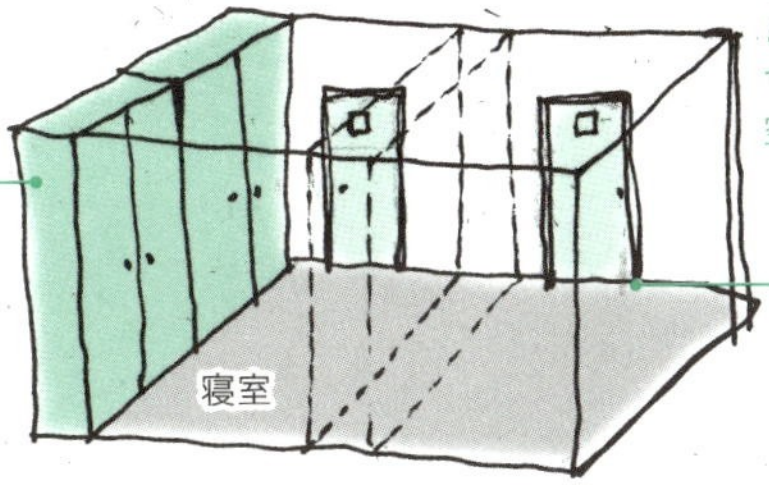
子供が小さい頃は両親と子供が川の字になって寝室に寝るので、大空間がありがたい
動くクローゼットを壁側に押しやり、大空間をつくり出す
寝室

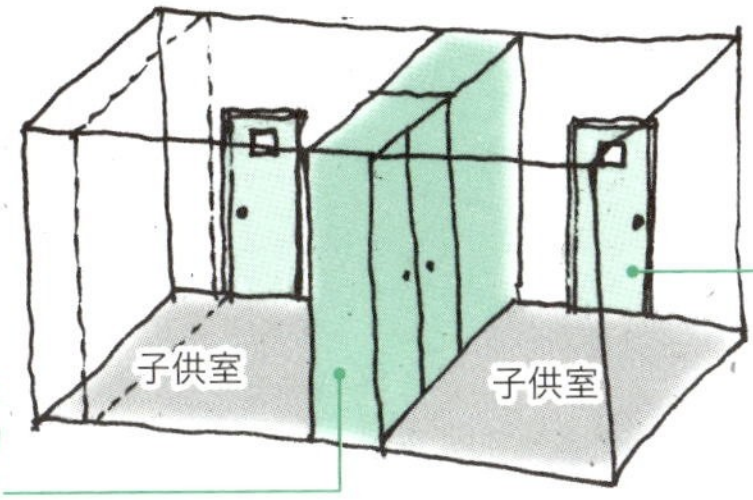
空間を小分けにすることを念頭に当初から出入り口を2つ設けておくとよい
子供が大きくなったらクローゼットを動かして間仕切り壁にする
子供室
子供室

動く本棚

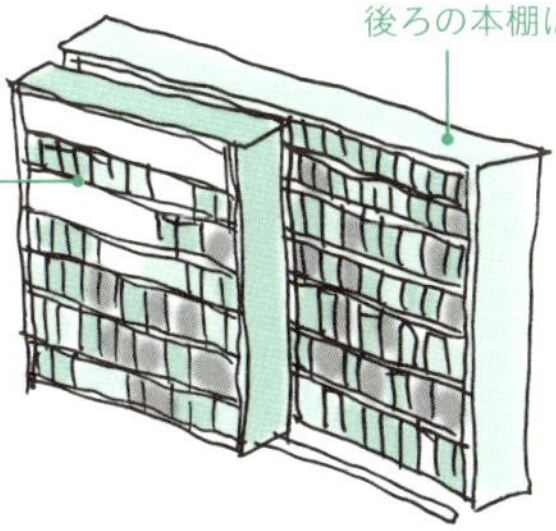
後ろの本棚は固定式
手前の本棚のみ可動。本棚は奥行きが浅いので前後に組み合わせて収納量を増やすことができる

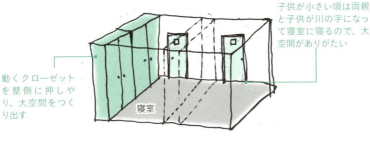

完全には使い切らないで

空間をぐっと広く見せるには

小さくとも広く感じさせる

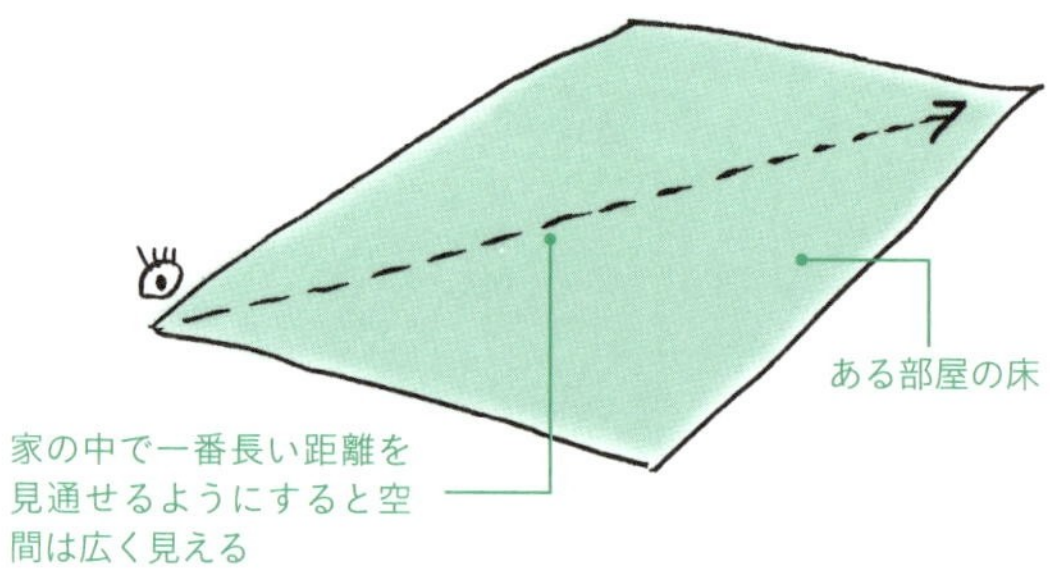

ある部屋の床
家の中で一番長い距離を見通せるようにすると空間は広く見える

外も室内に取り込む

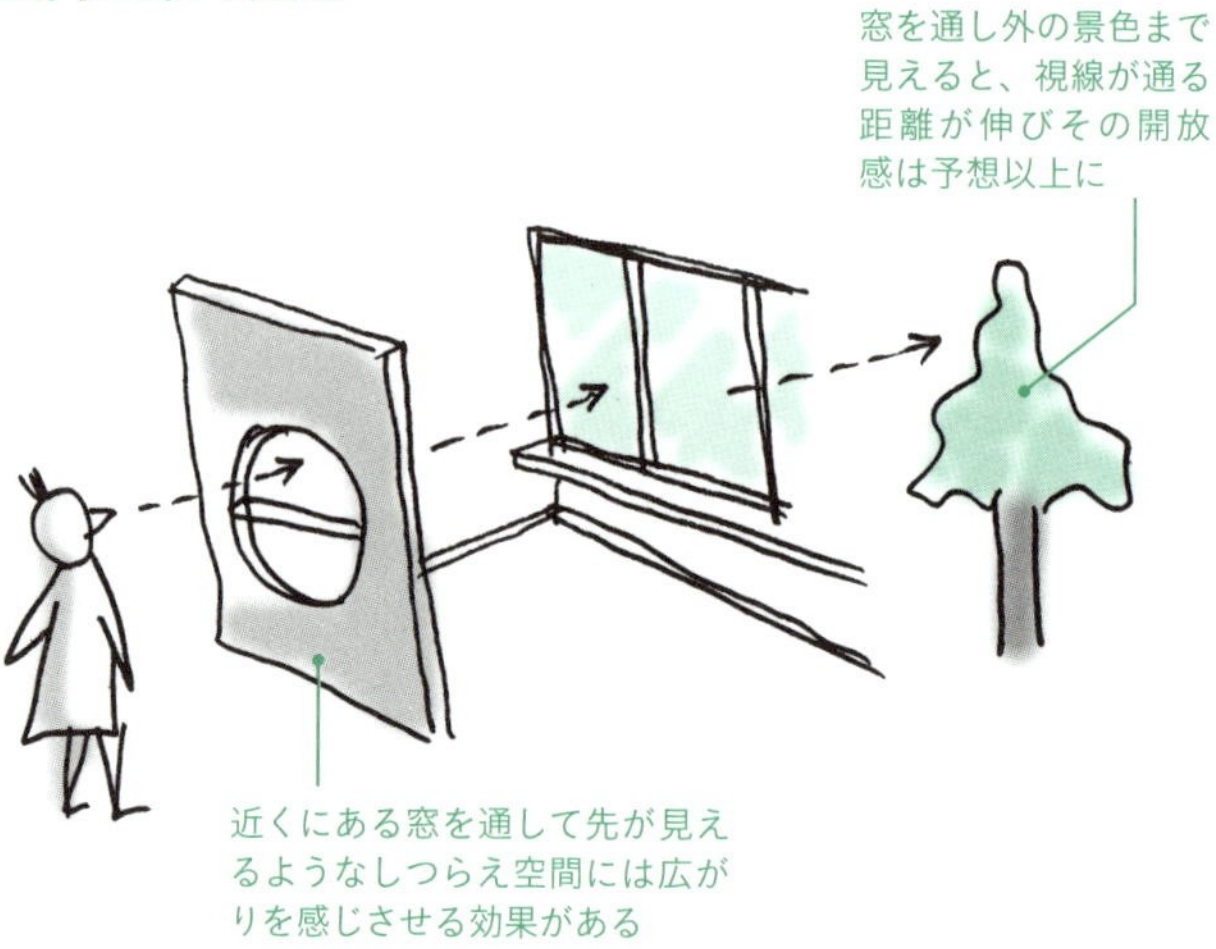

窓を通し外の景色まで見えると、視線が通る距離が伸びその開放感は予想以上に
近くにある窓を通して先が見えるようなしつらえ空間には広がりを感じさせる効果がある

住まいをすっきり美しく見せるために、家じゅうの余白を探して、収納をつくる。それも1手である。しかし、隙間をあえてつくることで、のびのびとした広がりが生まれ、家の中が美しく見えるということも。

建築家・宮《みや》脇《わき》檀《まゆみ》氏は、家のどこかに端から端まで見通せる部分をつくると広がりを感じさせることができると言った。天井いっぱいまで壁や収納つくらない、間仕切り壁に穴を開ける。そうすることで、先のほうまで視界が広がる。家じゅうの空間を使い切ることはやめたほうがよさそうだ。

上部の空間を空けてすっきりと

あえて余白をつくる収納

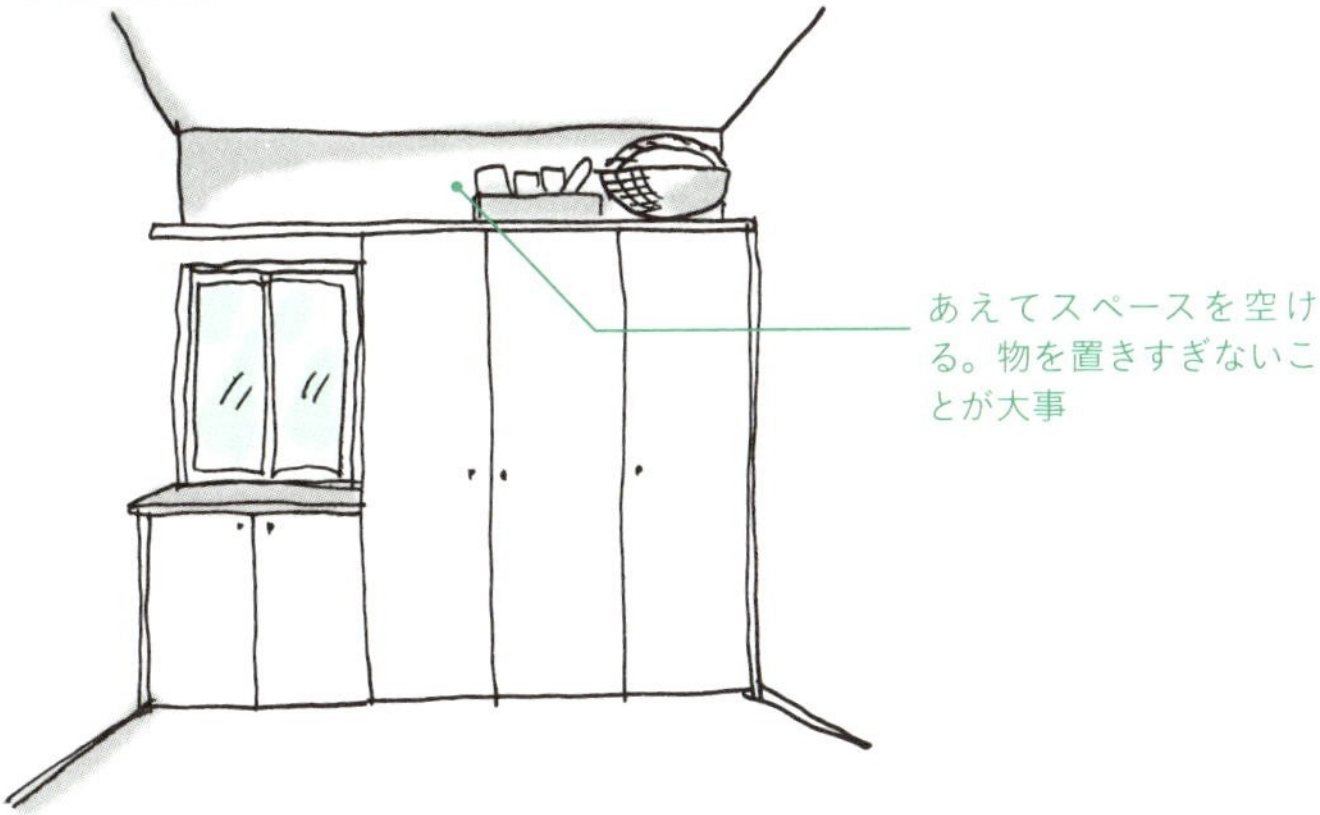
あえてスペースを空ける。物を置きすぎないことが大事

手の届かない物入れはいらない

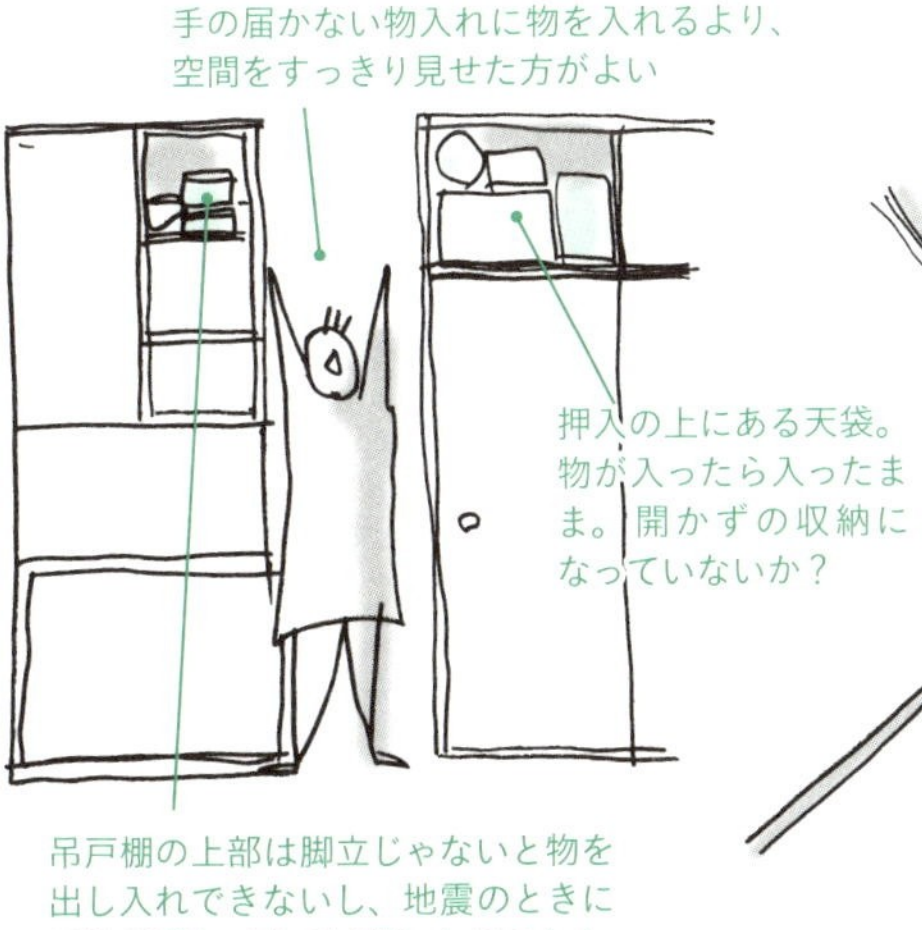
手の届かない物入れに物を入れるより、空間をすっきり見せた方がよい
押入の上にある天袋。物が入ったら入ったまま。開かずの収納になっていないか？
吊戸棚の上部は脚立じゃないと物を出し入れできないし、地震のときには物が落ちてきて凶器になることも

視線が通る家具

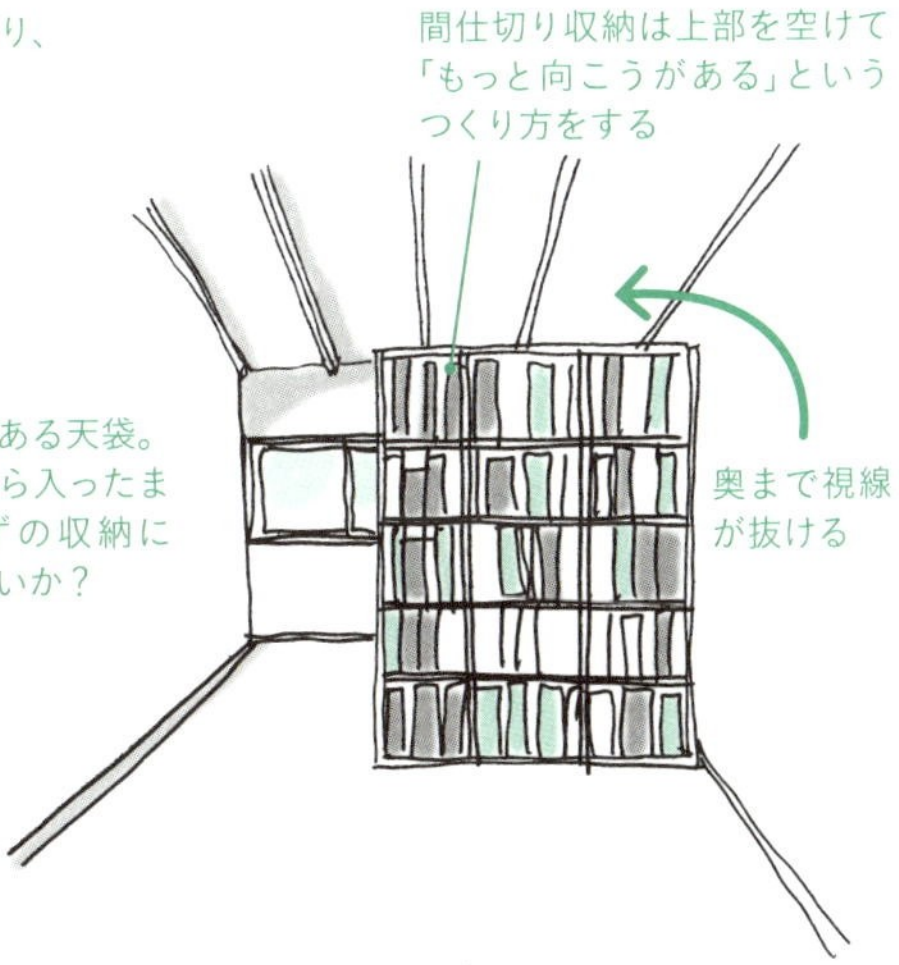
間仕切り収納は上部を空けて「もっと向こうがある」というつくり方をする
奥まで視線が抜ける

伝統的余白は床の間に学ぶ

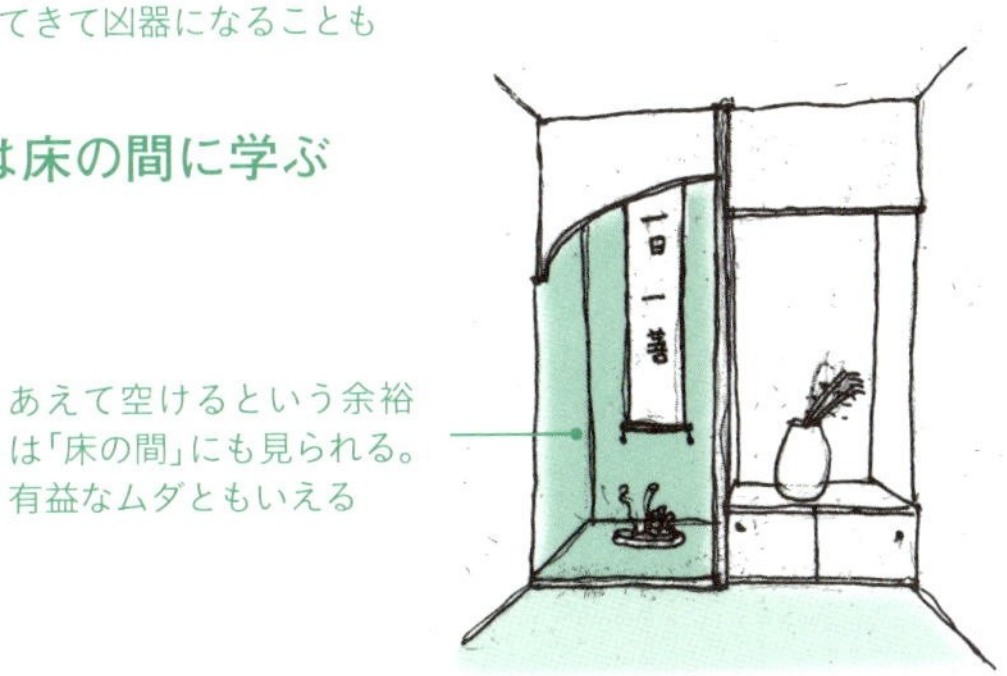
あえて空けるという余裕は「床の間」にも見られる。有益なムダともいえる
一日一善

COLUMN 2

シェーカーデザインに学ぶ

18世紀後半から19世紀にかけ、アメリカ・ニューイングランドで生まれたシェーカー家具。「美は有用性に宿る」といったシェーカー教徒によるものだ。装飾を排除した簡素さの中に、機能美が備わっている。

暮らしに合わせたシンプルな機能美、この考え方は現代の住宅にも活かせるに違いない。

収納という機能に美を見つける

シェーカークラフト

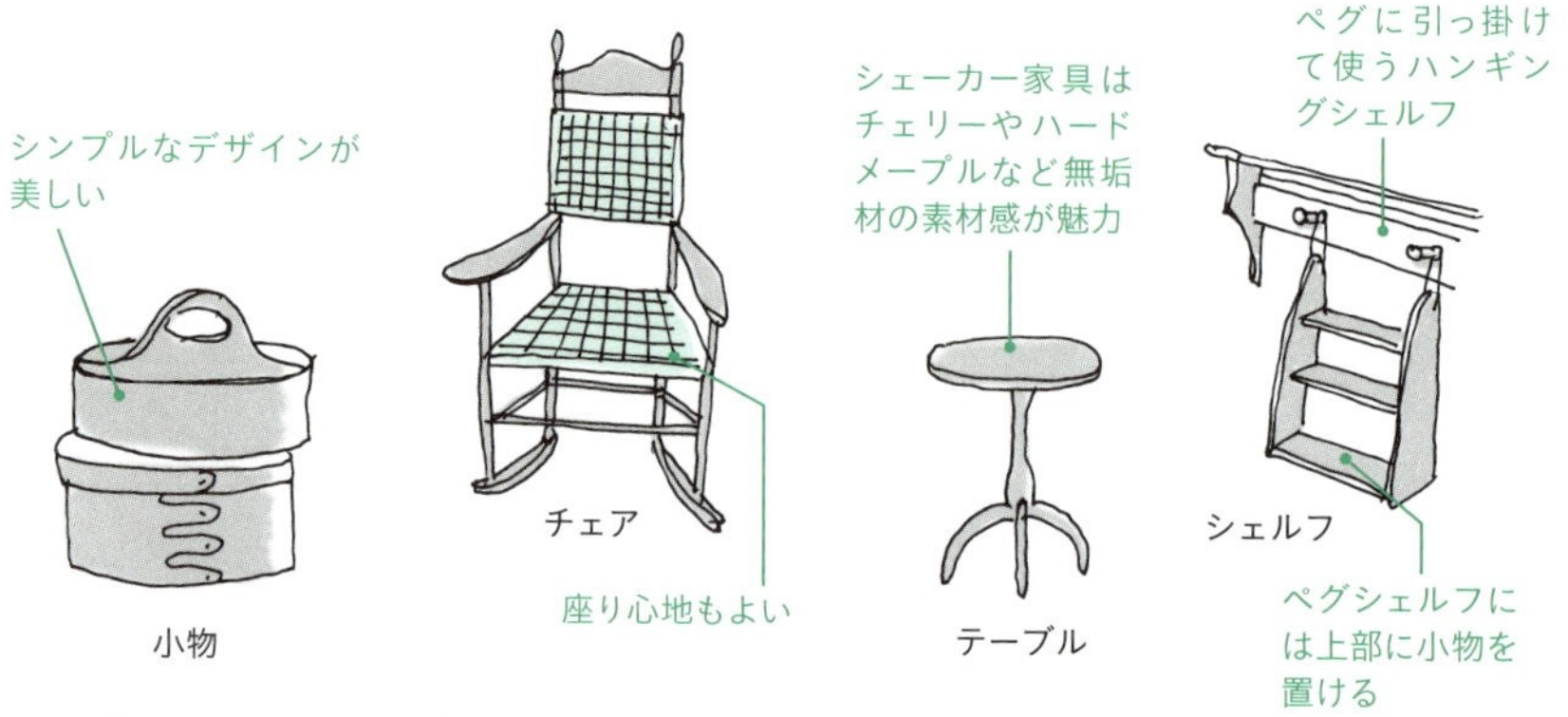

シンプルなデザインが美しい
小物
チェア
座り心地もよい
シェーカー家具はチェリーやハードメープルなど無垢材の素材感が魅力
テーブル
ペグに引っ掛けて使うハンギングシェルフ
シェルフ
ペグシェルフには上部に小物を置ける

シェーカースタイルの部屋

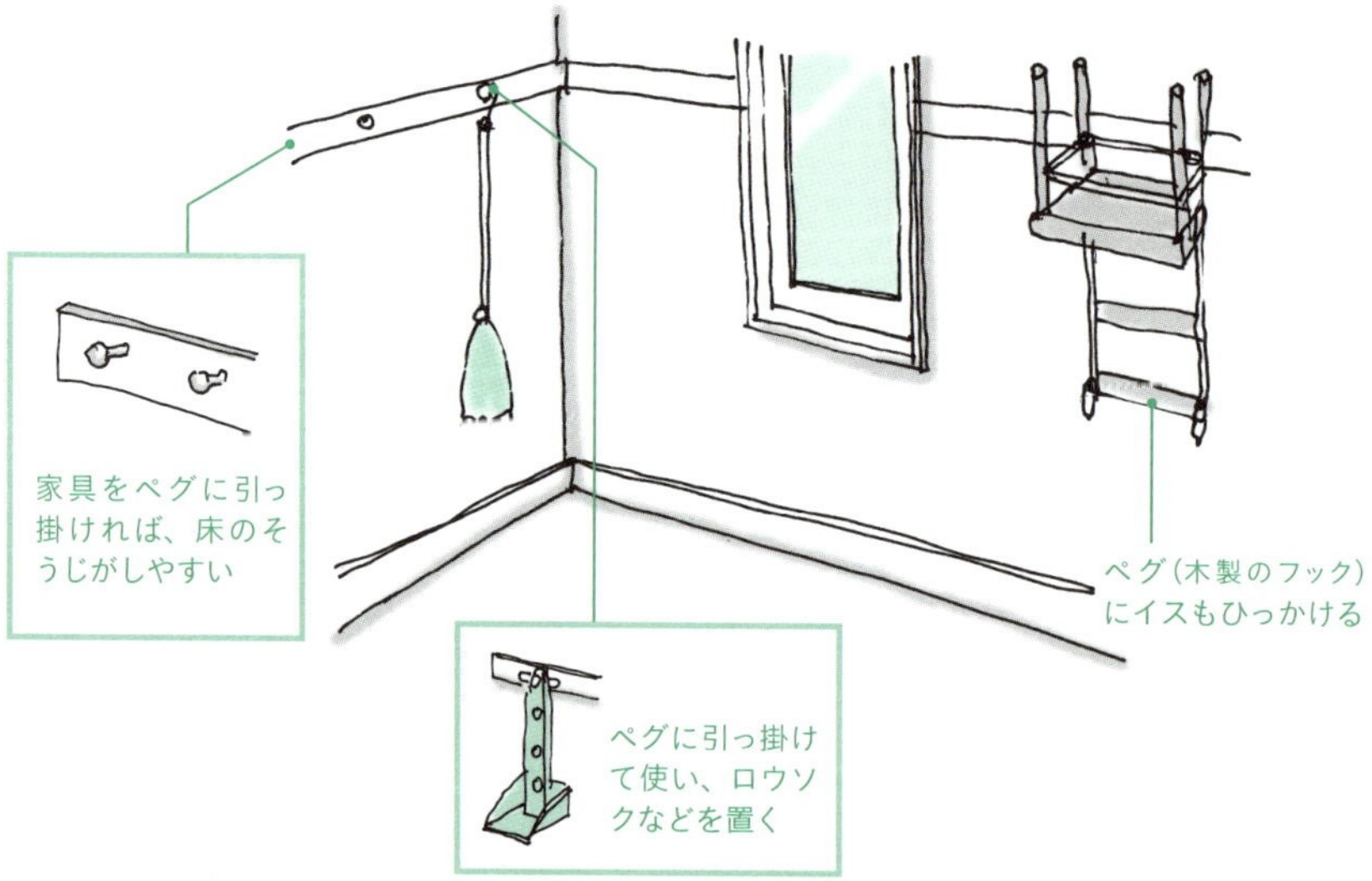

家具をペグに引っ掛ければ、床のそうじがしやすい
ペグに引っ掛けて使い、ロウソクなどを置く
ペグ（木製のフック）にイスもひっかける

3章

家事がはかどる部屋づくり

玄関は親切につくればきれいに片づく

よくある玄関廻りのがちゃがちゃした風景

行き場がなくてただ
立て掛けている
玄関
COOP
COOP
定期購入しているがポーチに
積んである……
ポーチ
三輪車やバケツなど子どもの
道具が散乱している
しまう場所がなくて
靴が散らかっている

玄関廻りは人を招きいれる「家の顔」。ところが玄関扉をはさんで、内（玄関）と外（ポーチ）、いずれも狭い空間に小物があふれ、ごちゃごちゃとしている。これは、玄関のしつらえに片づけやすさが欠けていることが一因だ。

たとえば傘立ては内と外にほしい。誰だって濡れた傘を家に持ち込みたくない。ベンチは内にあれば靴を履くときに便利だし、外にあれば扉を開ける前に重い荷物を置けるので重宝する。誰かのために丁寧にしつらえれば、玄関廻りが自然とすっきりするだろう。

玄関廻りは内も外も親切につくろう

開放感のあるポーチ

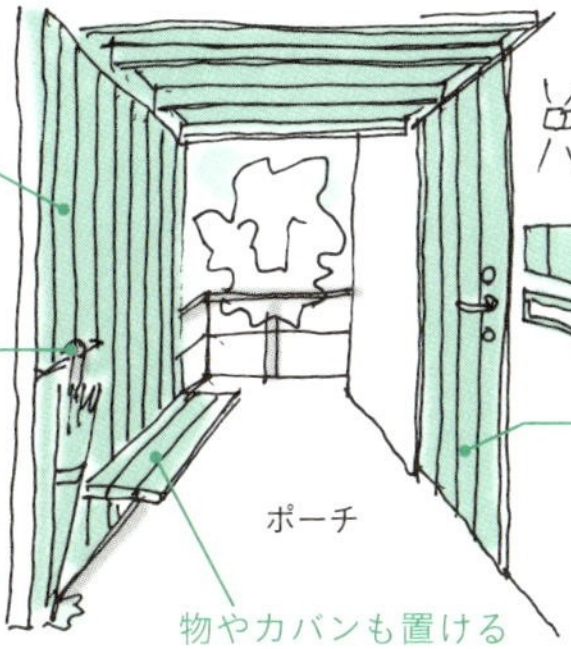
木製の格子は目隠し壁。外部から家の中がまる見えにならず、ほどよい開放感が気持ちよい
傘は1本のコの字金物に引っ掛ける
玄関戸
ポーチ
物やカバンも置けるベンチ。ときには飾り棚にも

外物入のあるポーチ

ポスト、表札、インターフォンは一か所にまとめてすっきり見せる
玄関戸
外物入があると、玄関まわりが片づく
雨で濡れた傘は家に持ち込まないよう外にも傘立てを
ベンチは飾り棚にもなる
ポーチ

コンパクト玄関（室内側）

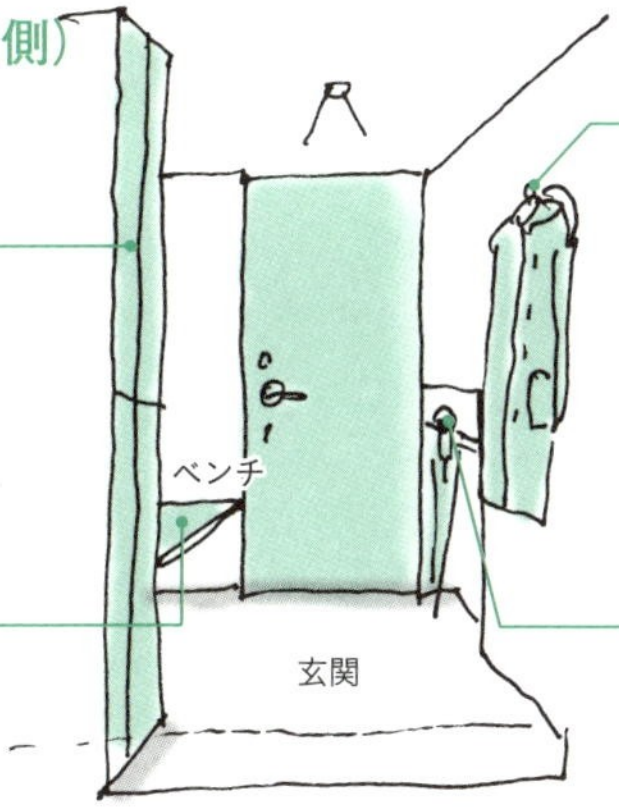
コート掛けもあるとよい
下足入れは量が足りないと靴が土間にあふれ出すので要注意
ベンチ
ベンチは腰かけて靴を履くのに便利
ニッチにつくった傘立て。取り出しやすく邪魔にならない。収納をつくりこむのは余計な物を置かせないためでもある
玄関

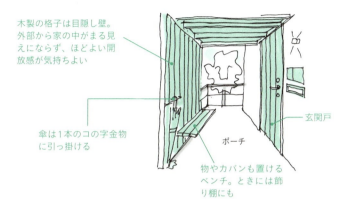

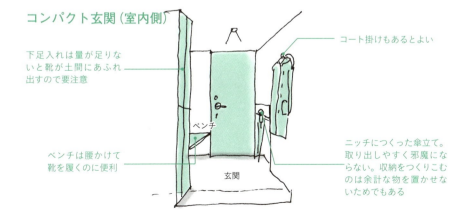

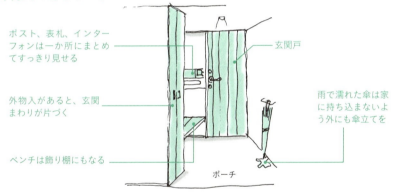

靴であふれない玄関を

マンションの靴箱の実情

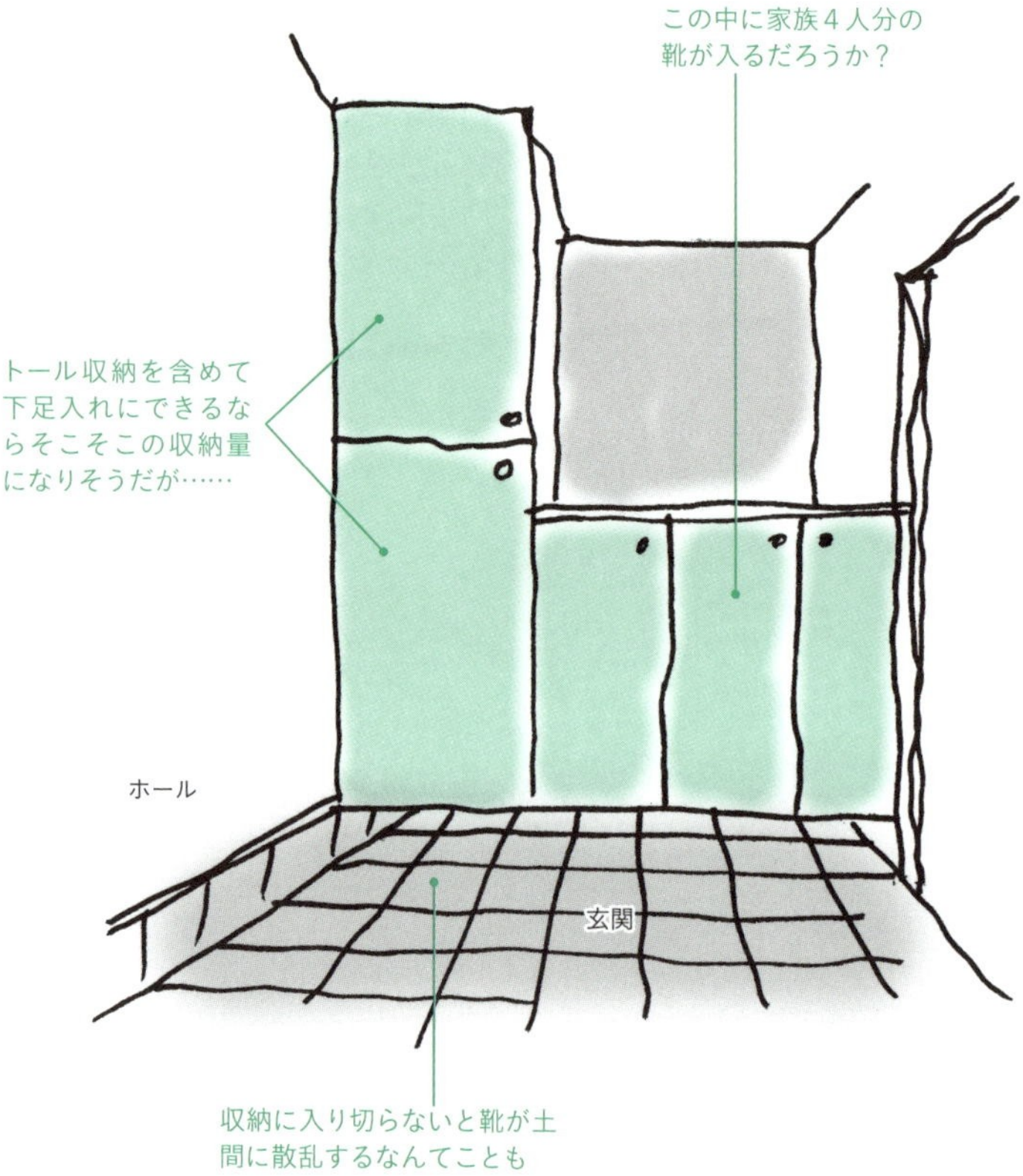
この中に家族４人分の靴が入るだろうか？
トール収納を含めて下足入れにできるならそこそこの収納量になりそうだが……
ホール
玄関
収納に入り切らないと靴が土間に散乱するなんてことも

玄関にある下足入れ。容量が不足していると、入り切らなかった靴が土間にまであふれ出ることに。まずは家族全員の靴の数を把握しよう。季節外れの靴なら靴箱に入れて玄関以外の場所で保管してもよい。その際は乾燥材を入れておくことを忘れずに。

玄関に収納すべきは靴だけでない。靴磨き用品や傘、レインコートにゴルフバッグなど、小物から大物まで多岐にわたる。下足入れも含め、大きめの収納を用意したい。その際、飾り棚などの余白は残して。狭い玄関にもゆとりが生まれる。

マンションの玄関収納の容量は？

下足入れのみでは当然足らない

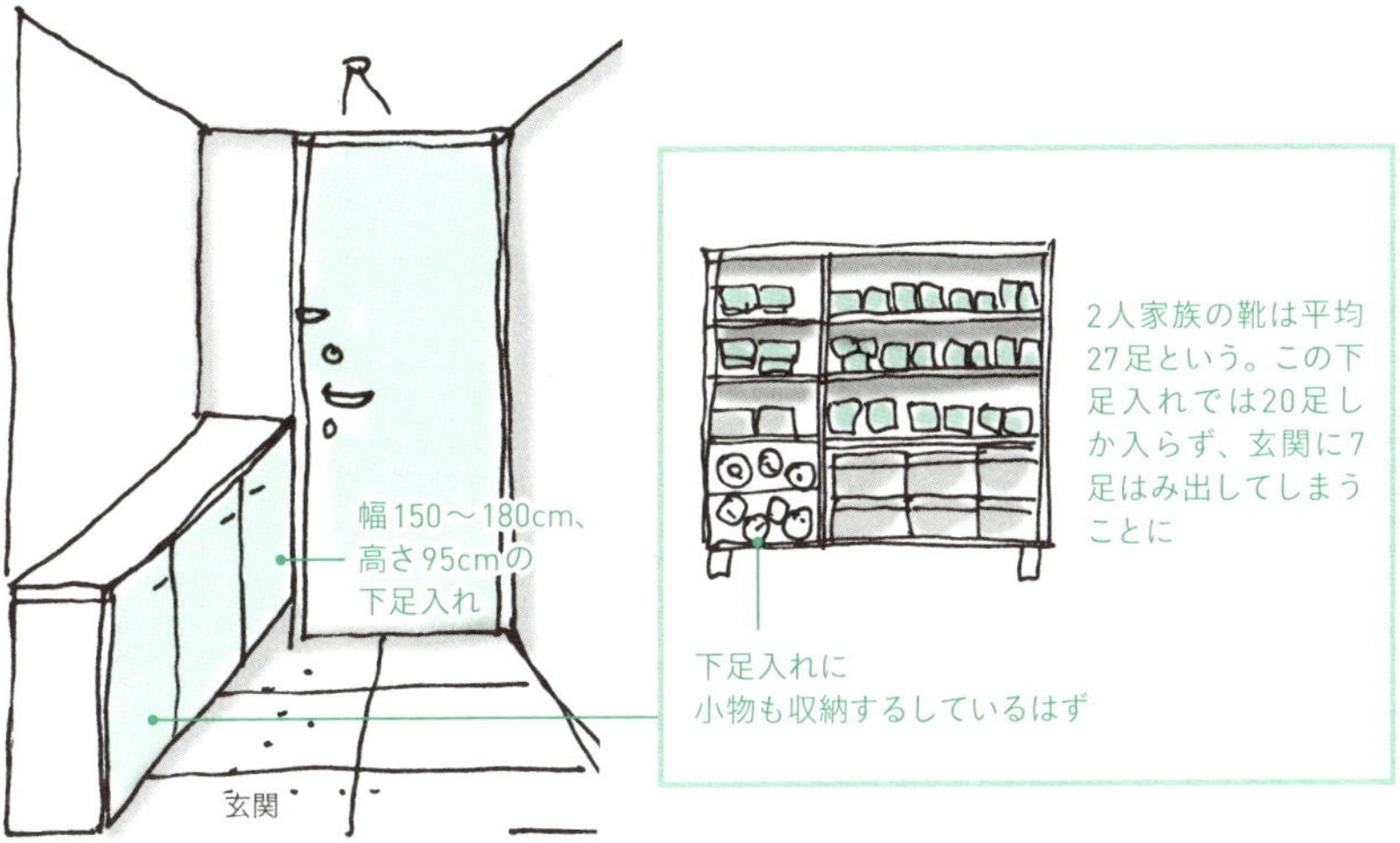
幅150～180cm、
高さ95cmの
下足入れ
玄関
2人家族の靴は平均27足という。この下足入れでは20足しか入らず、玄関に7足はみ出してしまうことに
下足入れに
小物も収納するしているはず

下足入れ＋収納でも足らない

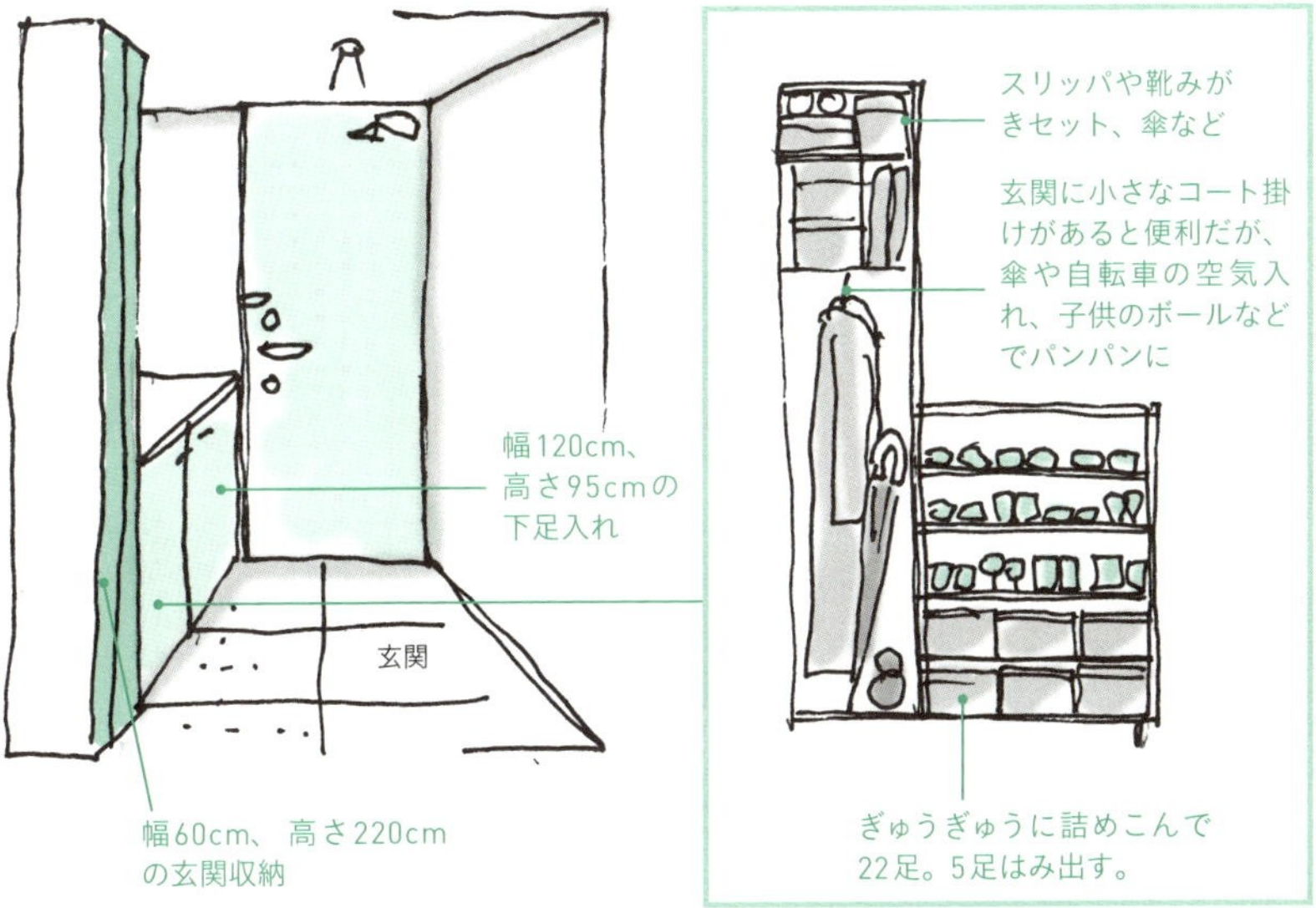
幅120cm、
高さ95cmの
下足入れ
玄関
幅60cm、高さ220cm
の玄関収納
スリッパや靴みがきセット、傘など
玄関に小さなコート掛けがあると便利だが、傘や自転車の空気入れ、子供のボールなどでパンパンに
ぎゅうぎゅうに詰めこんで
22足。5足はみ出す。

これがギリギリサイズの下足入れ

ゴルフバッグや傘などの収納スペース
大事にしている靴は、乾燥剤を入れた箱にしまって並べる
飾り棚として使う
普段用の靴を並べる
一番下の段は泥がついたもの
予備の傘立て
長靴やブーツなどは最下段に

小さな飾り棚のついた下足入れ。幅は180cm、高さは天井まで。奥行きは一般的に35cmほど
壁も使って収納
お客さまのコートなどを掛けられる
玄関

DIY で下足入れをつくる

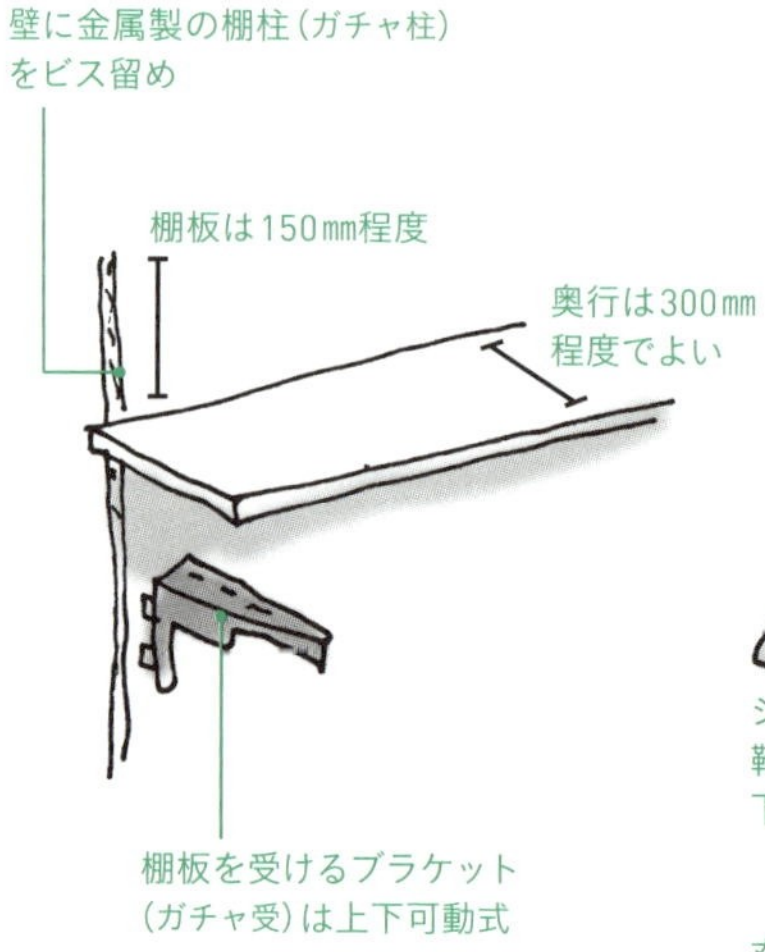
壁に金属製の棚柱(ガチャ柱)をビス留め
棚板は150㎜程度
奥行は300㎜程度でよい
棚板を受けるブラケット(ガチャ受)は上下可動式

靴みがき用品も必要

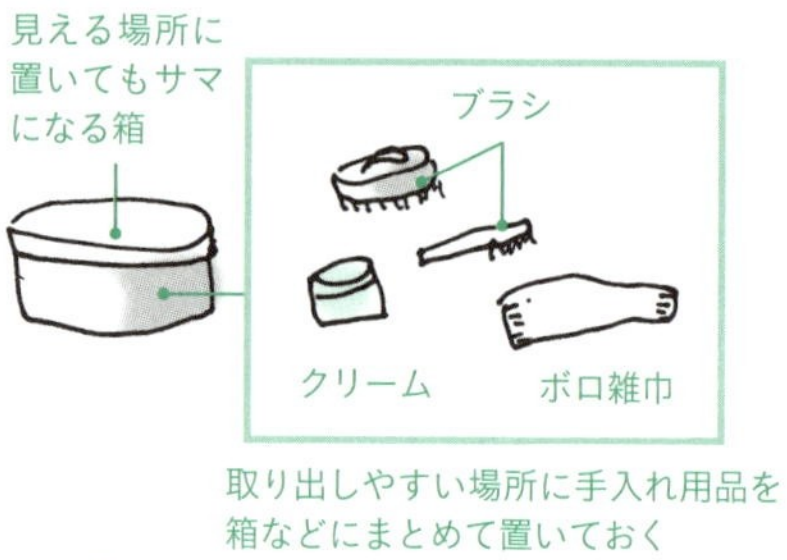
見える場所に置いてもサマになる箱
ブラシ
クリーム
ボロ雑巾
取り出しやすい場所に手入れ用品を箱などにまとめて置いておく

シューキーパーも靴の手入れに必須。下足入れに入れておく

デンマークのシューメーカーというスツールは小さくて片手で持ち運べるのでおすすめ
玄関にベンチがなければ小さなスツールがあるだけで靴を履くときにも、靴みがきにもストレスが無い

理想は2ルートある玄関

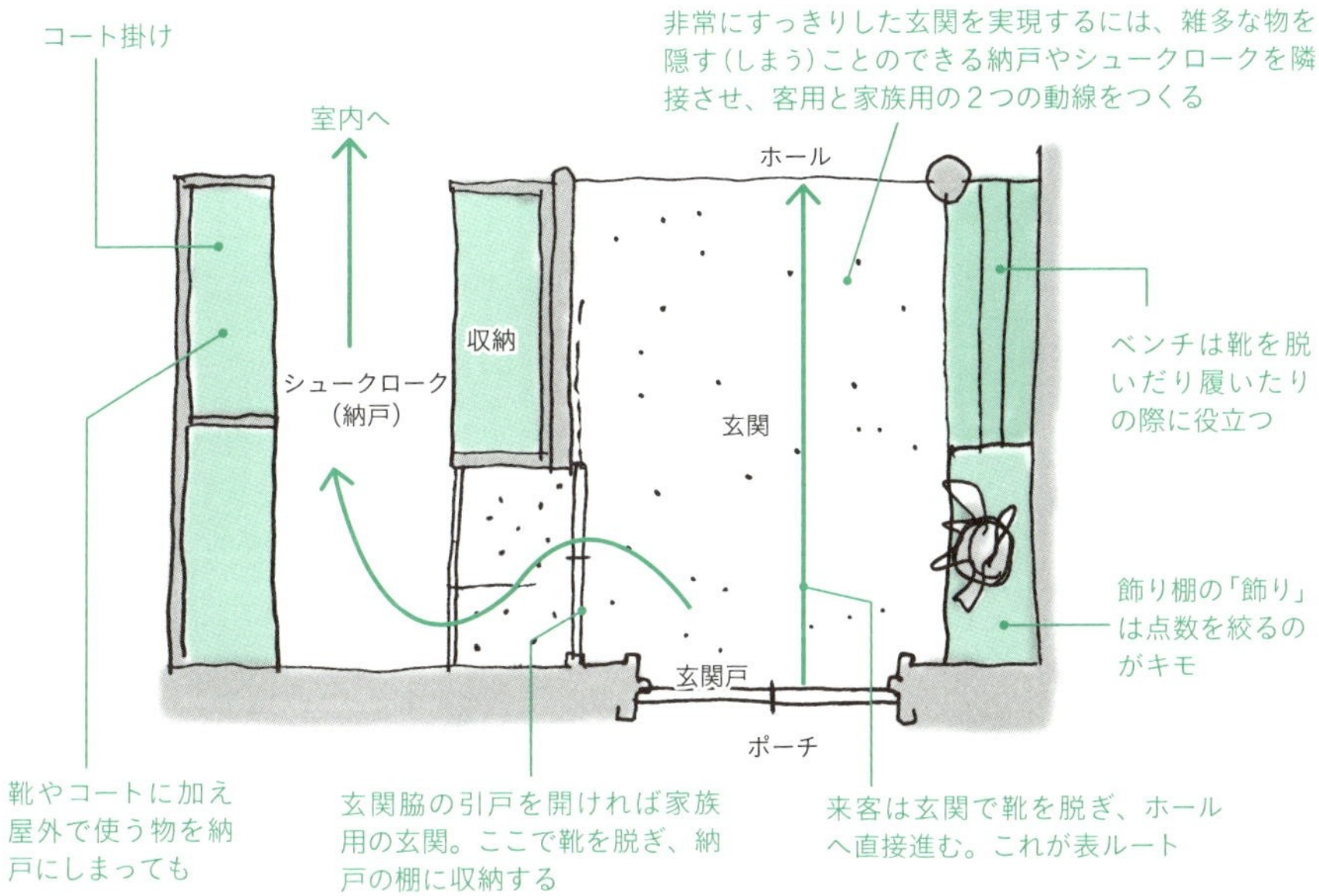
コート掛け
室内へ
非常にすっきりした玄関を実現するには、雑多な物を隠す（しまう）ことのできる納戸やシュークロークを隣接させ、客用と家族用の2つの動線をつくる
ホール
収納
シュークローク（納戸）
玄関
ベンチは靴を脱いだり履いたりの際に役立つ
飾り棚の「飾り」は点数を絞るのがキモ
玄関戸
ポーチ
靴やコートに加え屋外で使う物を納戸にしまっても
玄関脇の引戸を開ければ家族用の玄関。ここで靴を脱ぎ、納戸の棚に収納する
来客は玄関で靴を脱ぎ、ホールへ直接進む。これが表ルート

階段下を使って大容量の玄関の収納

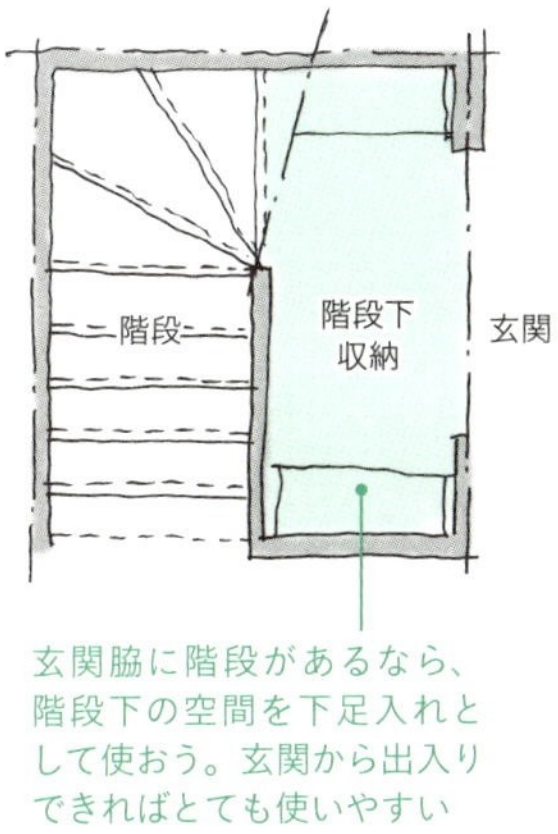
階段
階段下収納
玄関
玄関脇に階段があるなら、階段下の空間を下足入れとして使おう。玄関から出入りできればとても使いやすい

階段下収納は合板下地のみで仕上げはなくてOK。自分で釘やヒートンを増設しやすいので◎
階段下収納
玄関から直接出入りするので階段下は玄関と同じ土間仕上げ。汚れてもストレスがない
ゴルフバッグなどもラクラク保管。階段下は低いところでも天井高は120cm程度、広さも2畳ほどありたっぷり収納できる

収納の盲点はルームシューズ

上も下も履物ずくめのダメダメ玄関

玄関ホールにはぐちゃぐちゃになったスリッパ。室内に入るときに邪魔になることも
ホール
玄関
玄関戸
ポーチ
脱ぎっぱなしの外履きは小さなたたき（玄関土間）に散乱しがち
足の踏み場もないマンションの小さなたたき（玄関土間）

家を建てる際、靴の量はチェックするが、室内履きについてはどうだろう。

高温多湿なわが国は、土足での暮らしに向かない。多くは玄関で靴を脱ぎ、室内履きに履き替える。手持ちのスリッパは夏用や冬用、客用の物まであり、意外に数が多く、量もかさむ。これらの収納先も考えねばならない。あえて見せるほどの物ではない室内履き。されど玄関ホールに散乱しがちなのでどうにかしたい。

収納スペースがあればそれにこしたことはないが、カゴなどに入れてラフに収納してもよい。

スリッパ収納あれこれ

カゴに入れる

スリッパのための収納じゃなくても置いてステキに見える入れ物に

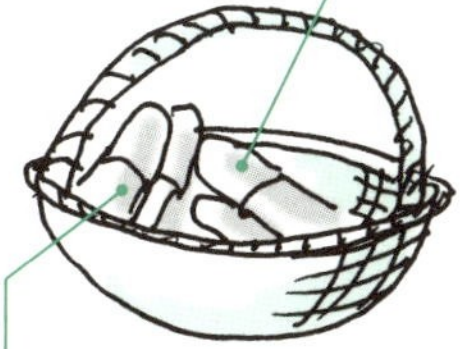

出しておくと温気対策になるが、カゴの底は時々そうじして

ワインの木箱に入れる

スリッパをしまうときはバラバラにならないように重ねて

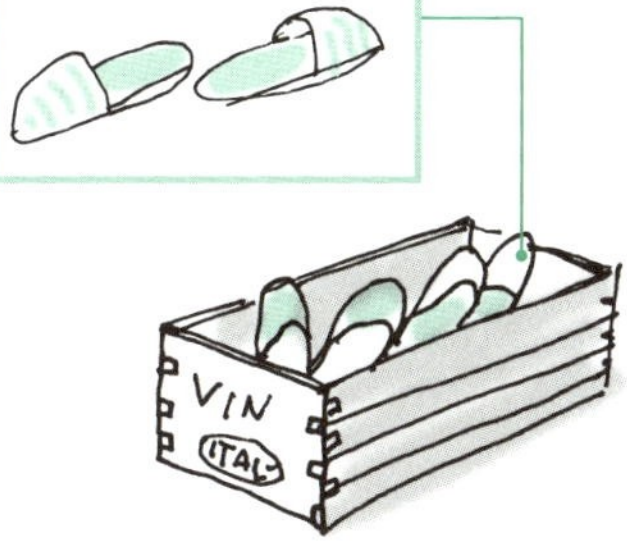

下足入れの一部を使う

下足入れに余裕がない場合は下足を優先させて

飾り棚の一部を使う

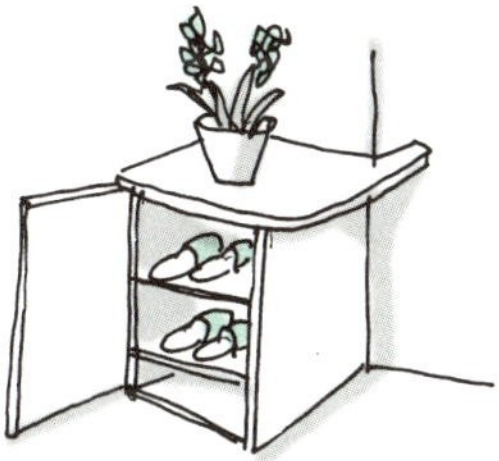

スリッパ収納は必ずしも玄関になくてもよい。廊下や階段まわりでもOK

スリッパ専用の収納に入れる

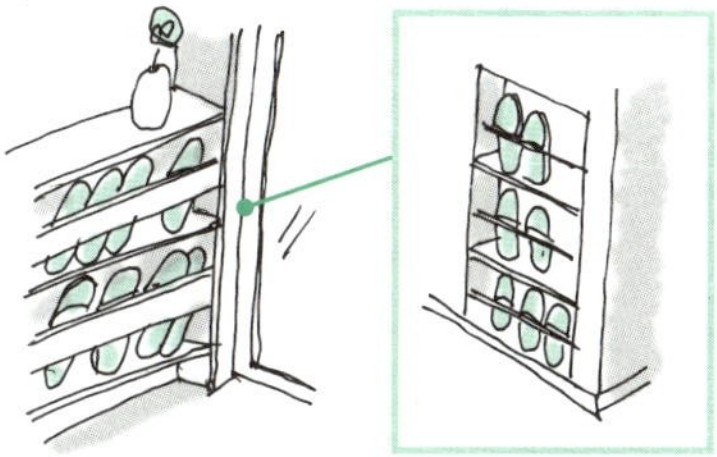

スリッパ収納は10cm程度と奥行きが浅くてもOK

壁1枚の奥行きで十分なので設置も容易

スリッパは正しく重ねよう

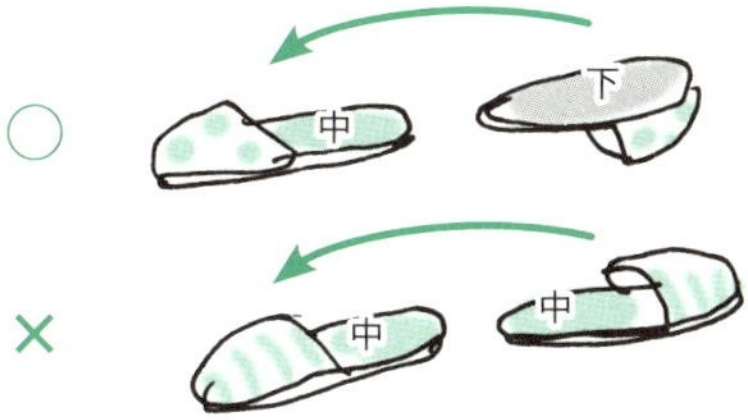

スリッパというものは左右バラバラになってしまうもの。収納する際は重ねておこう

スリッパの裏面の汚れがもう一方についてしまうのでNG

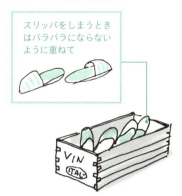

玄関にほしい小さなカウンター

その姿、カッコ悪くない？

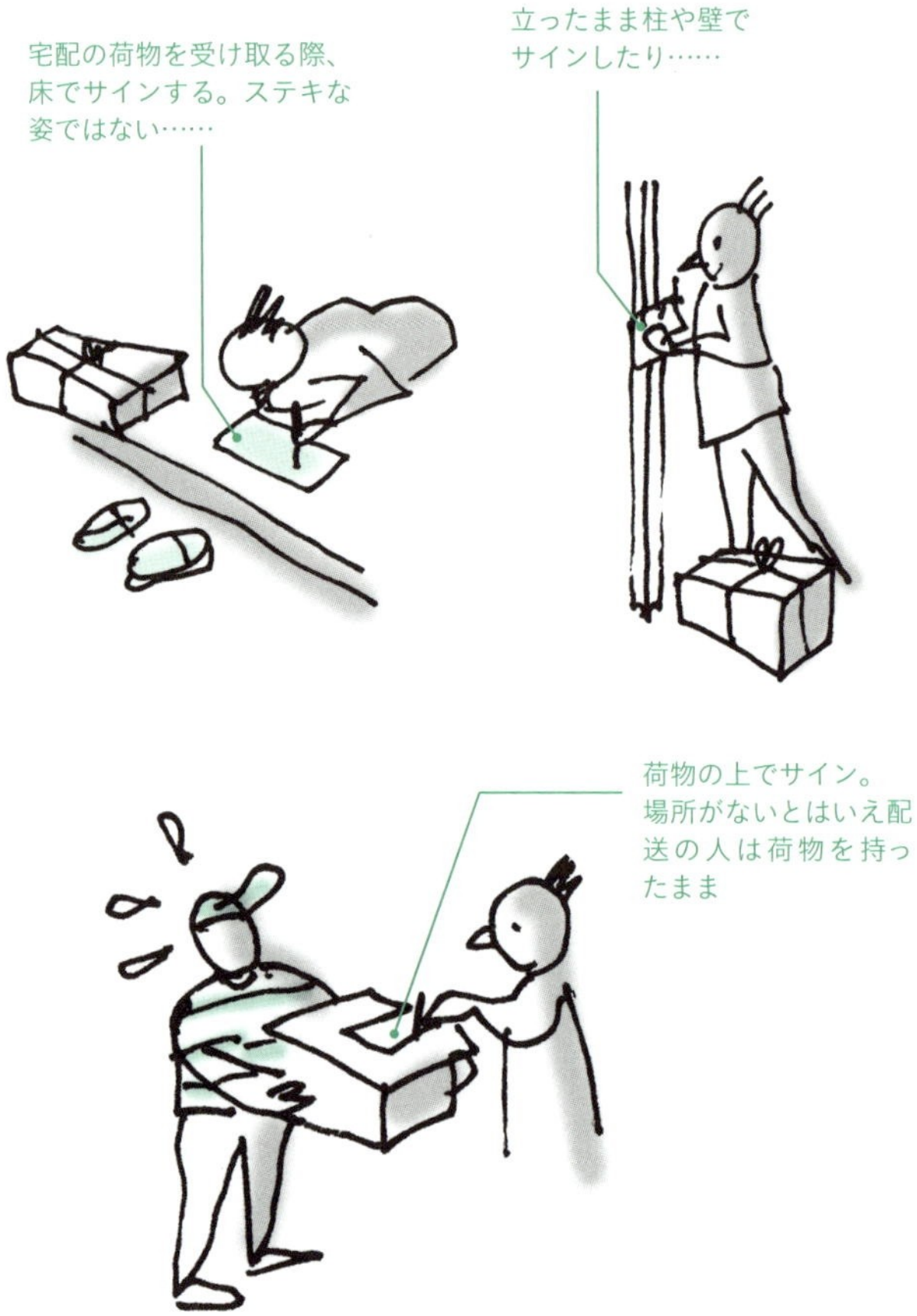
宅配の荷物を受け取る際、床でサインする。ステキな姿ではない……
立ったまま柱や壁でサインしたり……
荷物の上でサイン。場所がないとはいえ配送の人は荷物を持ったまま

昨今ではネットショッピングが普及し、荷物のやり取りが日常になっている。とはいえ、玄関先に受け取りのサインができる場所はあるだろうか。毎日のことなのに、床や壁をテーブルにして適当に済ましていないだろうか。

　心地よい暮らしを送るには、家のすみずみまで注意深く整える必要がある。サインをする場を考えてあれば、受け取りの動作がスムーズに運ぶ。

　日常の1つひとつの動作が快適な暮らしの一端をつくる。

小さなカウンターが日常を美しく変える

飾り棚のようなカウンター

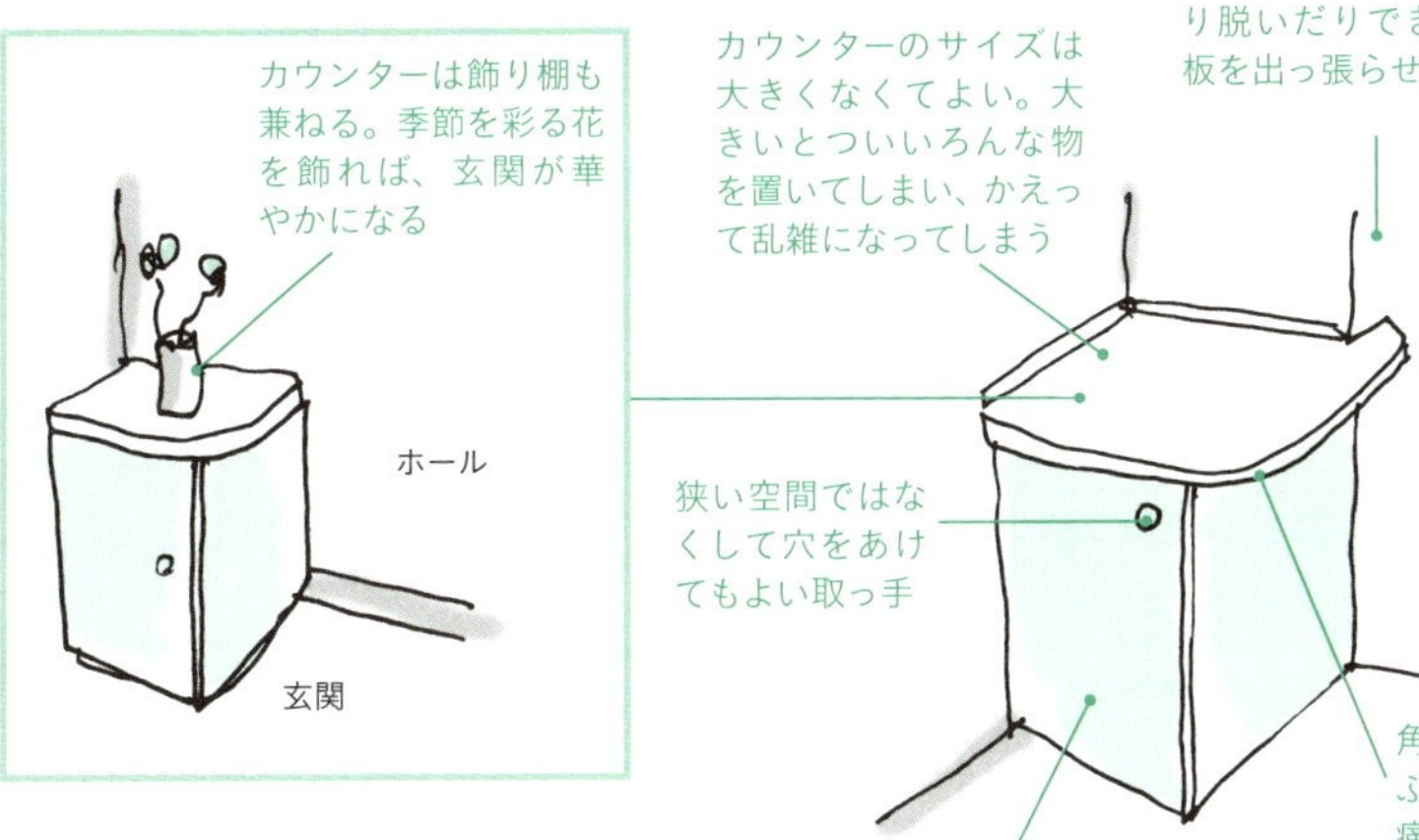
手を掛ける場があれば、壁を汚さずに靴を履いたり脱いだりできるので天板を出っ張らせてもよい
カウンターのサイズは大きくなくてよい。大きいとついいろんな物を置いてしまい、かえって乱雑になってしまう
カウンターは飾り棚も兼ねる。季節を彩る花を飾れば、玄関が華やかになる
ホール
玄関
ホール
狭い空間ではなくして穴をあけてもよい取っ手
角は丸くしてぶつかっても痛くならないように
玄関
下部はスリッパなどの室内履きの収納スペースにしても

郵便受けと兼ねる

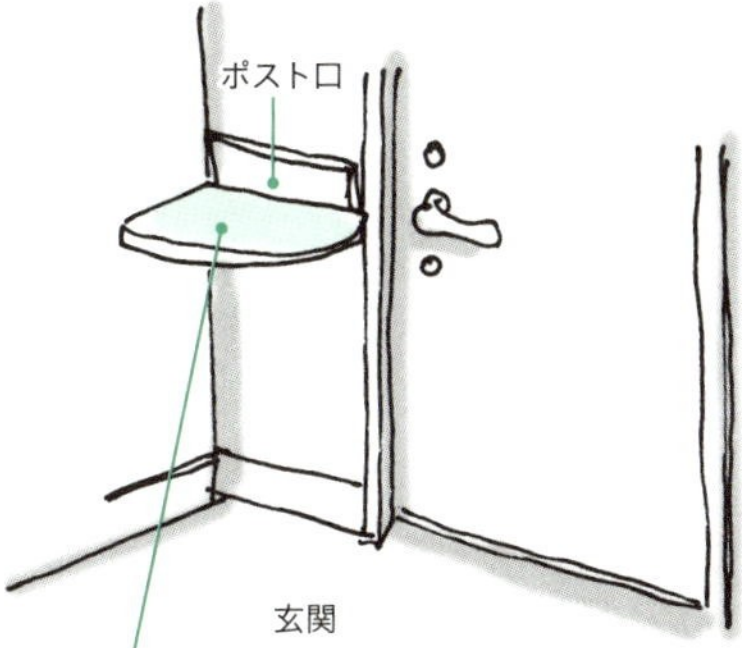
ポスト口
玄関
ポスト口のすぐ下に小さな棚を設け、郵便受けと兼ねる。玄関口なので物のやり取りもラク

玄関収納の一部を利用する方法

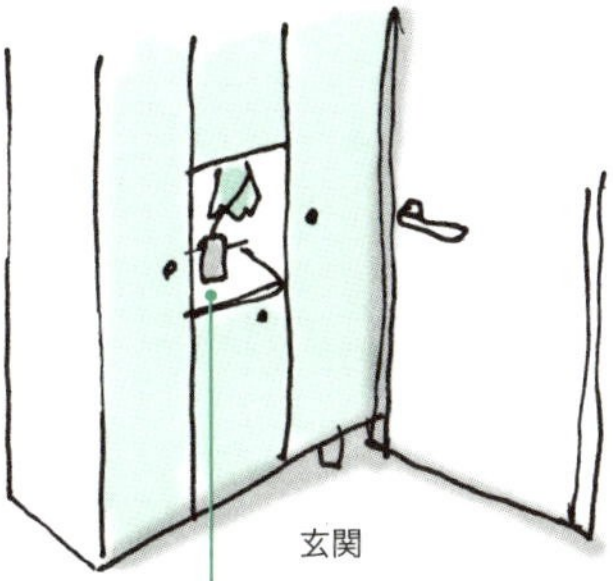
玄関
飾り棚のある玄関収納ならここでサインをしてもOK。この収納にペンをしまっておけば、あわてることもない

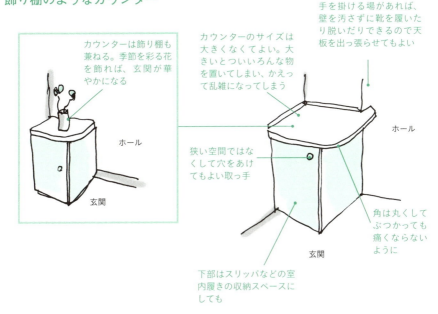

郵便受けはスマートに

郵便受けが玄関から遠いと、雨降りのときに郵便物を取りに行くのが億劫になる
朝刊を取りに行くために、わざわざ着替えをしなくてはいけない

郵便受けは意外と人の目に触れる。箱型の既製品は無粋だし、新聞や郵便物がたまると留守をアピールしているようなもの。

戸建て住宅ならシンプルなポスト口だけつけて、内側から物を取り出すようにしたい。ポスト口を門や塀に取りつけてもよいが、できれば玄関廻りに取りつけたい。パジャマのまま新聞が取れるし、雨の日も楽ちんだ。日常的な行為ほどストレスがないほうがよい。ただし、玄関ポーチにまで見知らぬ人がやって来るのだから、防犯対策も一緒に考えよう。

暮らしを美しくする郵便受け

見栄えも使い勝手もよいデザイン

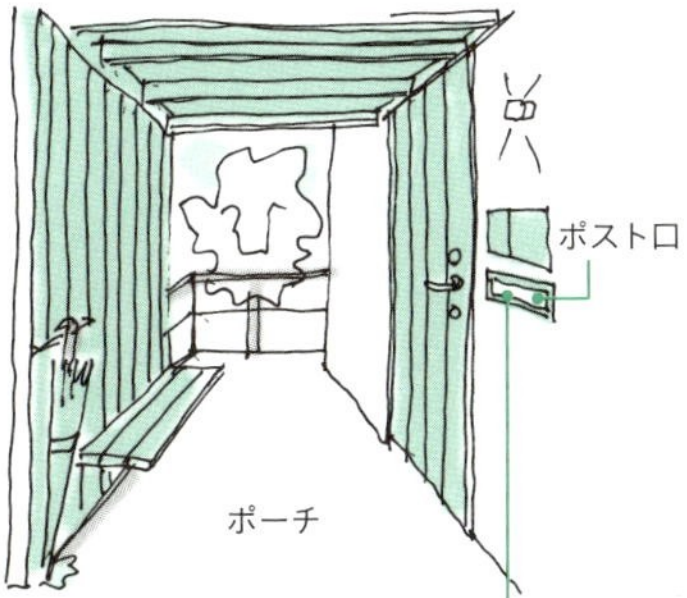

左の家を室内側から見る。飾り棚を兼ねた郵便受け＋小物収納。宅配便の受け取りサインはこの棚を使って行う

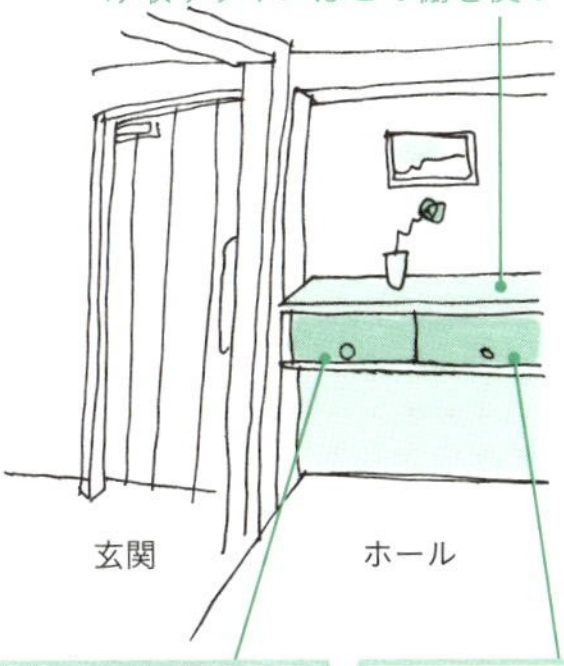

屋外に見えるのはシンプルなポスト口だけ。玄関ポーチをすっきり見せる

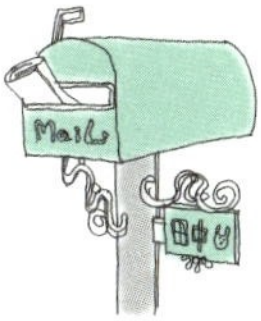

置いたり掛けたりする既製品の郵便受けは大きく、デザインもいまいち

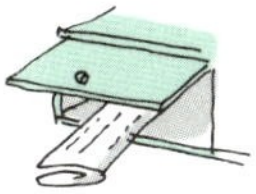

ポスト口から投入された郵便物は左側の箱にたまる

右側の箱には、カギや宅配便の受け取りに使うハンコなど小物置き場

防犯対策を万全に

ポスト口を通して室内がのぞかれないように、郵便受けの箱には扉をつける。防風としても必要

念のために郵便受けの内部はポリエステル樹脂などで仕上げてすべりやすく、そうじしやすく

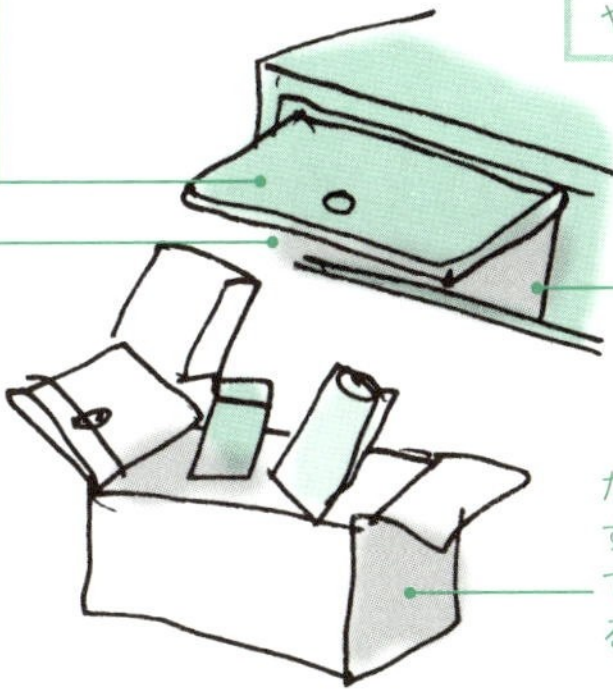

郵便受けの箱は玄関扉の鍵から離して設置。右上図では部屋（玄関とホール）も分けて対処している

たまった郵便物が下にすべり落ちるようにしておけば、長く留守するときも安心

シンプルな洗面台でごちゃごちゃを卒業

一般的な洗面台はこんな状態

歯みがきや整髪用品など小物であふれた洗面台。適切な収納がないのでカウンターが物置きに
こんなところにタオルが掛かっていることが多く、当然美しくない
意外と邪魔になる体重計

用途の広い(なんでも入る)収納はごちゃごちゃの元凶である
バケツやぞうきんなどを閉め切った場所に置いておくと不衛生
排水がもれているかもしれないが、あまり開けることがないので、大惨事になるまで気づかないことも

キッチンには要望があるのに、洗面室はそれほどでもない。毎日何度も使う場所なのだから、「使い勝手」をもっと考えたい。

洗面室は脱衣室を兼ねることが多く、洗たく機が置かれることも。複数の用途に使われる場所なので、物も多く多岐にわたる。洗面室の中心は洗面台。使いやすい洗面台は片づけやすい洗面台でもある。物が散らからないよう、余白はあまりつくらず、収納物に合わせた専用の場所がほしい。小物はオープン棚、リネンは引き出し、水気を含む用品は床廻りにまとめよう。

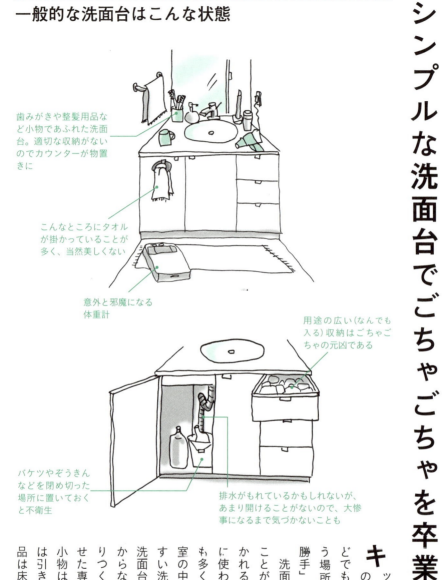

おすすめ洗面台はコレ！

洗面ボウルに実験用シンクを

洗面ボウルにはサイズが大きな理科の実験用シンクが使いやすくておすすめ。カウンターがないので物も散らかりにくい。ハンドソープなどはシンクに直接置ける

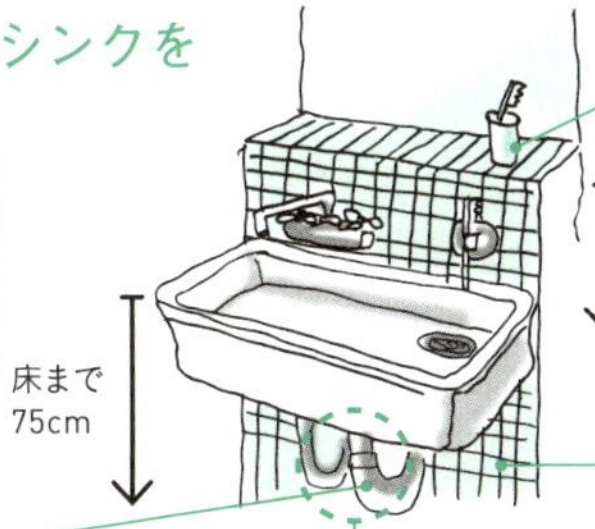

歯ブラシは水気があるので収納せず、タイル壁に置いておく

洗面ボウルにつなぐ排水金具はPトラップ（壁排水）だとそうじがしやすい。床に体重計や子ども用の台なども置ける

洗面ボウルの下部は扉で隠さない。水もれなどにも、すぐ気づける

壁排水の場合、PSスペース（排水管の通る場所）が必要。タイル壁にすれば美しく、1mくらい立ち上げておくことで水はねも防ぐ

タオル掛けにまでこだわって

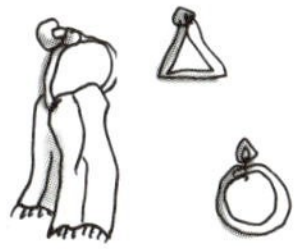

丸や三角形のタオル掛けはタオルを掛けたときよれて美しくない

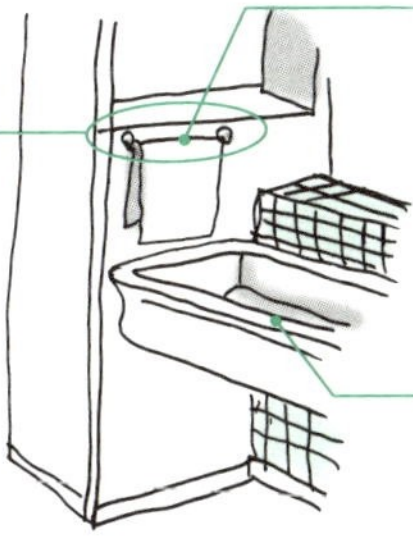

タオル掛けはシンクの上端から45cmほど上に設置すれば邪魔にならない

シンク脇にタオル掛けがあれば使いやすいだけでなく、シンク正面を見たときにも気にならない

小物は棚、リネンは引き出しに

シンク脇のオープン棚には整髪剤やひげそりなど小物を収納

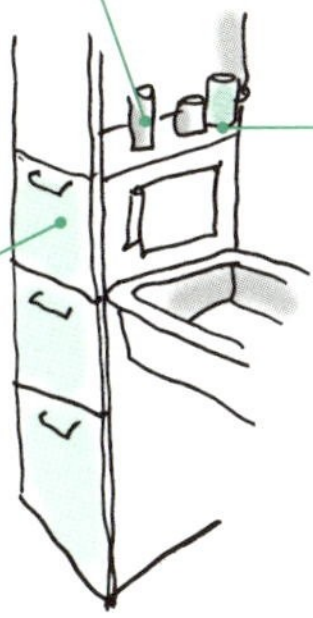

下着やタオル、パジャマを引き出しに収納

オープン棚の奥行は15cmもあれば十分

ドライヤーなど立てて収納できない物はカゴなどに入れてオープン棚へ

棚の中にコンセントもほしい

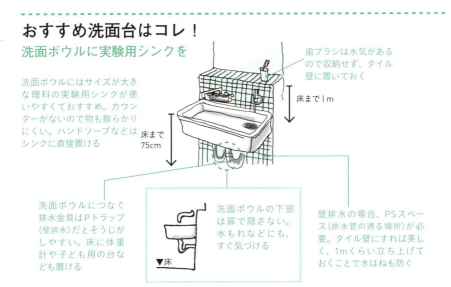

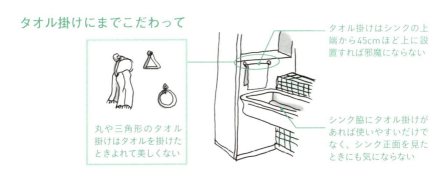

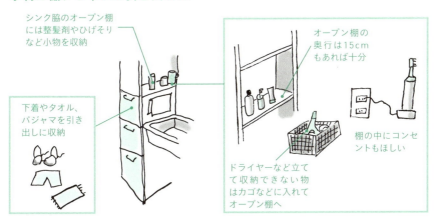

メディシン・ボックスで広々と見せる

ありがちなメディシン・キャビネット

既製品の洗面台に附属しているメディシン・キャビネットはあまり見栄えもよくない上に何を入れるかの想定がわかりにくいものが多い

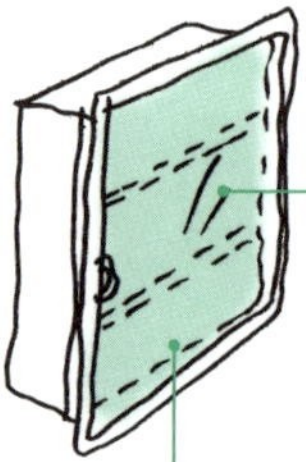

壁に埋めこむタイプのメディシン・ボックス。本体がプラスチック製でガラスの扉がついた製品は比較的安価だが、劣化しやすくデザイン性もいまいちである

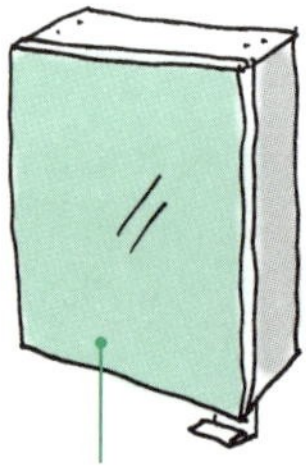

プラスチック製にくらべステンレスでつくられた既製品のメディシン・キャビネットは高価だが、素材感がありデザインもよい

メディシン・ボックスとは、直訳すると薬棚、洗面や歯みがき用品などなど小物類のための「奥行きが浅い収納ボックス」のこと。既製品も多く、鏡との一体型や壁に埋め込むタイプなどは、洗面室が狭い場合に特に重宝する。

おすすめは鏡とセットになった鏡裏収納タイプ。洗面台の脇ではなく上部に設置して、全面を収納にする。鏡のおかげで部屋が広く見え、収納力も高い。

大判の鏡はとても美しいもの。いつまでもきれいにしておきたいと思わせる仕掛けも重要である。

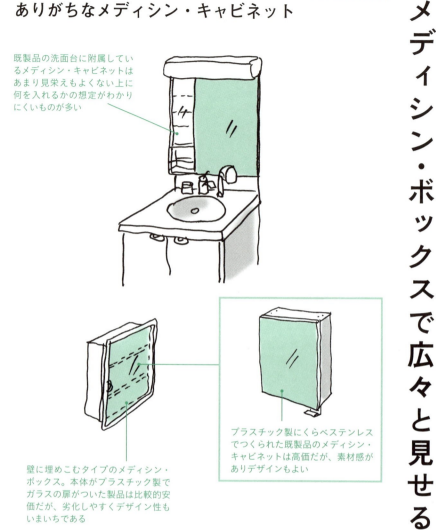

鏡裏収納を使いこなそう

3面鏡タイプ

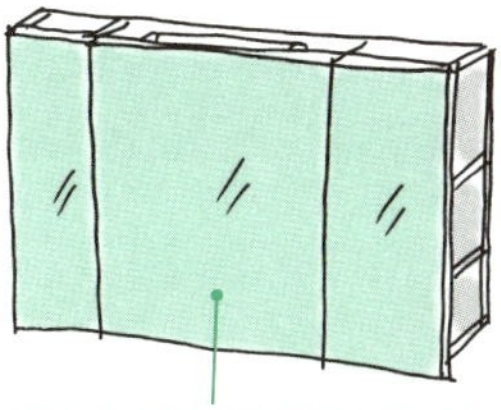

真ん中の鏡は固定されている

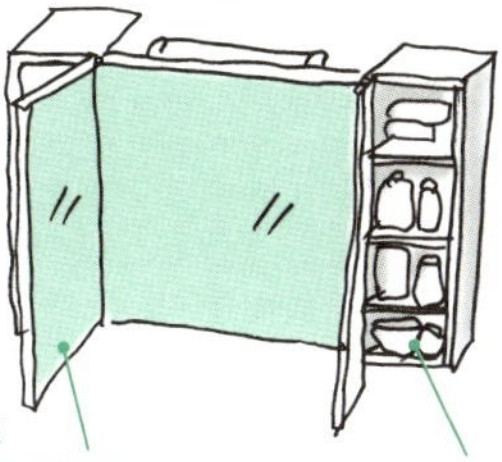

3面鏡に
できるので便利

収納は左右のみ

スライドタイプ

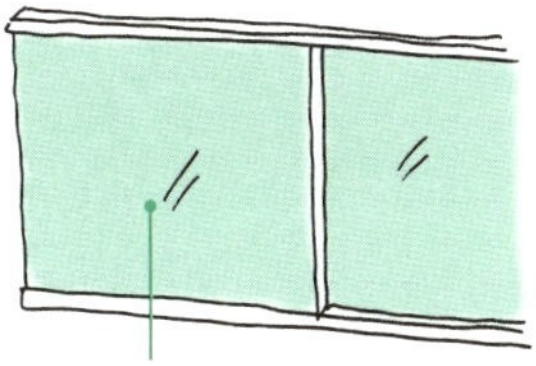

鏡を左右に引くスライドタイプ

壁に埋めこむので、
狭い空間に設置して
もすっきりする

鏡の裏はすべて収納。
収納量が多い

既製・3面鏡＋スライドタイプ

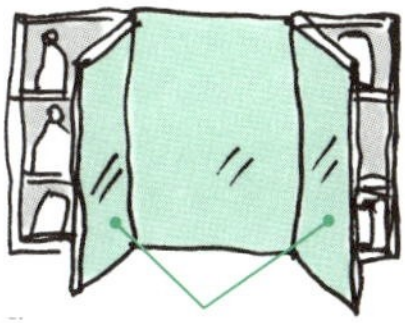

両サイドは鏡張りの開き戸。
3面鏡として使う

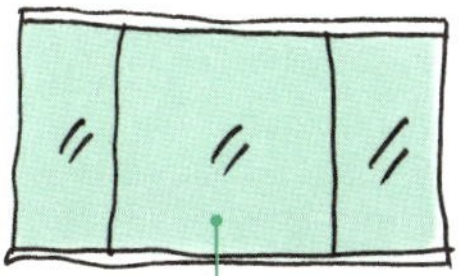

3枚ある鏡の裏はすべて収納

真ん中の鏡はスライド式

オーダーメイドですき間を使いきる

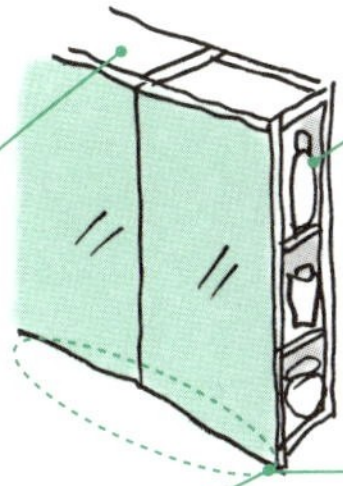

奥行きは15cm程度で十分。
小物はずらりと並べる
ように収納したり

キャビネットを壁に
埋めこむか壁に取り
つけて出っ張らせる
かで工事の手間が変
わる

鏡のついた扉は手掛け分の5㎜ほど
下に伸ばしておくことで、扉をあけ
ときに鏡に指紋がつかない

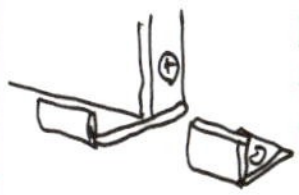

扉を伸ばさずに
手掛け用の金物を
付けても

洗面台を廊下に出してみよう

廊下に洗面所を設ける

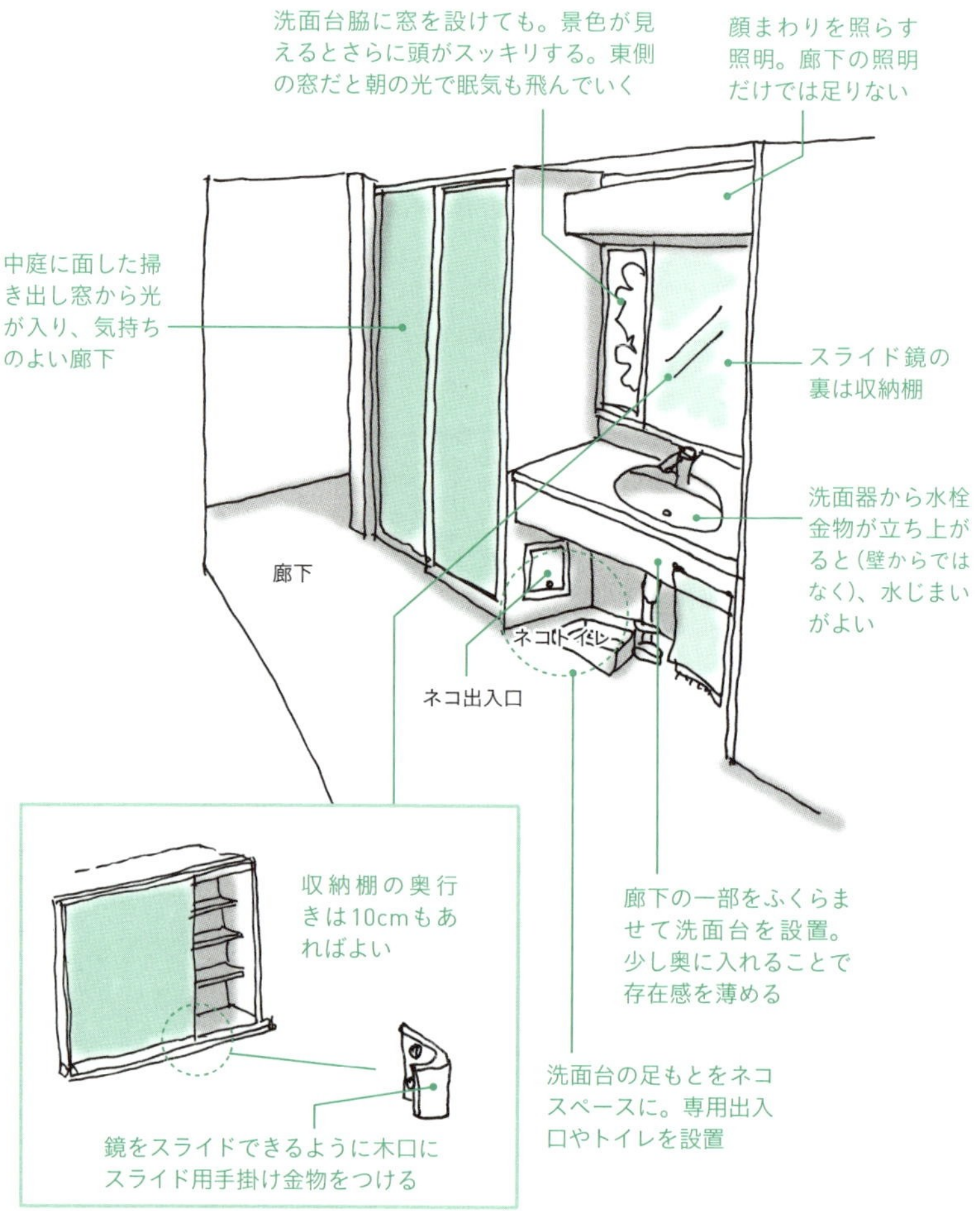
洗面台脇に窓を設けても。景色が見えるとさらに頭がスッキリする。東側の窓だと朝の光で眠気も飛んでいく
顔まわりを照らす照明。廊下の照明だけでは足りない
中庭に面した掃き出し窓から光が入り、気持ちのよい廊下
スライド鏡の裏は収納棚
洗面器から水栓金物が立ち上がると（壁からではなく）、水じまいがよい
廊下
ネコトイレ
ネコ出入口
収納棚の奥行きは10cmもあればよい
廊下の一部をふくらませて洗面台を設置。少し奥に入れることで存在感を薄める
洗面台の足もとをネコスペースに。専用出入口やトイレを設置
鏡をスライドできるように木口にスライド用手掛け金物をつける

あわただしい朝の時間。とりわけ洗面室は洗面台が家族で混み合うとはいえ、「仕方ない」とあきらめるのはまだ早い。

洗面や歯みがきといった行為は、何も個室化された空間で行う必要はない。洗面室が狭く、脱衣場も兼ねる場合は、思いきって洗面台を廊下に出してしまおう。レイアウトの自由度が増すので、洗面台が広く取れるようになるかも。個室ではないので出入りが大変ということもない。一方、脱衣場は独立した空間に。気兼ねなく入浴を楽しめ、一石二鳥だ。

廊下に洗面所があれば、朝の動線もスムーズに

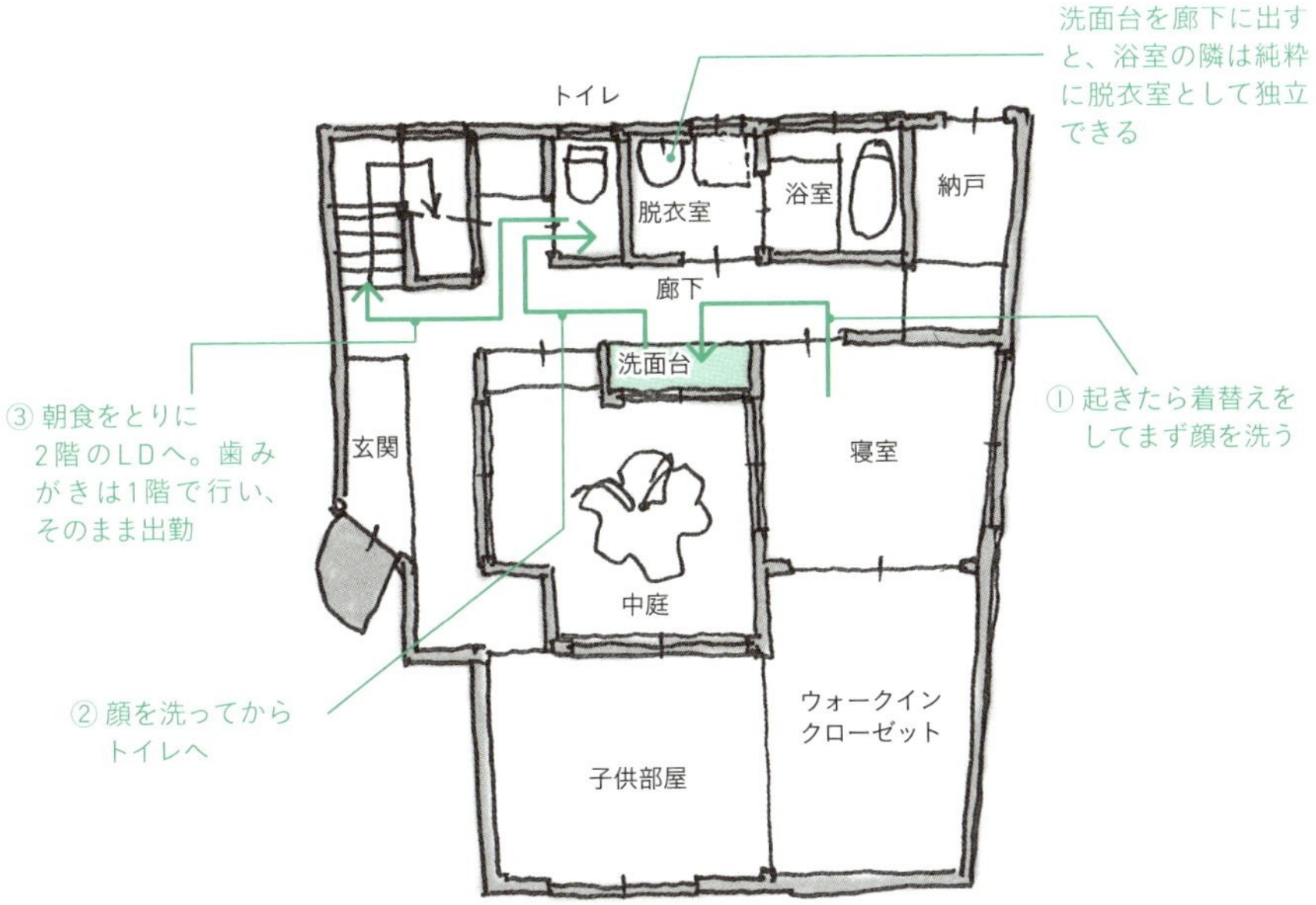
洗面台を廊下に出すと、浴室の隣は純粋に脱衣室として独立できる
トイレ
脱衣室
浴室
納戸
廊下
洗面台
① 起きたら着替えをしてまず顔を洗う
③ 朝食をとりに2階のLDへ。歯みがきは1階で行い、そのまま出勤
玄関
寝室
中庭
② 顔を洗ってからトイレへ
ウォークインクローゼット
子供部屋

2台つくるならボウルをそれぞれ変えて

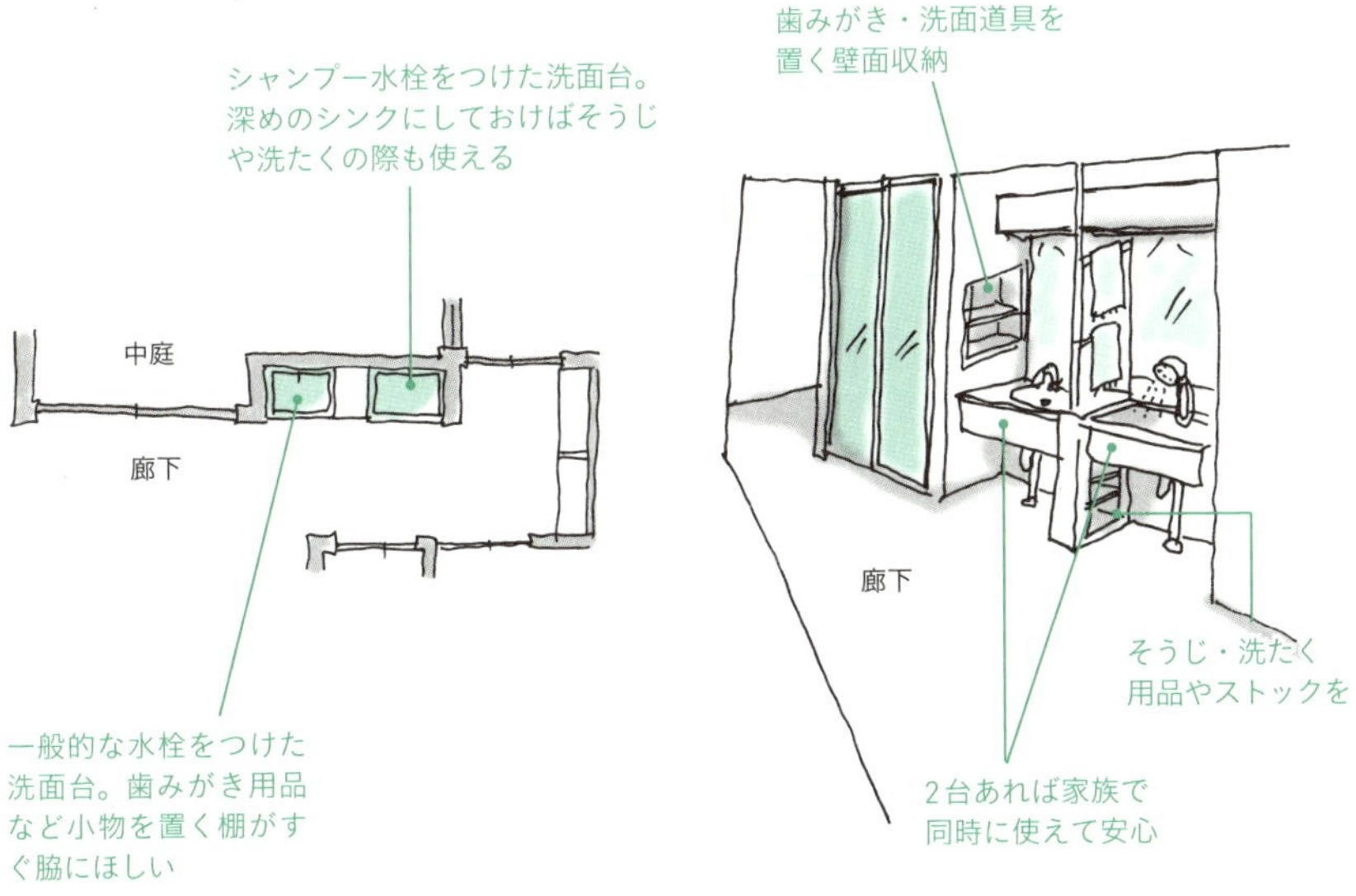
シャンプー水栓をつけた洗面台。深めのシンクにしておけばそうじや洗たくの際も使える
中庭
廊下
一般的な水栓をつけた洗面台。歯みがき用品など小物を置く棚がすぐ脇にほしい
歯みがき・洗面道具を置く壁面収納
廊下
そうじ・洗たく用品やストックを
2台あれば家族で同時に使えて安心

気持ちよく洗たくしたい!

いつも居心地よく暮らしたい

室内に干しても

部屋にずっと洗たく物が吊るされているのは美しくない

バルコニーに干しても

窓を覆うように干されているバルコニーの洗たく物も美しいとはいえない

干す場所はここだじゃない?

部屋から見えないところで物干しする方法を真剣に考えてみてもよいのでは?

日曜の昼下がり、窓の先には洗たく物がずらりと並ぶ。部屋には日が差さず、目に入ったボロボロの樹脂製物干しが切ない……。

洗った物を干すことは洗たくに欠かせない。居心地や景観を悪くするという一面もあるが、これはちょっとした工夫で改善できる。窓からの眺めを遮るような干し方をしない。洗たく用品は屋外での使用を考慮し、光で劣化する樹脂製品を使わない。

ささいな動作や小さな物にまで注意を払うことで、暮らしはもっと楽しく美しくなるものだ。

作業がはかどり、暮らしも改善する

洗たくの場（脱衣室）を改善する

ステンレスのパイプを取りつけ、一時的な物干しの場に。室内干しに使っても

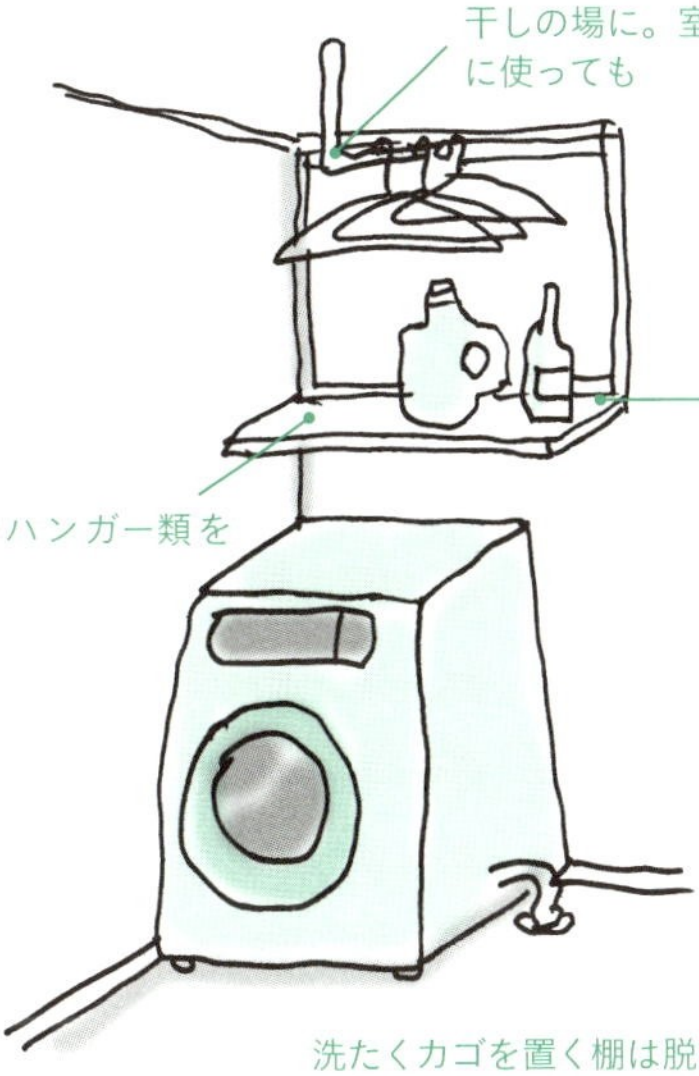

洗剤やハンガー類を置く棚

小さな棚にしてもかわいい

スプレータイプの洗剤をパイプにひっかけて使う収納もある

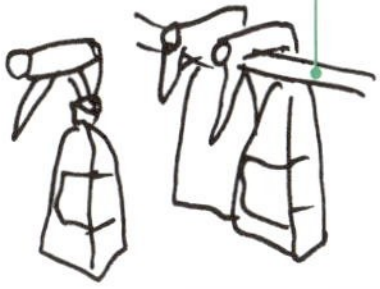

洗たくカゴを置く棚は脱衣室に。洗たくする際に持ってくる

バルコニーを「物干し場」として固定しない

プラスチック製のパイプやハンガーはNG。耐候性もあり素材感の美しいステンレス製を選ぼう

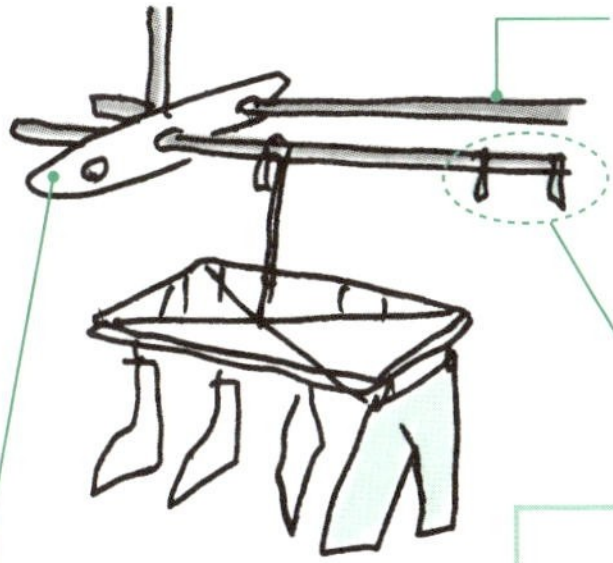

バルコニーに当たり前のようにステンレスパイプを吊るし、ハンガー類を掛けておくと、その場所は物干し場でしかなくなる。物干し場は部屋から目につきにくい場所（洗面室や家事室など）につくりたい

洗たくばさみには木製やアルミ製を

折り畳み式なら、収納に場所も取られない

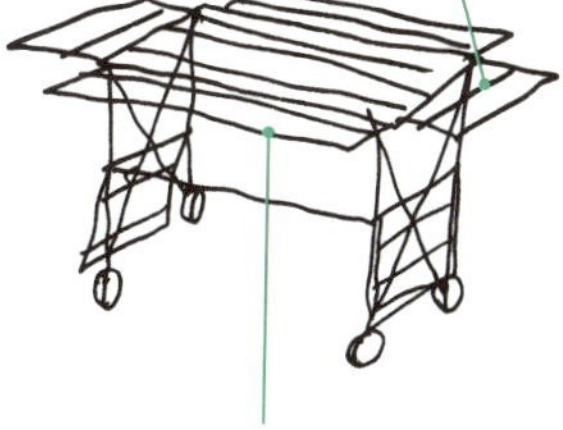

折りたためる室内物干しをバルコニーでも利用。室内で干して、そのままバルコニーへ。不要なときはたたんで片づける。窓の外の景色もずいぶんましになるはず

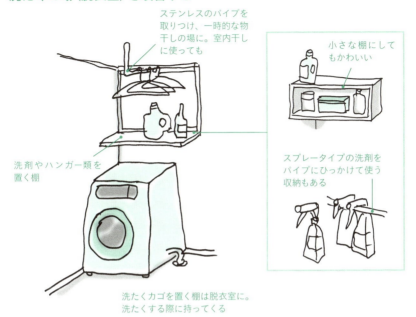

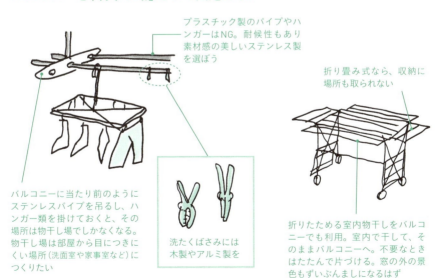

動線を見直し、洗たくをスムーズに

脱衣から収納までの動線を考える

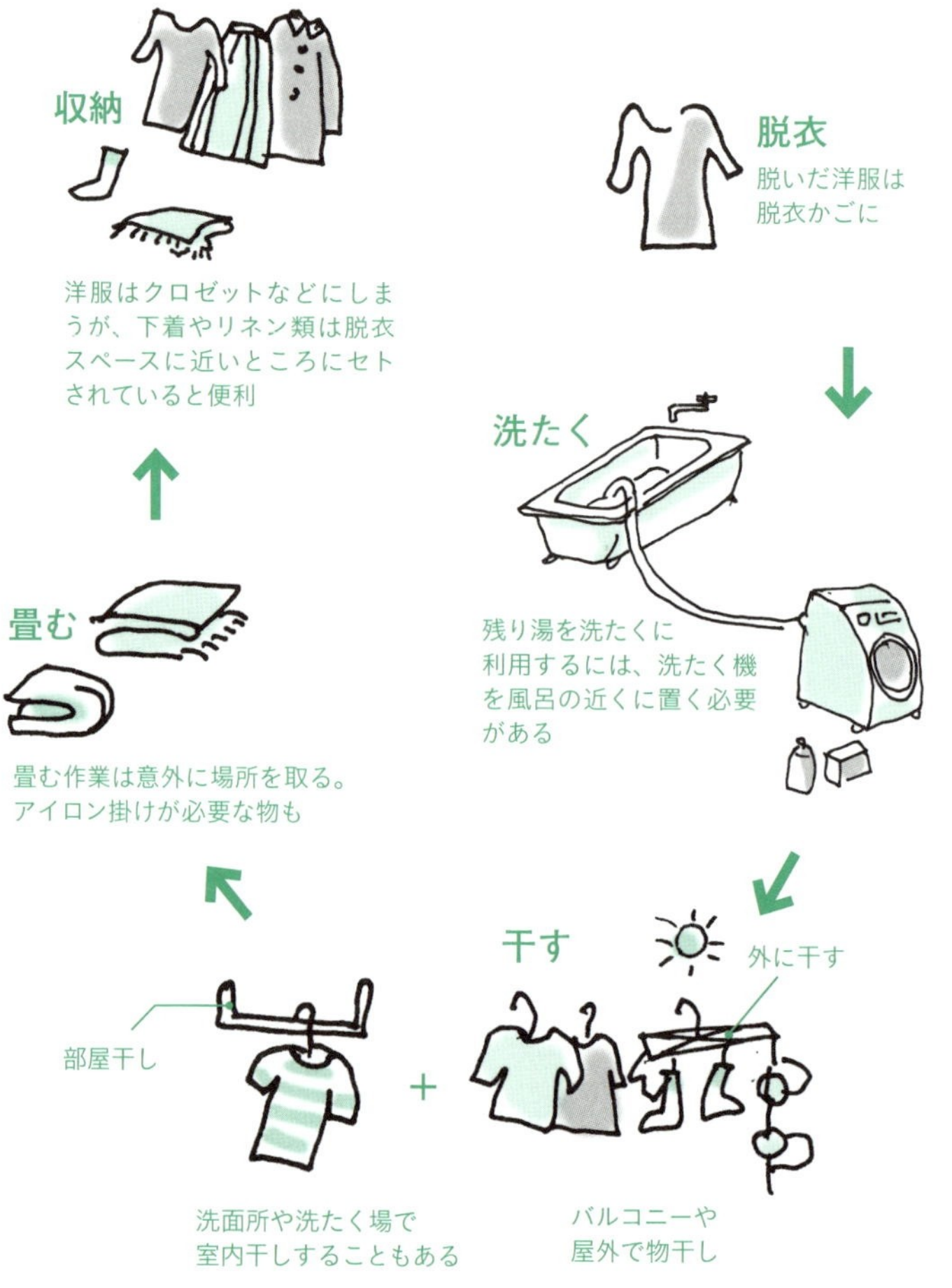

脱衣
脱いだ洋服は
脱衣かごに
洗たく
残り湯を洗たくに
利用するには、洗たく機
を風呂の近くに置く必要
がある
干す
外に干す
部屋干し
洗面所や洗たく場で
室内干しすることもある
バルコニーや
屋外で物干し
畳む
畳む作業は意外に場所を取る。
アイロン掛けが必要な物も
収納
洋服はクロゼットなどにしま
うが、下着やリネン類は脱衣
スペースに近いところにセト
されていると便利

洗たくが1階にあるのに、物干し場は2階……。こんなことでは洗たくが億劫になるのも仕方ない。

家事は効率よく行おう。それには作業ルート（動線）から無駄をなくすことが不可欠だ。洗たくでいうなら、脱いだ衣服を洗って干し、取り込んだら畳んで、片づける——一連の動きがスムーズに行えるよう、間取りや物の配置を工夫する必要がある。

動線を見直すことで、家事の負担は減らせる。家事動線は「シンプルかつコンパクト」が基本だ。

間取りの工夫でシンプル動線

見栄えも使い勝手もよいデザイン（2階）

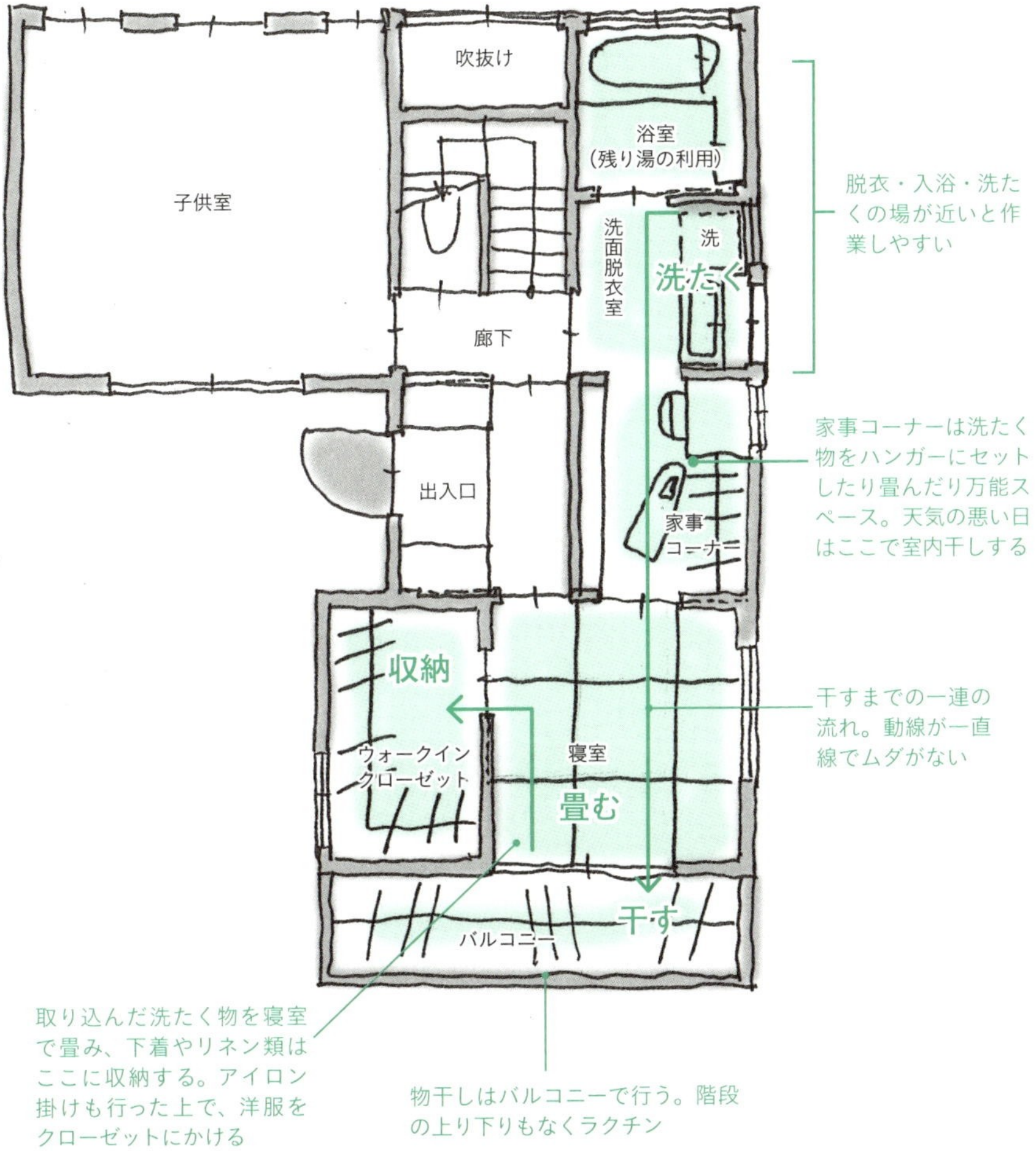
吹抜け
浴室
（残り湯の利用）
子供室
洗
洗面脱衣室
洗たく
廊下
出入口
家事
コーナー
収納
ウォークイン
クローゼット
寝室
畳む
干す
バルコニー
脱衣・入浴・洗たくの場が近いと作業しやすい
家事コーナーは洗たく物をハンガーにセットしたり畳んだり万能スペース。天気の悪い日はここで室内干しする
干すまでの一連の流れ。動線が一直線でムダがない
取り込んだ洗たく物を寝室で畳み、下着やリネン類はここに収納する。アイロン掛けも行った上で、洋服をクローゼットにかける
物干しはバルコニーで行う。階段の上り下りもなくラクチン

室内物干しでコンパクト動線

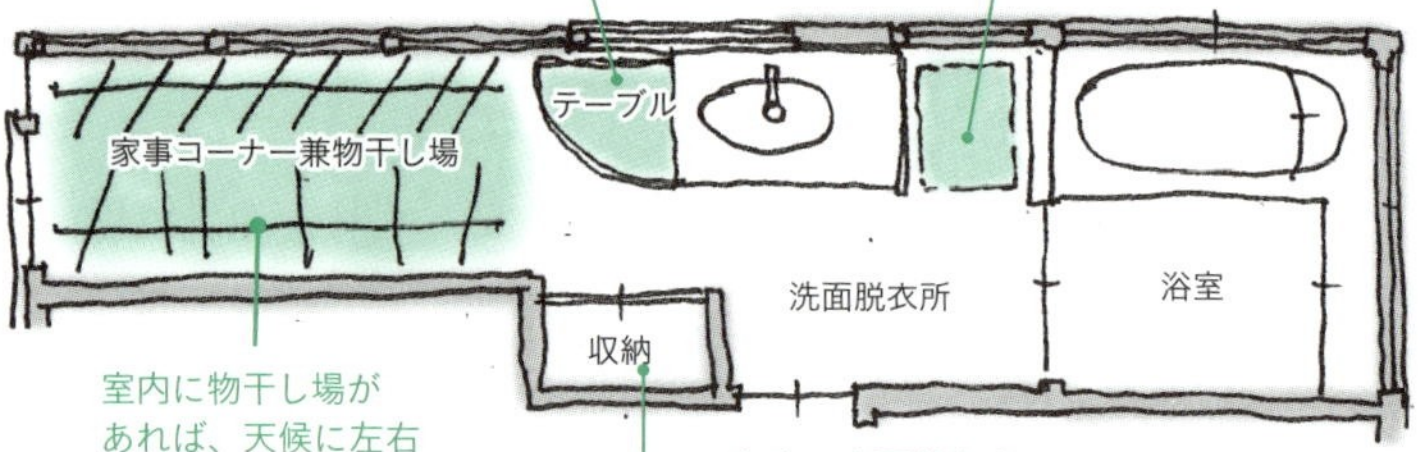
ここでたたんだりアイロンをかけたりできる
脱衣所に洗たく機を置けば、汚れ物はすぐ洗える
テーブル
家事コーナー兼物干し場
洗面脱衣所
浴室
収納
室内に物干し場があれば、天候に左右されず洗たくできる
タオルや下着などはここに収納

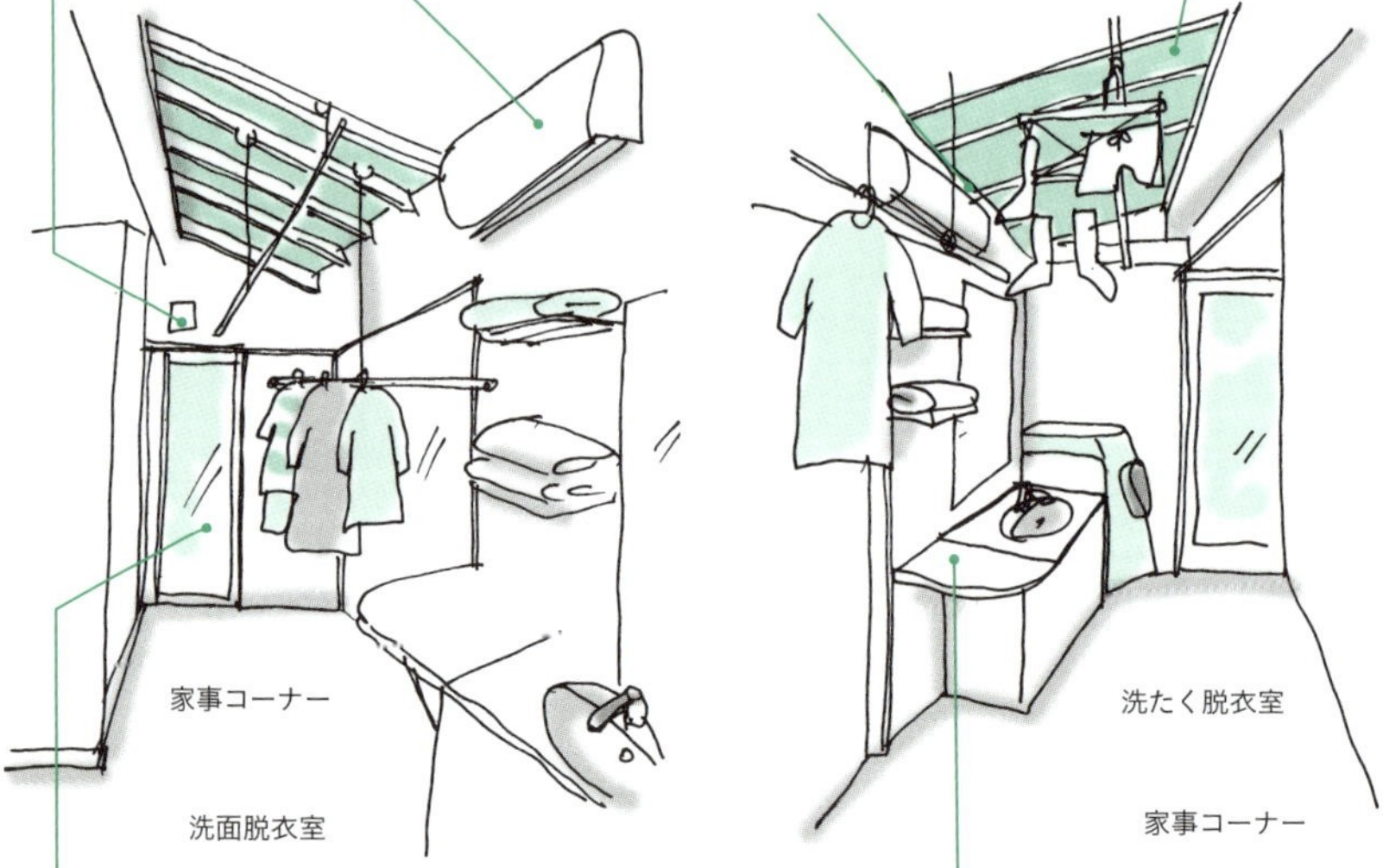
湿気がこもらないよう換気扇を設置
エアコンがあれば洗たく物もよく乾く
天井まわりにステンレスパイプを取り付け、室内で洗たく物を干す
天窓から自然光を取り込む
家事コーナー
洗面脱衣室
洗たく脱衣室
家事コーナー
家事コーナーはガラス戸やガラス壁、天窓を通しさんさんと日が入る
テーブルで洗たく物を畳む。リネンは上部のタオルラックに

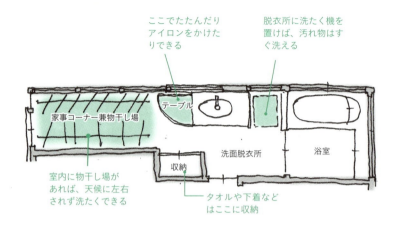

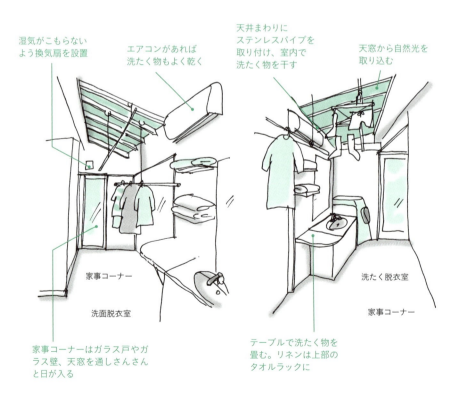

家族も客人もうれしいトイレは、そうじ用具つき

トイレで隠していい物・見せる物

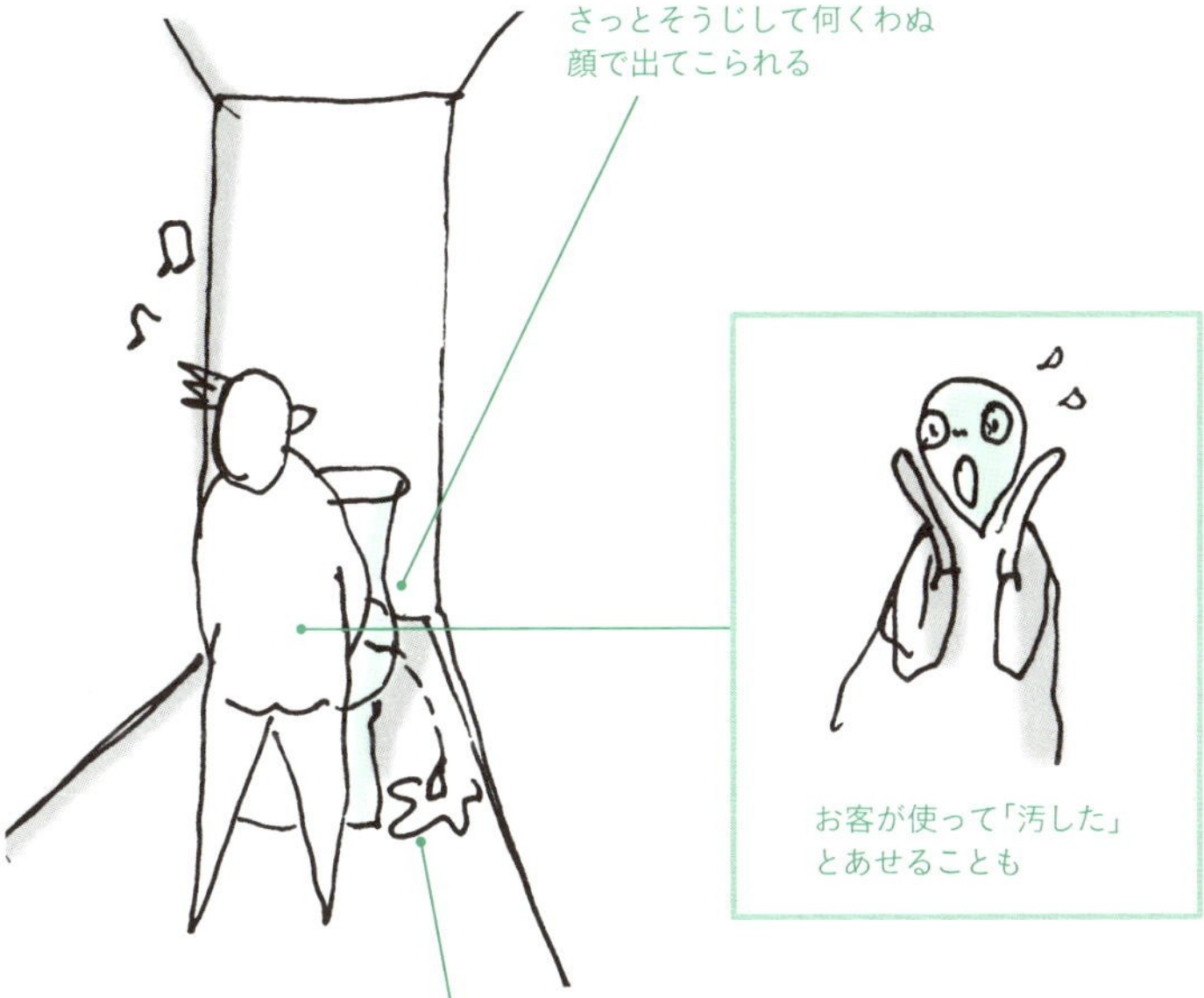
訪問先でトイレを汚してしまったときも、見えるところにそうじ用具があればさっとそうじして何くわぬ顔で出てこられる
お客が使って「汚した」とあせることも
トイレの際、高齢者や子供は的を外してしまうことがある

トイレは狭いが、そうじ用品やトイレットペーパーなど収納する物が多い。

そうじ用品は積極的に見せるべき物でもないが、奥にしまいこむのもNGだ。トイレを「うっかり」汚してしまっても、自力でリカバリーできるよう、取り出しやすくわかりやすい場所にしまいたい。誰もがそうじできるトイレは、常に清潔で気持ちのよいものだ。

トイレットペーパーは見せて収納するのも手。ロール1つをよく見るとその形状は愛らしい。ストックを並べたり重ねたり、収納をうまくデザインしたい。

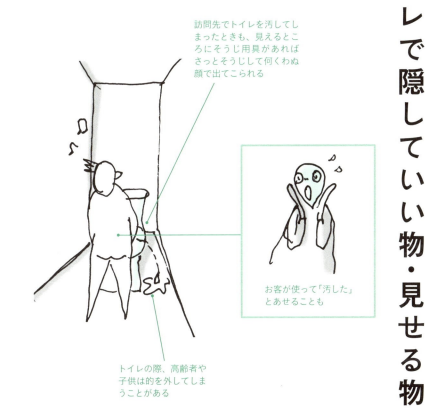

わかりやすいそうじ用具の置き場所

整然と並べる

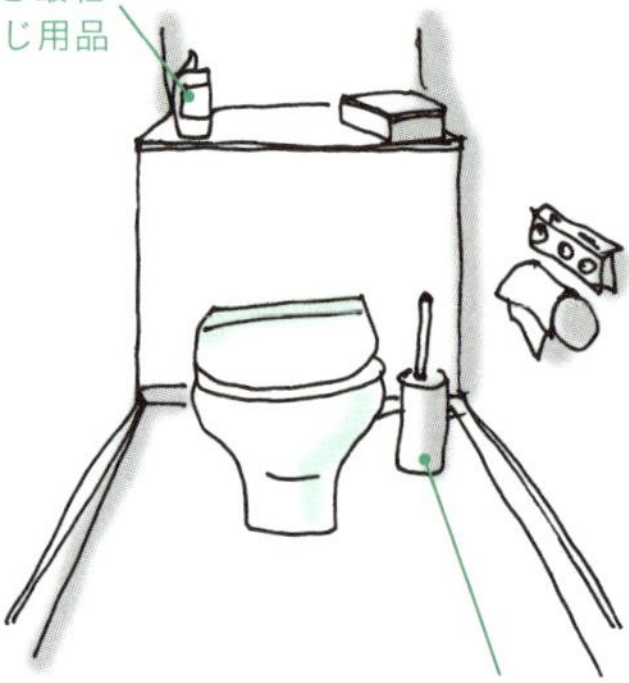
洗剤やそうじ用シートなど最低限のそうじ用品を並べる
トイレブラシも美しいデザインなら出し放しにしても

浅い収納にしまう

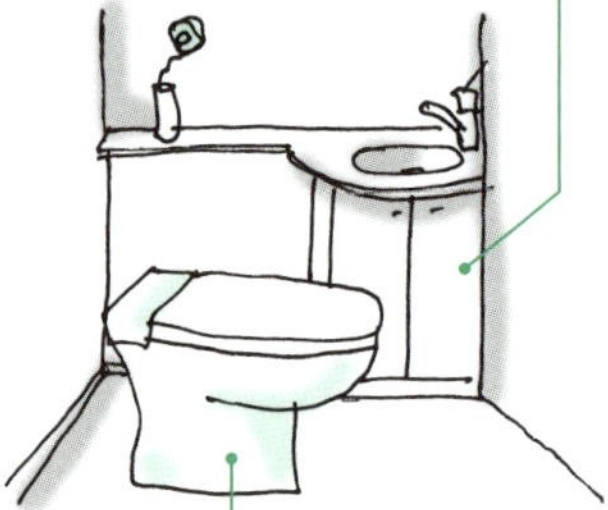
この中にブラシや洗剤などが入っているのは誰でも予想がつく

便器を床から浮かせればそうじもしやすい
そうじ用具を便器の背面に収納しても

壁の中にしまう

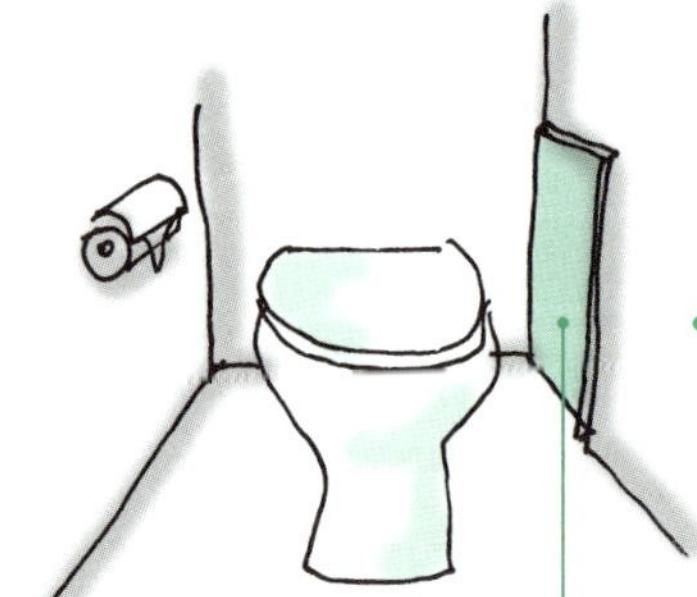
扉の奥に壁の厚み分の収納をつくる。収納の扉と分かりづらいが、扉の色を壁と変えたり、つまみをつけたりすれば「収納」の存在をにおわせることができる

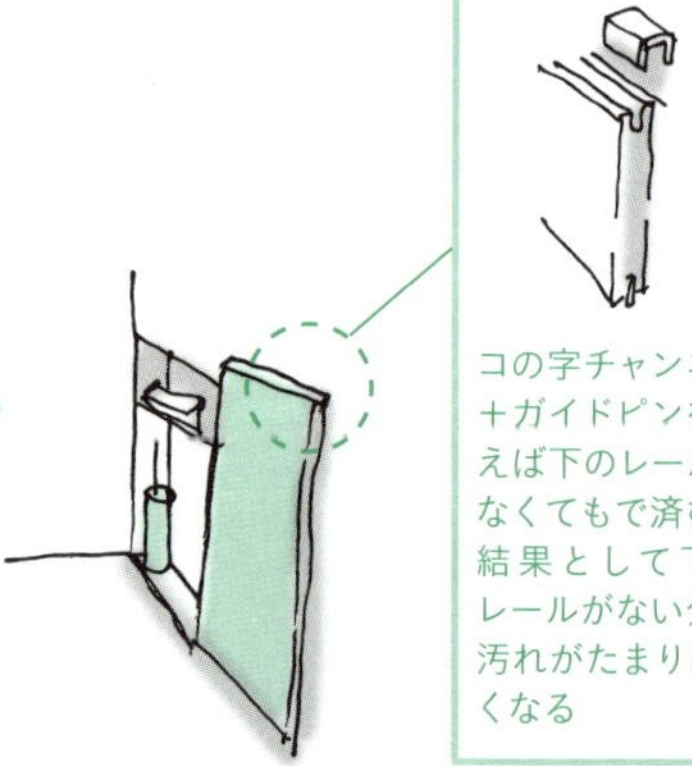
コの字チャンネル＋ガイドピンを使えば下のレールはなくてもで済む。結果として下のレールがない分、汚れがたまりにくくなる

大量のストックを美しくしまう、見せる

並べて見せる

飾り棚や手すりを使って、2枚の板の間にペーパーを入れる

ずらりとたておきに12個ならべる

横にねかせて12個並べると見え方が変わる

棒などに通す

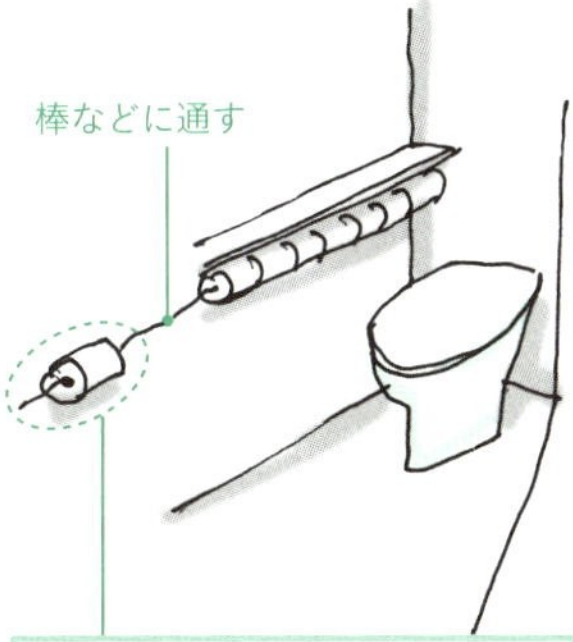

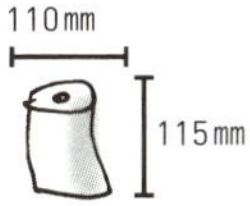

1ロールの大きさは各メーカーともほぼ同じなので、出して見せる方法にもむく

収納にしまう

トイレのとなりが階段なら、壁に穴をあけ、階段下を収納として使う

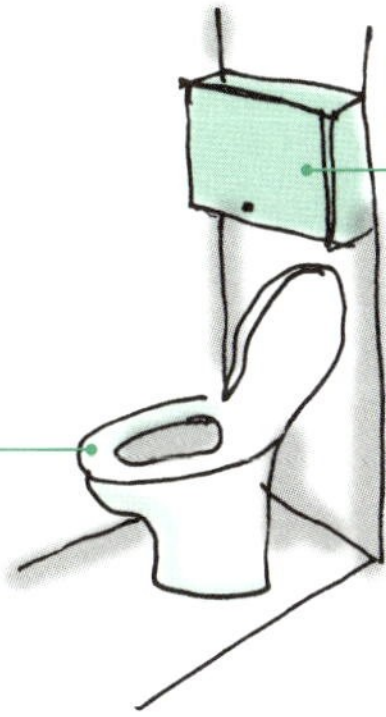

便器上に吊戸棚を設けて収納する

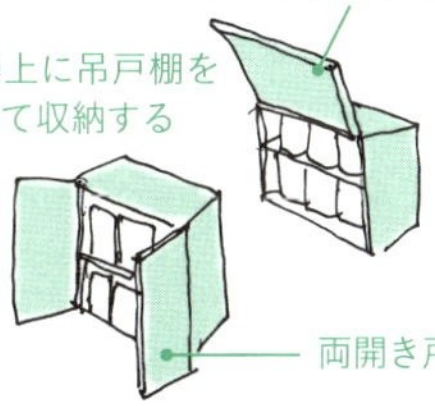

フラップアップ式

両開き戸

デザインアイテムにする

小さな棚の上に時計とスペアのペーパーを置く。かわいい小物としてペーパーを扱っている。残りのストックは吊戸棚へ

ペグ(掛けくぎ)を使ってトイレットペーパーを見せて収納してもよい

複数あるとデザイン的にも面白い

男の居場所をつくろう

男がよろこぶ場所とは

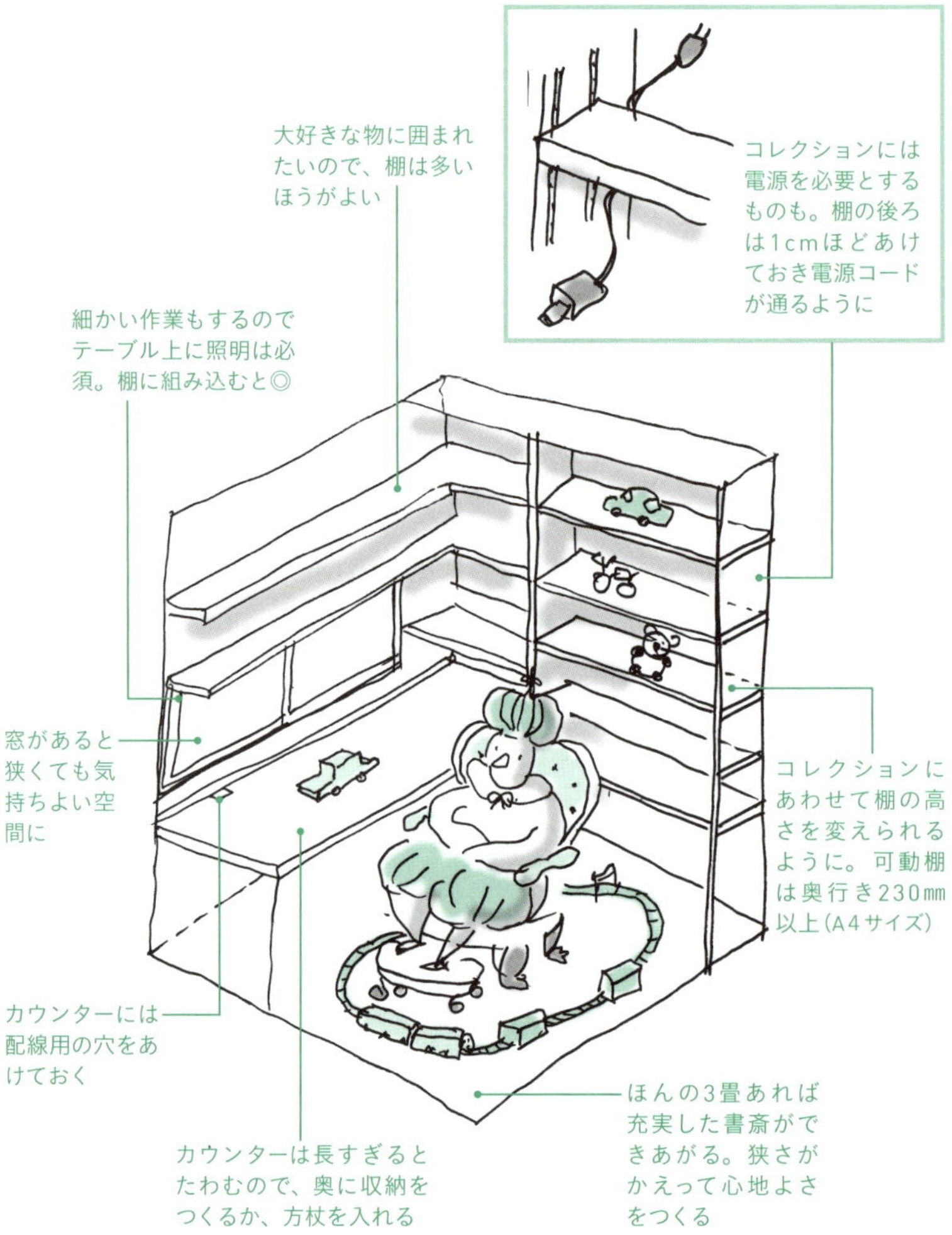

コレクションには電源を必要とするものも。棚の後ろは1cmほどあけておき電源コードが通るように
大好きな物に囲まれたいので、棚は多いほうがよい
細かい作業もするのでテーブル上に照明は必須。棚に組み込むと◎
窓があると狭くても気持ちよい空間に
コレクションにあわせて棚の高さを変えられるように。可動棚は奥行き230㎜以上（A4サイズ）
カウンターには配線用の穴をあけておく
ほんの3畳あれば充実した書斎ができあがる。狭さがかえって心地よさをつくる
カウンターは長すぎるとたわむので、奥に収納をつくるか、方杖を入れる

「居場所」があると人は落ち着く。家の中にも自分の居場所がほしい。大きさはあまり関係ない。

　書斎がほしいという世の男性たちも、別に書き物がしたいわけではない。せっかくの自分の家、好きなことができる自分専用の空間がほしいというわけだ。そこでは本や音楽を楽しむだけではない。プラモデルを組み立てたり、集めたおもちゃを飾ったり、少年の心を失わぬ男性にはしたいことがいっぱい。ぜひこの希望を叶えてあげよう。小部屋で構わない、見返りはずっと大きいはずだ。

男が求める理想のプライベート空間

2WAYで使える3畳間

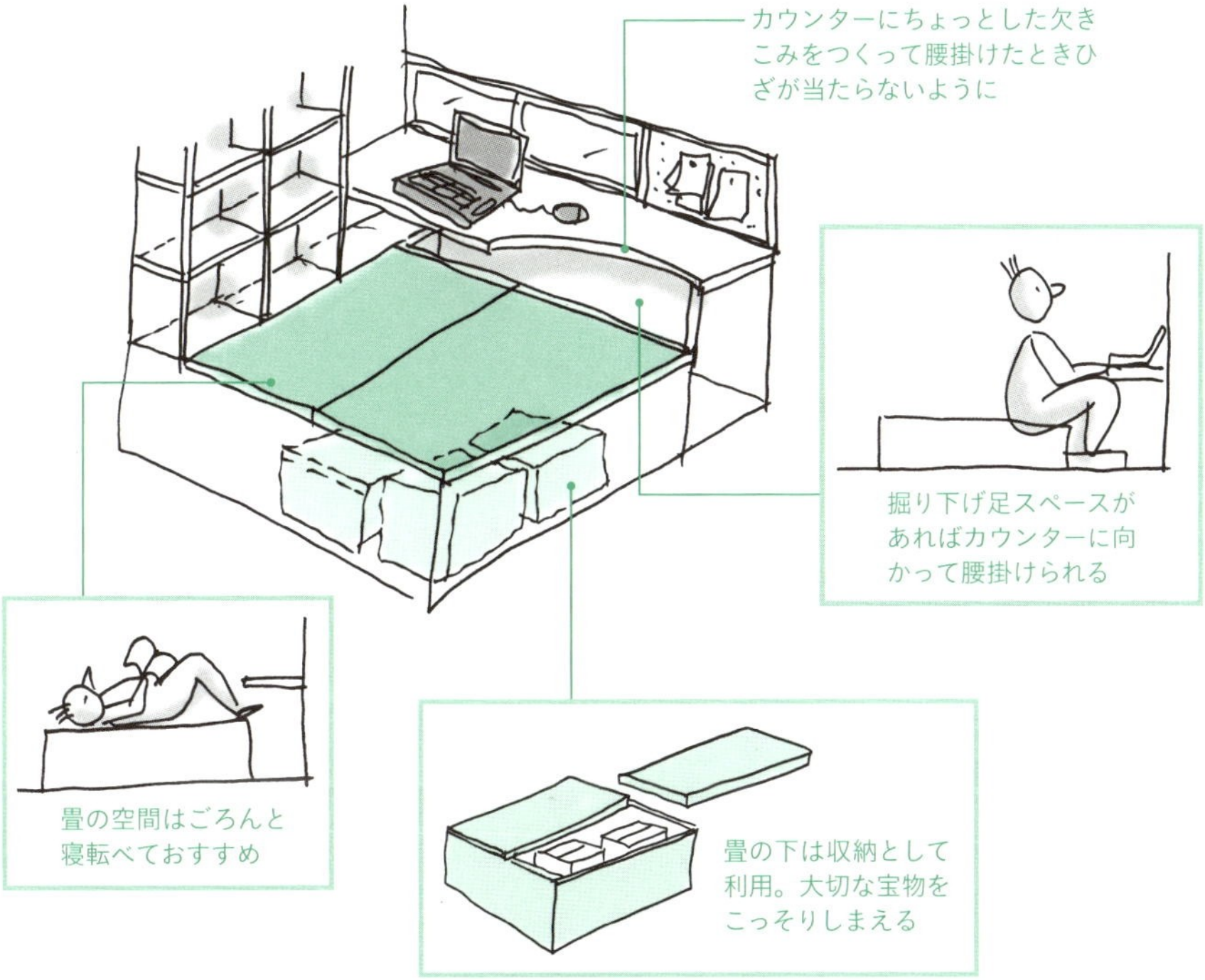
カウンターにちょっとした欠きこみをつくって腰掛けたときひざが当たらないように
掘り下げ足スペースがあればカウンターに向かって腰掛けられる
畳の空間はごろんと寝転べておすすめ
畳の下は収納として利用。大切な宝物をこっそりしまえる

簡単につくれるカウンターデスク

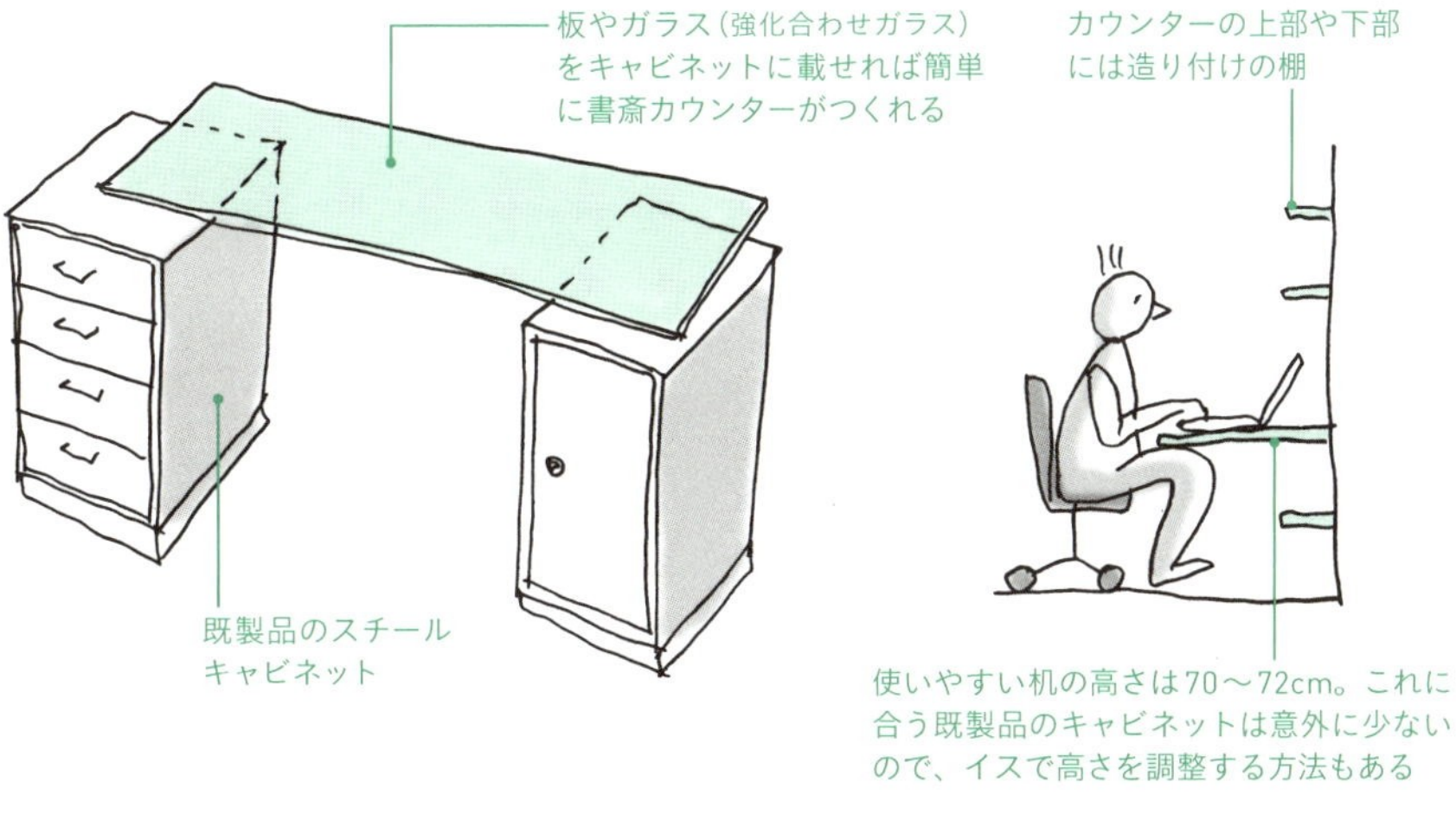
板やガラス（強化合わせガラス）をキャビネットに載せれば簡単に書斎カウンターがつくれる
カウンターの上部や下部には造り付けの棚
既製品のスチールキャビネット
使いやすい机の高さは70～72cm。これに合う既製品のキャビネットは意外に少ないので、イスで高さを調整する方法もある

本に囲まれて暮らす

読むのも、眺めるのも、埋もれるのもいい……。
紙もインクも感じて、とにかく本が好きなのだ

読書好きの多くは、本に囲まれていると幸せを感じる。図書館で借りて済ます人もいるが、多くは蔵書家でもある。

家の中に「大量の本がうまく納められ、心地よく読書もできる空間」をつくれば満足すること間違いなし。「収集」と「読書」のどちらに重きを置くかをはっきりさせておくと、より好みにあった場ができるに違いない。

コレクションするのが好きな人は、蔵書の量が今後も増えると考え、多少の余裕をもって本棚をつくりたい。

自分のスタイルに合った本好きのための空間

イスに座って読書を楽しむなら本棚で仕切るだけでOK

家族に邪魔されにくい
場所に本棚で囲まれた
読書スペースをつくる
背の高い本棚
はつくりつけ
ておく
個室である必要はない。
人の視線をあまり感じな
いよう本棚の高さを設定
ヘッドレストのついた
アームチェアに座って
する読書は天国
オットマンとコーヒー
テーブルもほしい
狭くても問題ない

寝ながら読書派は和室でも

床の仕上げを畳や
カーペットにすると
ゴロゴロできる。フ
ローリングでもスギ
材などやわらかい樹
種であればOK

本で調べ物する人には個室

書き物をしたりする
場合にはより集中で
きるよう扉をつけて
個室化しても
カウンターテーブルを
造りつけ

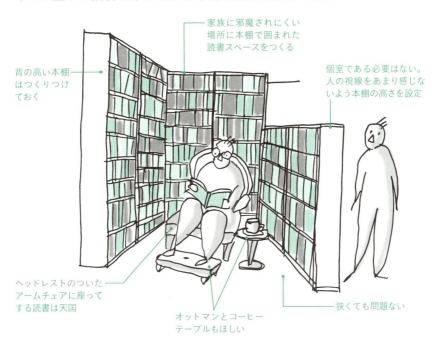

漫画本もそろえば美しい景色に

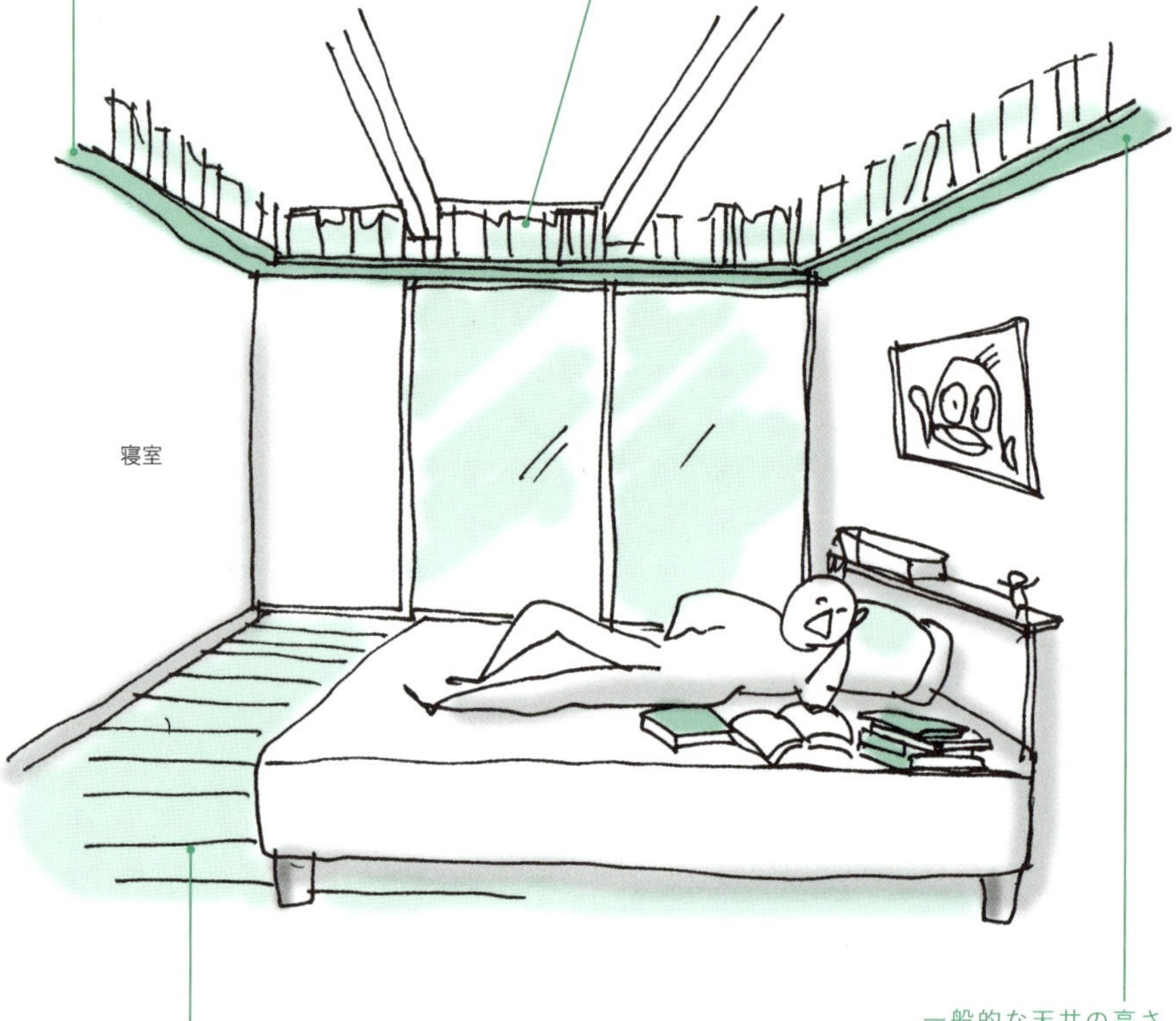
窓の上の高さに奥行が15cmほどの棚をぐるりとまわす
自分の部屋で漫画を気軽に楽しみたい人向けの本棚。漫画本のみが整然と並べられている様子はインテリアになる
寝室
一般的な天井の高さは2.4m。窓やドアは高さ2m〜2.1mなので残りは30〜40cm。ちょうど棚を設置して漫画本を置くにはちょうどよい高さになる

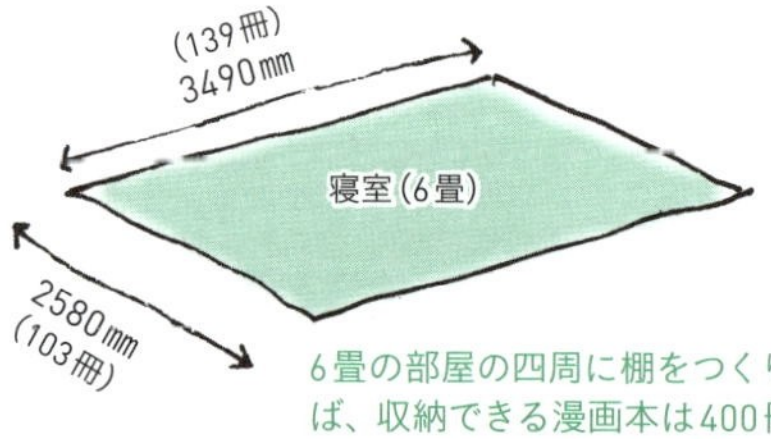
(139冊)
3490㎜
寝室(6畳)
2580㎜
(103冊)

6畳の部屋の四周に棚をつくりつければ、収納できる漫画本は400冊以上。たとえば25㎜厚で長手方向に139冊、短手方向に103冊となる

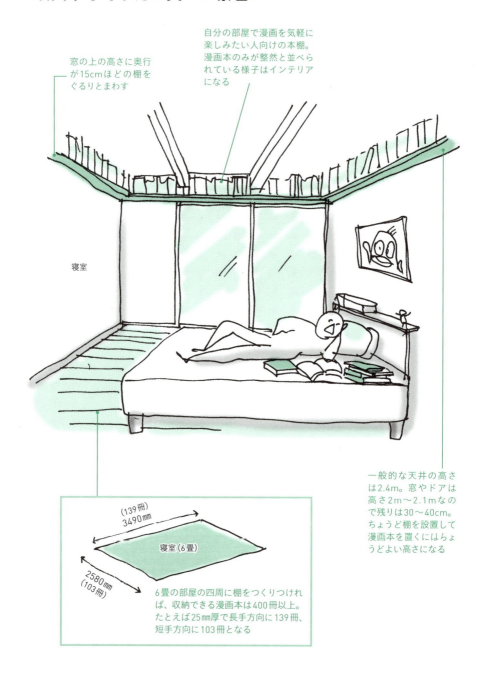

階段が読書＆蔵書スペース

背表紙を見ながら階段を上り下りする幸せ

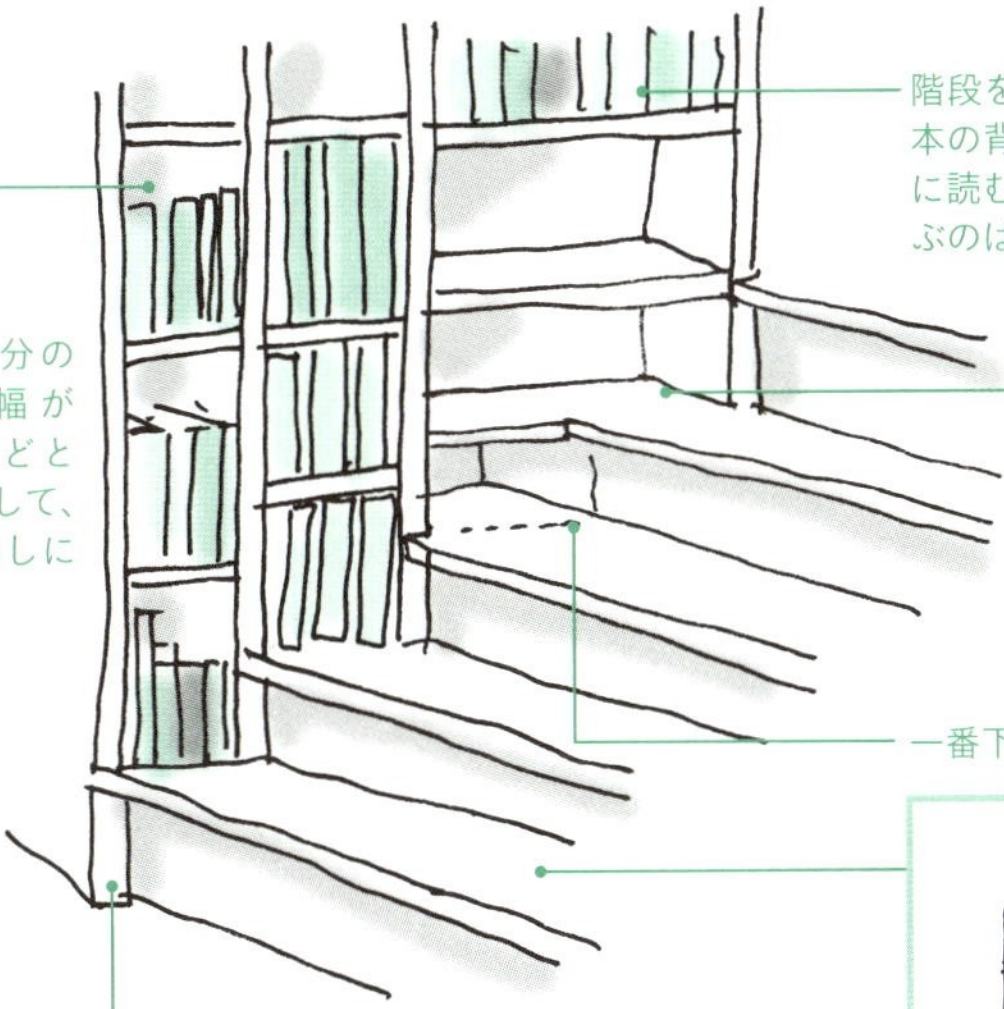
階段を上り下りしながら本の背表紙をながめ、次に読む本のタイトルを選ぶのは楽しいもの
階段1段分の本棚は幅が25cmほどと狭め。そして、そうじはしにくい
2段分の本棚は幅50cmほど
1段の高さは185㎜程度。新書や文庫、CDを収納できる高さ
一番下を階段1段の高さ

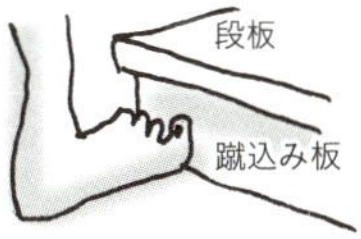
段板
蹴込み板

蹴混み板は段板より3cmほど奥にある。その寸法に合わせて本棚の側板や方立てを立てる

こんな風に階段に座って本を読みたいという人が多い

注意すべき点もある

階段の手すりは左右両方にあるほうがよい。階段に本棚をつくる際は将来も見越しておくこと

階段は外部への重要な避難ルート。地震のときに本が階段をふさいでしまうことも想定する必要がある

滑り止めの特殊なテープやシート（「落下抑制シート／3M」、「安全安心シート」）を棚に張ったり、落下防止金物を棚に取りつけたりして、地震時に本が落ちてこないようにする対策もほしい。揺れると本棚が傾斜して落下を防ぐ書棚も市販されている（「傾斜スライド本棚／金剛」）

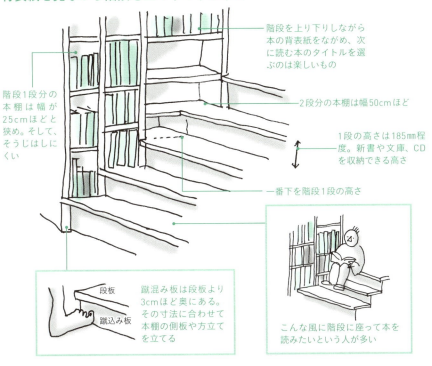

壁にかける本棚

棒に本が載る不思議な本棚

正面からは丸い棒と積んだ本にしか見えない。どうやって本が積み上がっているのか一目ではわからない不思議な本棚

横から見るとこうなっている。鋼製の板と棒は壁からつき出ている

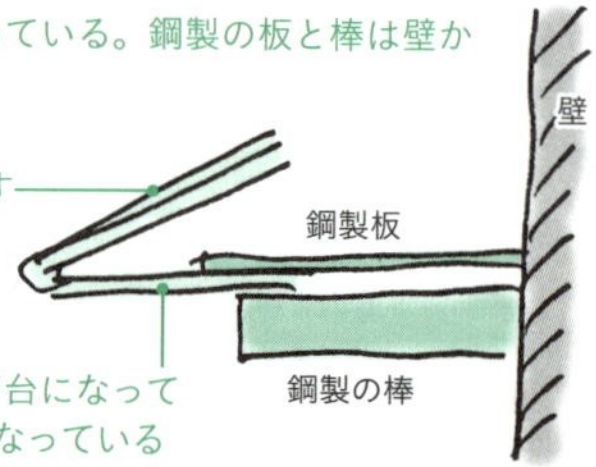
壁
鋼製の板にさす
鋼製板
鋼製の棒
いちばん下の本が台になって上に積めるようになっている

本掛けがあっても◎

BOOK

鋼製のフラットバー受けなどを壁に取り付けておく

このように本を開いてかけるという方法もある。読みかけの本にぴったり

ラダーシェルフ

Book

ハシゴ（ラダー）を収納にする手もある。壁に立て掛けるだけでよいラダー収納は、ハシゴや板状のものなどさまざまあり、本棚のほかCDラックなどにも使える

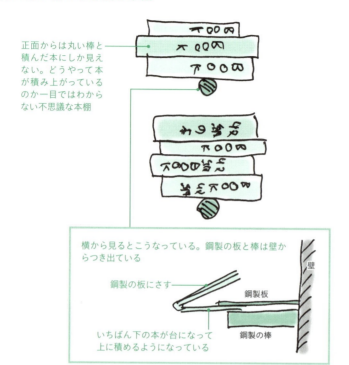

食卓は主婦のデスクじゃない

実利を重んじる、女の居場所

ミシンやアイロン掛け、家計簿をつけたり、主婦の机作業は意外に多い
ダイニングテーブルは、朝、昼、夜の食事の前に必ず片づけなくてはならない。まわりに小さな子がウロウロしているような家庭では物も出しっぱなしにできず、デスクワークはいったいどこで行えばよいのやら

家事がもっとはかどれば、自分に使える時間が増えるのに……。家庭を切り盛りする女性に共通なお悩みにこたえるのが、キッチンの片隅につくる専用コーナー。煮込みの火を気にしながら机で事務作業をするなど「ながら家事」が容易になり、効率がアップする。夜はそこでパソコンを開いたり読書したりと、自分だけの時間も楽しめる。

ダイニングテーブルで十分という声もあるが、それではいろいろ片づけたりそのための収納にも時間が必要になる。美しい暮らしには専用コーナーは不可欠だ。

専用スペースは「ながら家事」に必須

狭いスペースでも窓を2面設けることで広がりが生まれる
棚は常にA4サイズを意識する
ここで化粧をしてもよいしパソコンで作業してもよい
カウンターテーブルにはコード用の穴をあけておくと便利
キッチン
キッチンで煮物をしつつ、裏の専用コーナーで目くばせしつつも本を読むこともできる
ダイニング

本棚の一部に小さなロッカーをつくってもいい。買い物のときちょっとはおる衣類や買いものかばん置き場としても

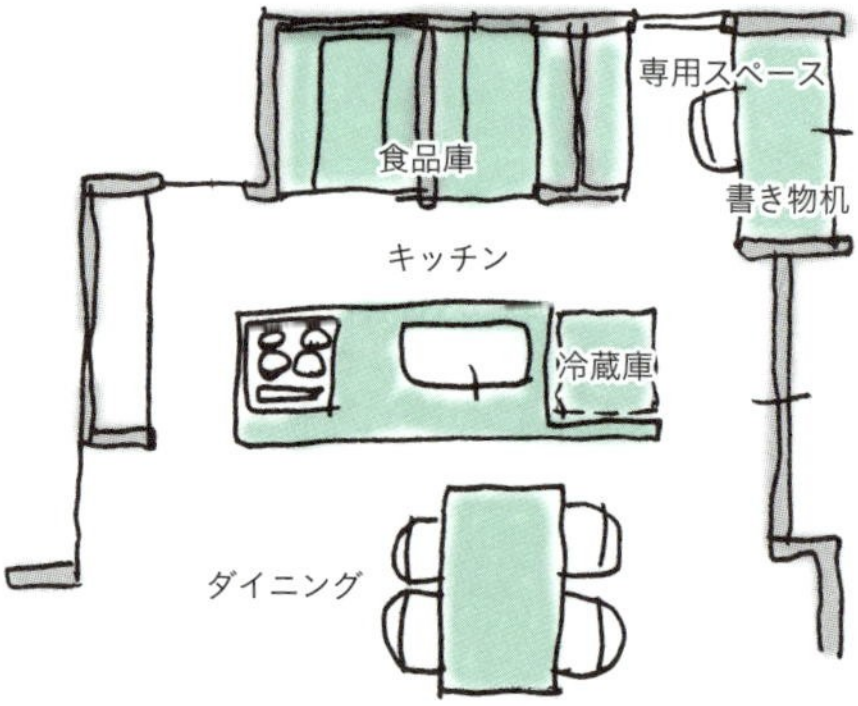
専用スペース
食品庫
書き物机
キッチン
冷蔵庫
ダイニング

キッチンの一角に専用コーナーを設ければ「ながら家事」もしやすい。扉はないほうがよい。他の部屋の様子がわかるので安心

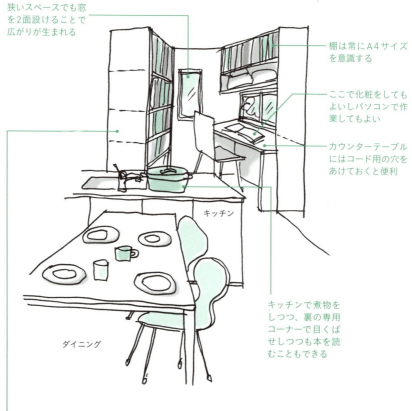

進行状況に応じて書類を仕分ける家事デスク

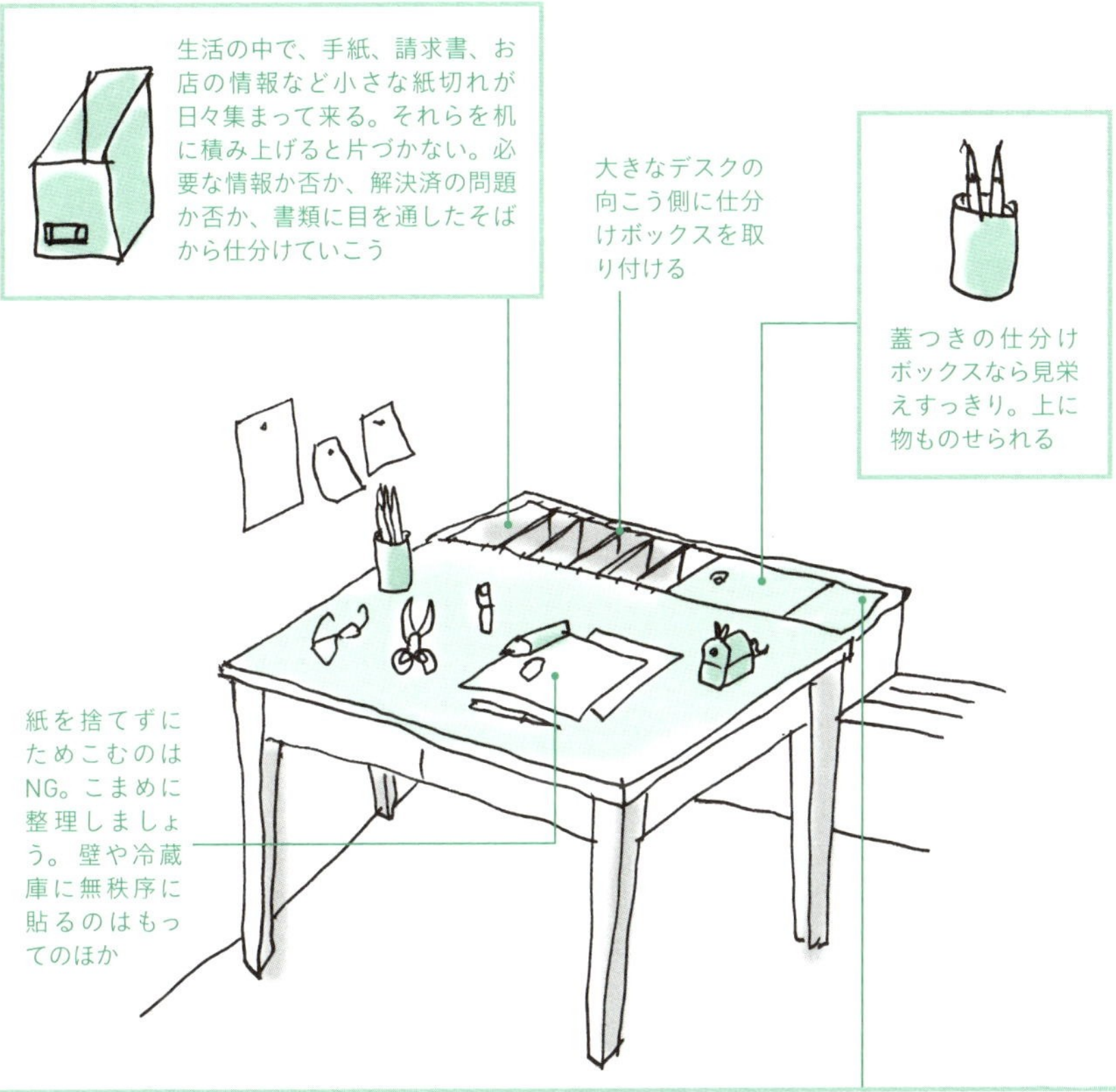
生活の中で、手紙、請求書、お店の情報など小さな紙切れが日々集まって来る。それらを机に積み上げると片づかない。必要な情報か否か、解決済の問題か否か、書類に目を通したそばから仕分けていこう
大きなデスクの向こう側に仕分けボックスを取り付ける
蓋つきの仕分けボックスなら見栄えすっきり。上に物ものせられる
紙を捨てずにためこむのはNG。こまめに整理しましょう。壁や冷蔵庫に無秩序に貼るのはもってのほか

仕分けボックスの仕組み

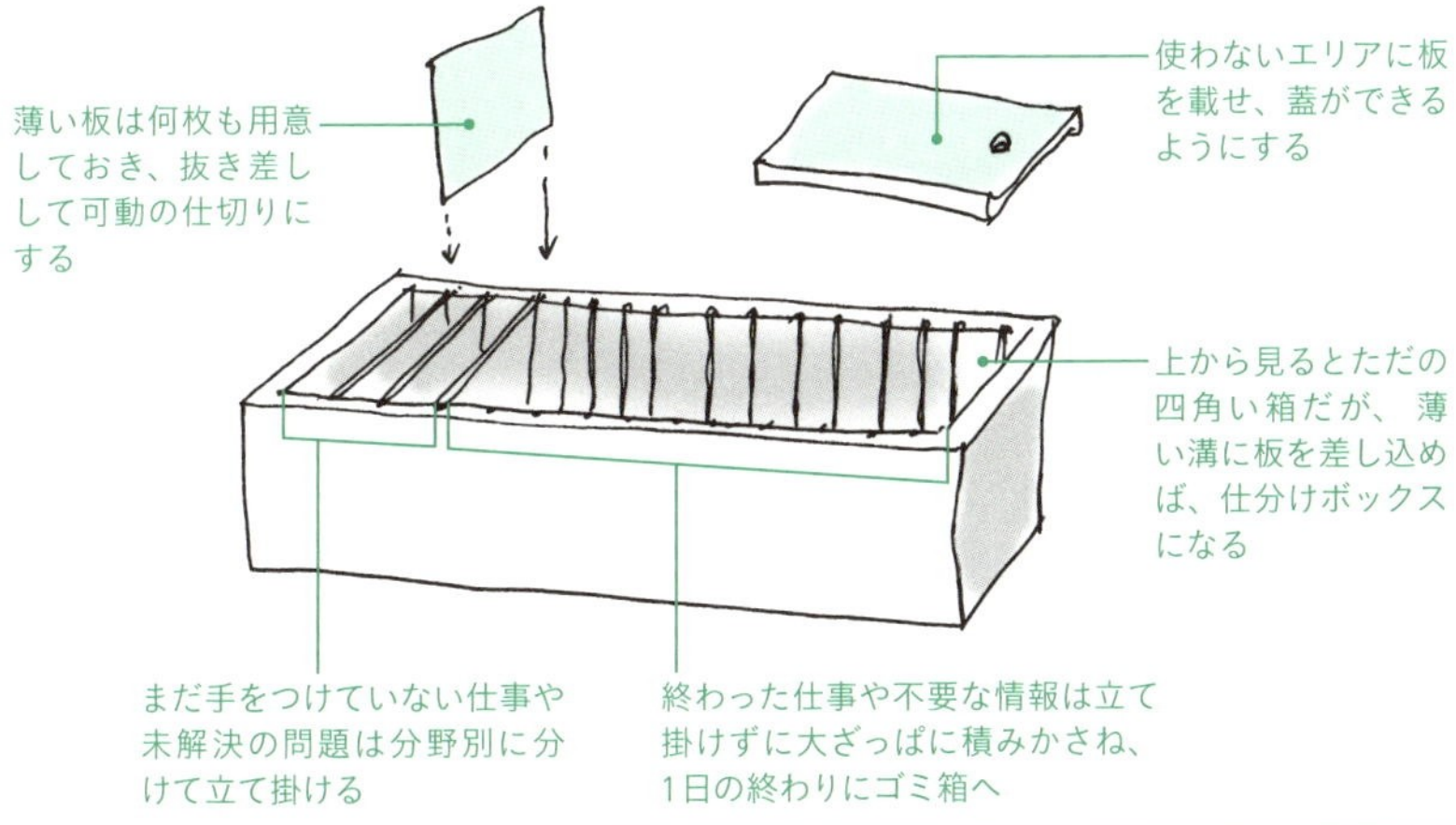
薄い板は何枚も用意しておき、抜き差しして可動の仕切りにする
使わないエリアに板を載せ、蓋ができるようにする
上から見るとただの四角い箱だが、薄い溝に板を差し込めば、仕分けボックスになる
まだ手をつけていない仕事や未解決の問題は分野別に分けて立て掛ける
終わった仕事や不要な情報は立て掛けずに大ざっぱに積みかさね、1日の終わりにゴミ箱へ

子供だって居場所がほしい！

子供１人に何畳必要？

勉強に欠かせない筆記用具や本。本棚もほしいところ
机やイスのほかベッドなど、置き家具も多い
制服・洋服やカバンなど、身の廻りの物を収納するクローゼットが必須
捨てられないお気に入りの小物も意外に多い

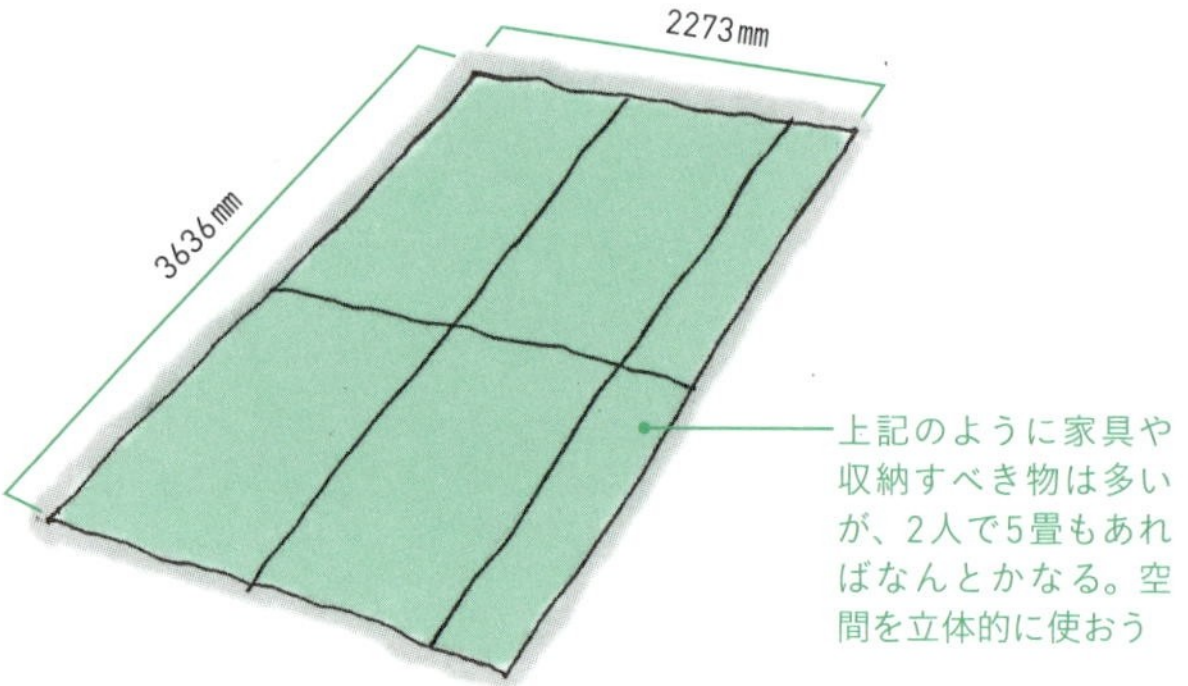
2273㎜
3636㎜
上記のように家具や収納すべき物は多いが、2人で5畳もあればなんとかなる。空間を立体的に使おう

子供室というのはやっかいだ。寝室や書斎、クローゼットなどさまざまな使い方がなされるため、収納すべき物も多い。しかし遠い日ではないいつか、その部屋は必要なくなる。空間を立体的に使い、最小限で最大利用できるとよい。

子供には居場所が必要だ。「個」を育て、社会へと巣立たせるのが親の役目。子供がひとり涙したり、こっそりとアダルトな本を読んだりするのは成長に必要な過程。１人になれる場が家のどこかにあることが重要なのだ。必ずしも個室である必要はないだろう。

兄弟のための子供室

男１人、女１人なら別室に

2.5畳の子供室を２部屋つくる

２段ベッドのようだが、 下段は勉強スペース。デスクの前には本棚をつくりつける

勉強は家族の集うダイニングテーブルでという子も多い。勉強スペースは子供室にあえてつくらず、ベッドの下の空間をクローゼットやタンス置き場に

同性の兄弟ならまとめても

約5畳の子供室を２人で使う。
空間を広々と感じられる

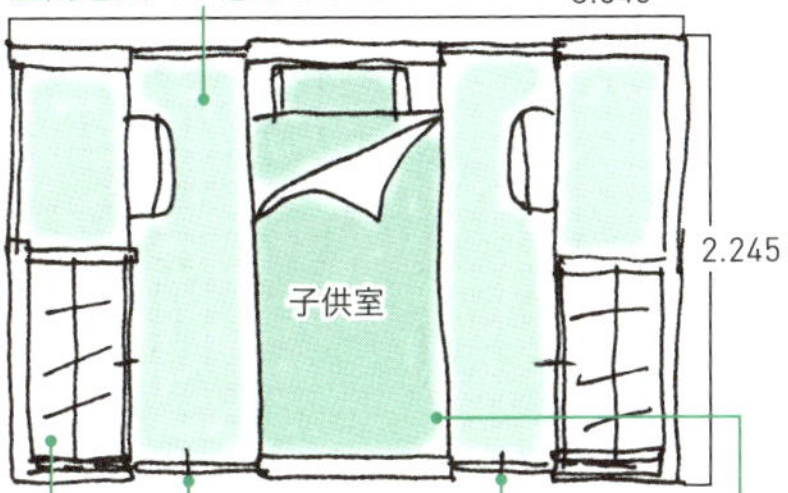

1つの部屋でも出口は
2つつくっておく

兄弟それぞれに与えられたスペースは2段ベッドを挟み部屋の端と端に設置。ケンカをしても互いの気配を感じずに済む

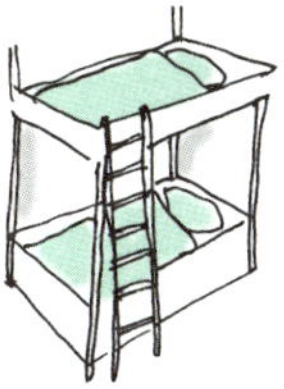

2段ベッドが空間を大きく2つに分けている

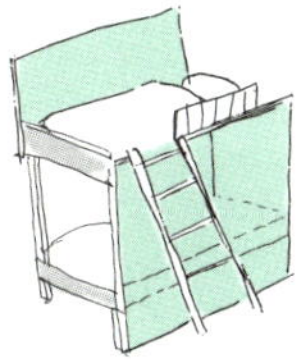

2段ベッドでも合板などをうまく使えば仕切りができて、1室を2部屋に分けることができる。子供がお年頃になったときに使いたい方法

大人数なら１人用ユニットをつなげて

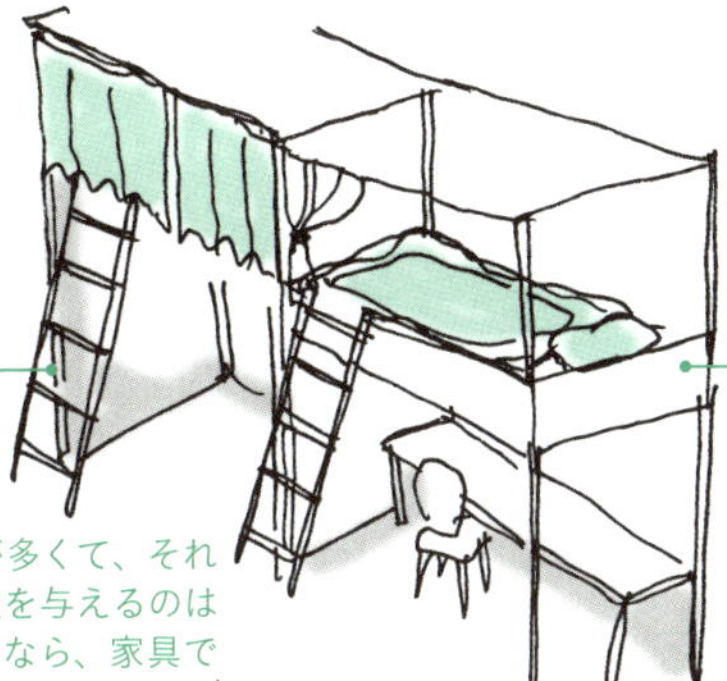

ベッドと机からなる
1人用ユニット

兄弟の数が多くて、それぞれに個室を与えるのは無理というなら、家具でつくった1人用ユニットを並べても

兄弟の数だけどんどん連結する。寄宿舎暮らしのようで楽しそう

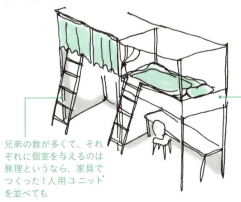

仏壇はどこに置く？

供養の場はいろいろ

仏壇とは仏様やご先祖様を祀る場所の1つ。親から引き継いだ立派な仏壇が大きすぎて今の家に合わないなら小さなものに買い替えてもよいのでは？

仏壇を家具としてつくっても。くるみや樺（かば）、楢（なら）など好きな材料で、好きな大きさにつくることができるので、部屋にぴったりと合う。既製品を買うより安く済むことも

小さな写真立てに遺影を飾って、お水やお花を供えるだけでも供養になる

核家族化が進んだといっても、先祖を大事に思う気持ちは変わらない。ところが仏間のない住宅では、仏壇の置き場所に悩むことがある。「仏壇が大きすぎる」「インテリアに合わない」など理由はさまざまだが、何より重要なのは毎日手を合わせ、お水をあげ、供養をするということ。そう考えれば、仏壇が問題になることはない。大きければ小さいものに変えてもよいし、写真立てだけにしてもよいはずだ。

　供養の場を日常生活に違和感なく溶け込ませるのはそう難しいことではない。

仏壇を日常生活に溶け込ませる

押し入れ脇につくりつける

仏壇の上部に物を入れてはいけないといわれるので要注意
照明をつけるので電源を用意
仏具の飾り方は宗派によって異なる
仏壇は東か南向きに。直射日光やエアコンの風を当てるのはNG
下部は仏具の収納として使う

客間なら開閉可能に

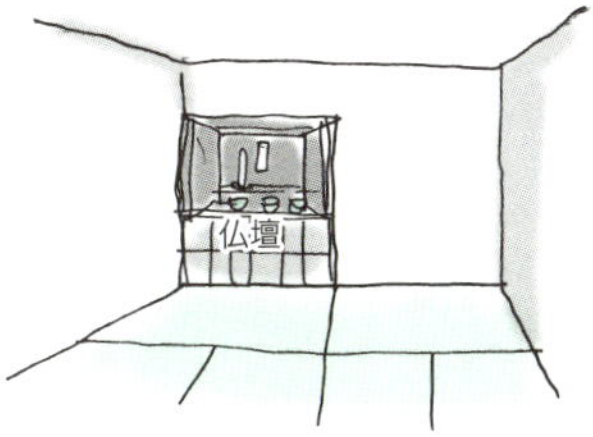
仏壇

座敷の客間は仏壇の設置に最適

↕

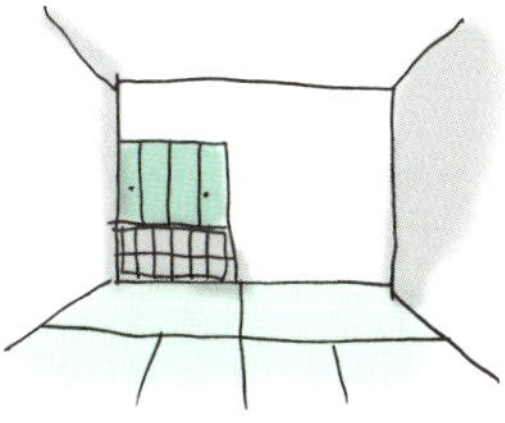

来客時は引きこみ扉を閉めておけるように

LDKの一角に

家族みんなが気軽に手を合わせられる場所にあるとよい。毎日のお供えも容易にできる

人の集まる居間の一角にメモリアルコーナーをつくり、小さな仏壇を置く

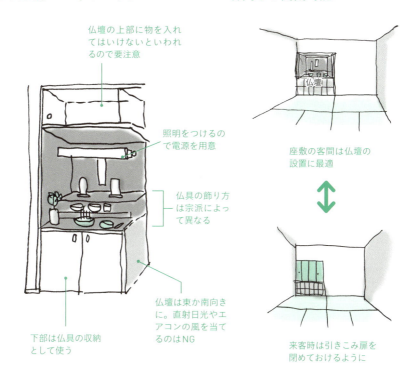

パーフェクト・ウォークインクローゼット

ウォークインクローゼットは人気の収納。洋服を年中かけっぱなしにしておけるので、衣替えの労も少なくてすむという。とはいえ、長期保管に適した「しつらえ」にしておかなければ、大事な洋服にカビが生えたり、日焼けで退色したりと悲惨なことになるので注意を要する。洋服の収納全般にいえることだが、脱いだばかりの服はそのましまわないこと。湿気や汚れは菌を繁殖させ、においの原因に。毎回洗えないコートは風通しのよい場所で掛けた後で、クローゼットに収納しよう。

洋服をしまうにもコツがある

クリーニング後にもひと手間

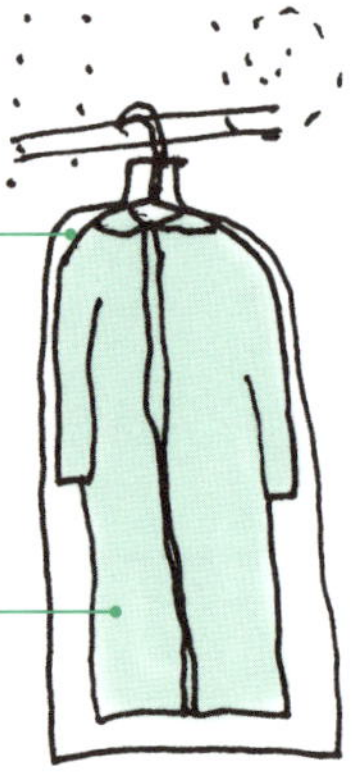

クリーニングからもって帰ってきたらハンガーとビニールを掛けかえる
室内といえどもほこりがたまるのでカバーが必要。中身が見えて通気もできる市販の防虫カバーがおすすめ

ワイヤーやプラスチック製のハンガー
クリーニング店のハンガーは洋服によっては肩の形がくずれてしまう

ぎゅうぎゅうに入れない

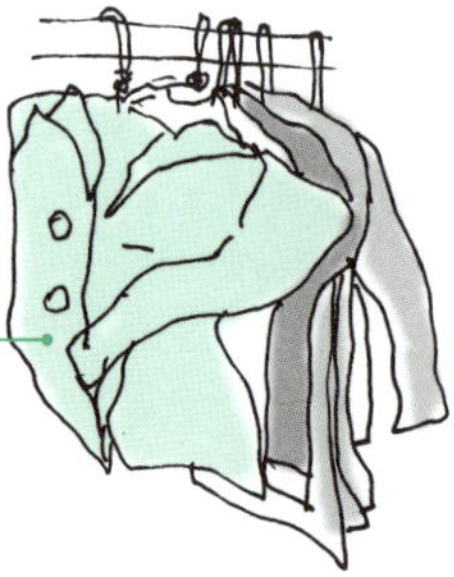

クシャクシャ、ギューギューにしまうのは絶対まずい！

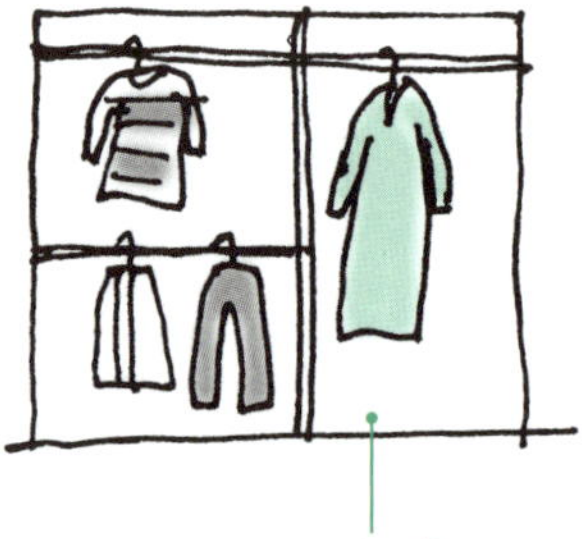

ミッキーロークの映画『ナインハーフ』にあった美しいクローゼットには質のよい洋服数枚だけ。一目瞭然の収納は理想的

使いやすいウォークインクローゼット

カビ・ムシ対策を万全に！

支柱となるステンレスパイプは1.2m間隔で立てる

湿度感知器換気扇があると安心

壁の素材は桐ベニヤなど吸放湿するものがのぞましい

壁や扉にタオル掛金物を取りつけ、Sカンを掛ければ細かい物を吊るして整理できる

受け金物
パイプ

ステンレスパイプは着脱式にしておくと便利

窓から光が入ると肩の部分がやけたりする心配がある。窓はつけないほうが無難

梅雨時には扉を全開にして扇風機をかけ、空気を循環させたい

上下2段に掛けられる場所とドレスやコートなど長いものだけの場所をつくる

丈の長い物と短い物、どちらを多く持っているのか？　ボリューム配分に注意

床に物を置く場合は、防虫・乾燥剤を入れた箱にしまってから。そうじがしにくくなるので最小限にとどめること

ハンガーパイプで上下を上手に使いこなす

天井高は2.4mあれば十分

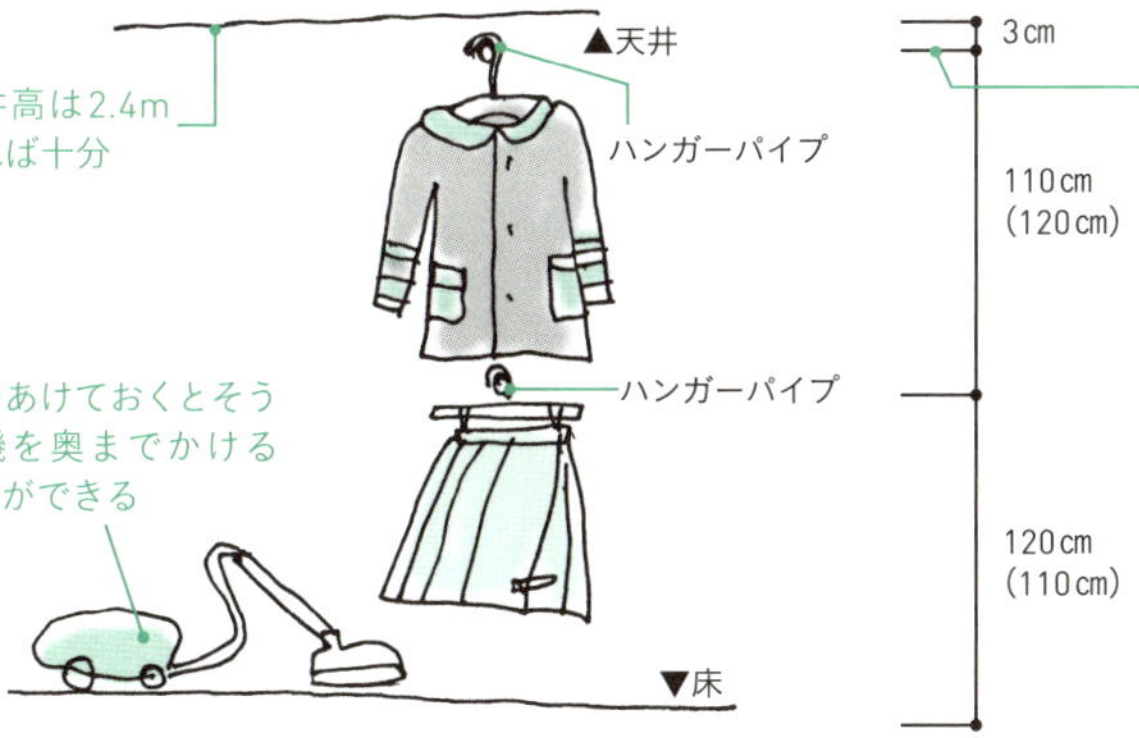
▲天井
ハンガーパイプ
ハンガーパイプ
▼床
3cm
110cm
(120cm)
120cm
(110cm)

床をあけておくとそうじ機を奥までかけることができる

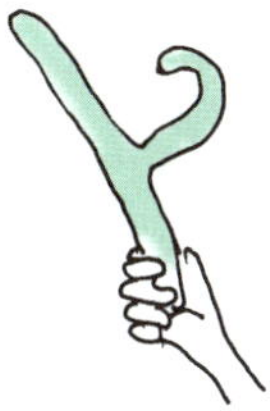

上段のハンガーパイプは高さ2.3mほどのところにあるが、ハンガーは図のように持つので案外高いところまで届く

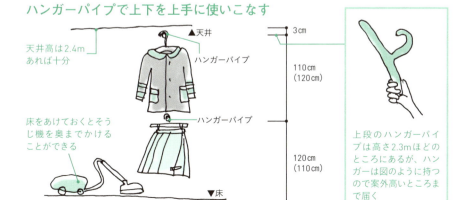

クローゼットに直接入れないで

中間収納で寝かせてからクローゼットへ

コートなどは脱いだ後ここに掛け、乾かしたりブラシをかけてホコリを落としたりする

部屋の一角を脱いだばかりの服を一時掛けておいたり、着る度に洗わない服を置いていたりするスペース（中間収納）にする

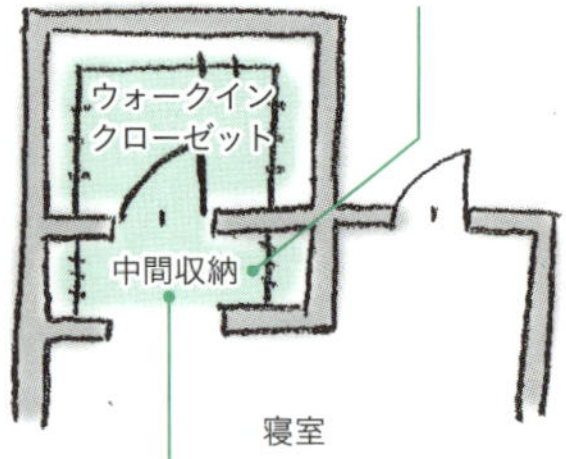

中間収納に入れるもの

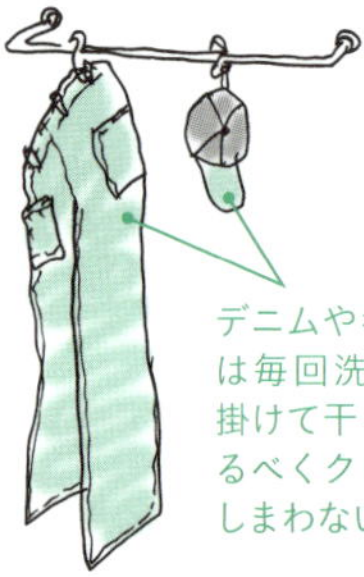

デニムやキャップなどは毎回洗わないので掛けて干しておく、なるべくクローゼットにしまわない

パジャマはかごなどに入れて中間収納に

中間収納で寝かせてからクローゼットへ

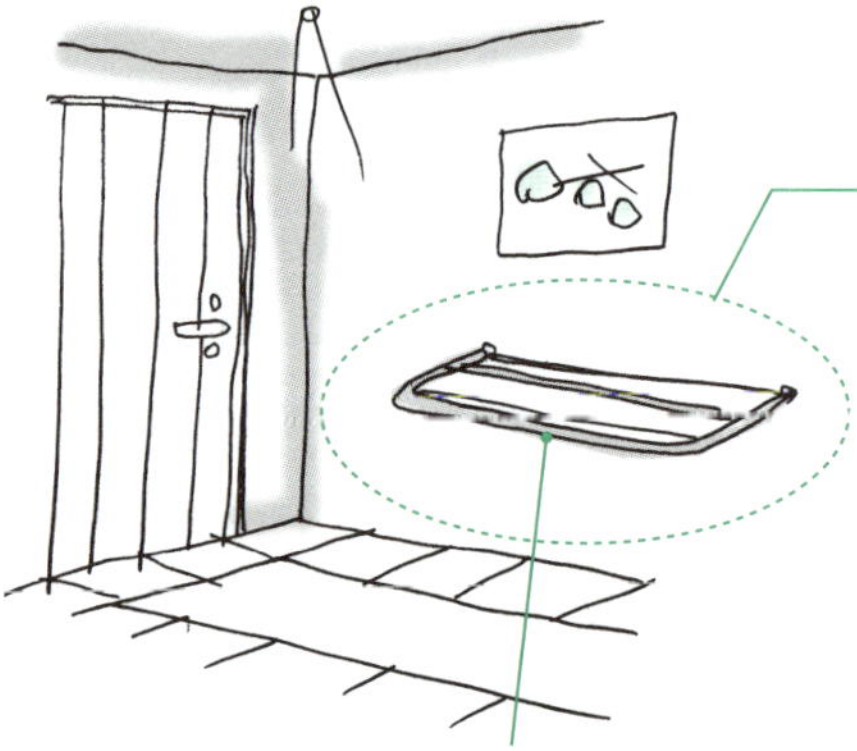

インテリアデザイナー、アントレ・ブットマンによるマンハッタンのアパートで見掛けた玄関のラックも中間収納の1つ

パーティーから戻ったら毛皮のコートをどさっとかける

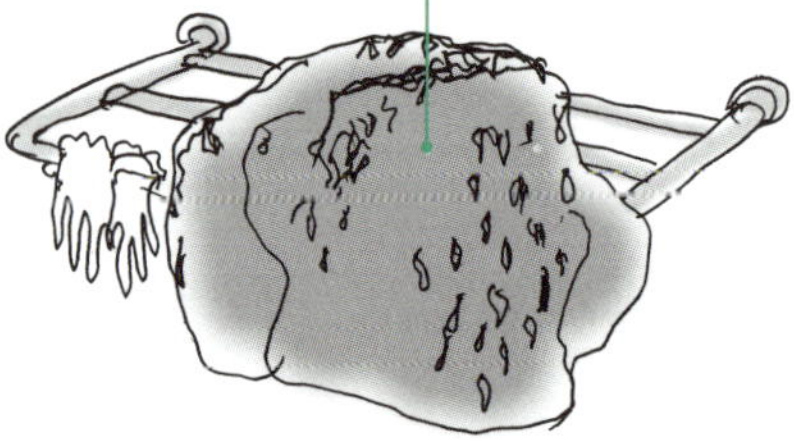

ペットがよろこぶ居場所を知る

ペットにも居場所がある

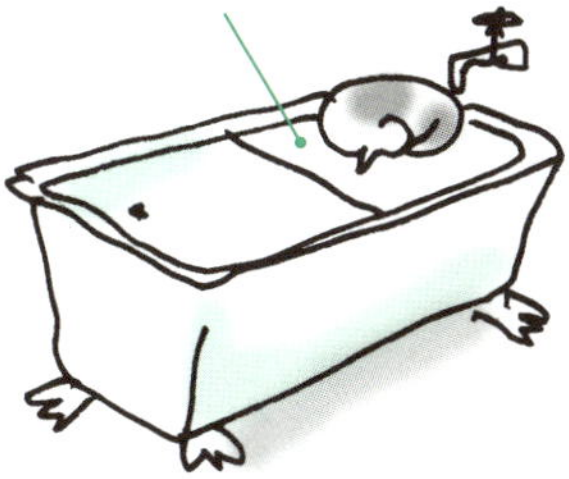
猫はお風呂のふたの上も好き
（暖かいところが好き）

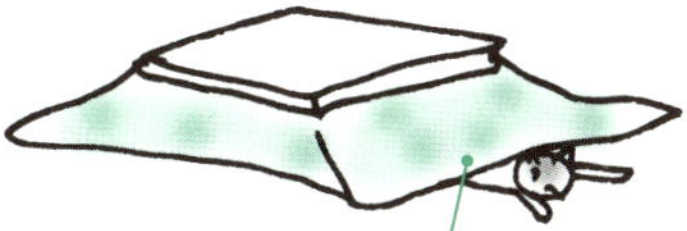
こたつの中など、安全で
温かい場所に行く

日差しでぬくぬくの縁側
はお昼寝に最高

ペットは「家族」。彼らは住宅の一番心地よい場所をよく知っている。まずはその行動を観察し、心の声に耳を傾けよう。小さな家族の居場所と居心地を考えておかないと、一日中「ストレスの声」を聞くはめに

ペットは家族の一員。昨今は、人間とともに室内で暮らす犬や猫も多い。当然彼らが寝たり、食事や排せつ、くつろいだりする場所が家の中には必要だ。「動物のためにそこまで考える必要はない」と適当にフードボウルを置いたりケージを広げたりしていると、人間の暮らしが侵されることに。においもするし、壁やカーテンがボロボロになったりしてインテリアが台無しになることも。

お互いが気持ちよく、安心して暮らせるよう、ペットの居場所についても真剣に考えてみよう。

ペットの居場所あれこれ

安心できるケージづくり

小さな犬などはサークルなどで守られた場所がよい。階段下などが落ちつく場所

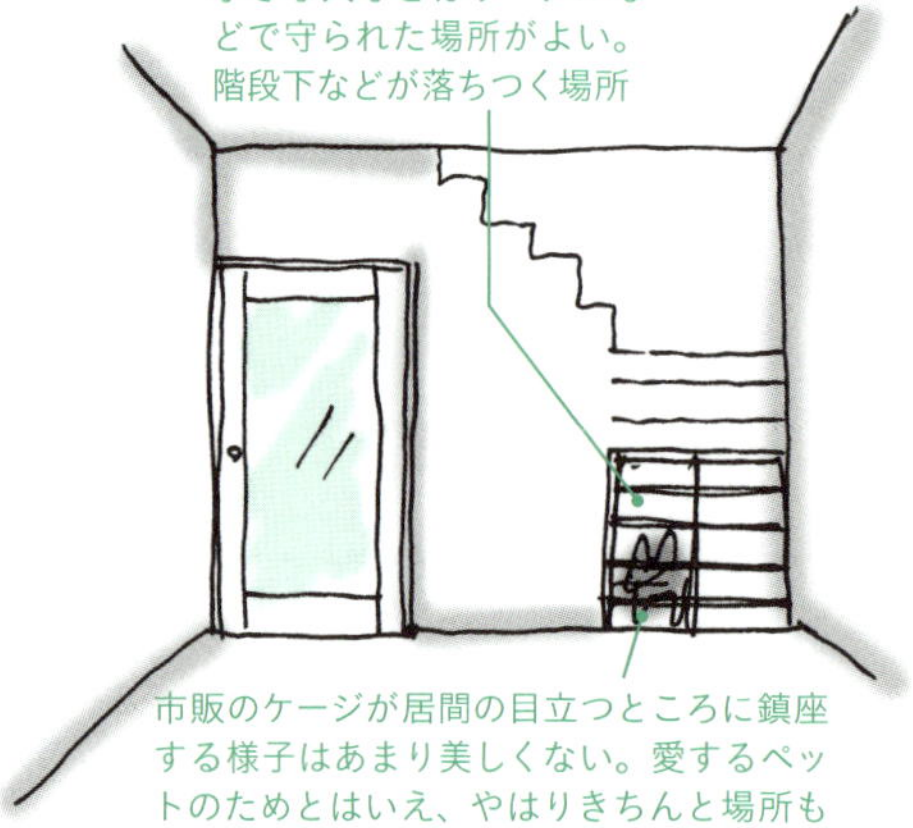

市販のケージが居間の目立つところに鎮座する様子はあまり美しくない。愛するペットのためとはいえ、やはりきちんと場所も一考しておきたい。来客時だけでも「一時ひなん」できる場をつくっておきたい

上り下りしやすい階段

スケルトン階段(透かし階段)の上り下りをこわがる犬も多い。ゴムの滑り止めがついた板を専用のスロープを設置してあげると安心して上り下りできる

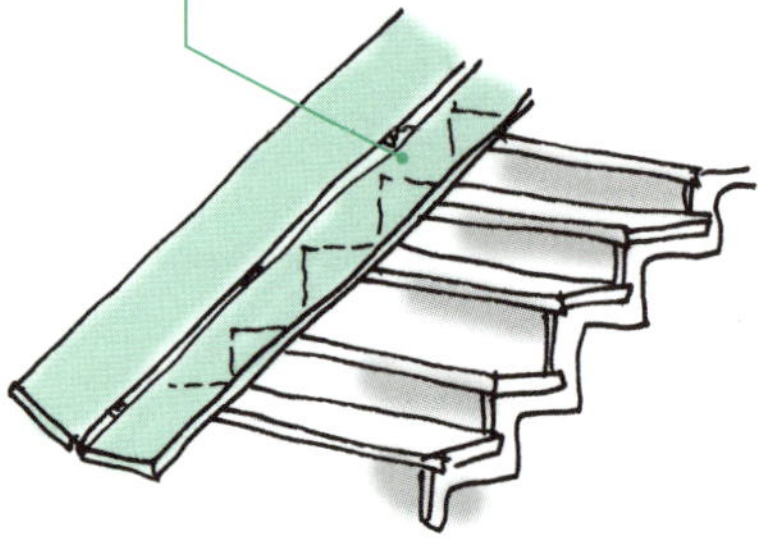

居心地よい場所を提供する

猫は外が見えて暖かい場所が好き。火打梁や梁をあえて見せたり、つくったりするとお気に入りのキャットウォークに

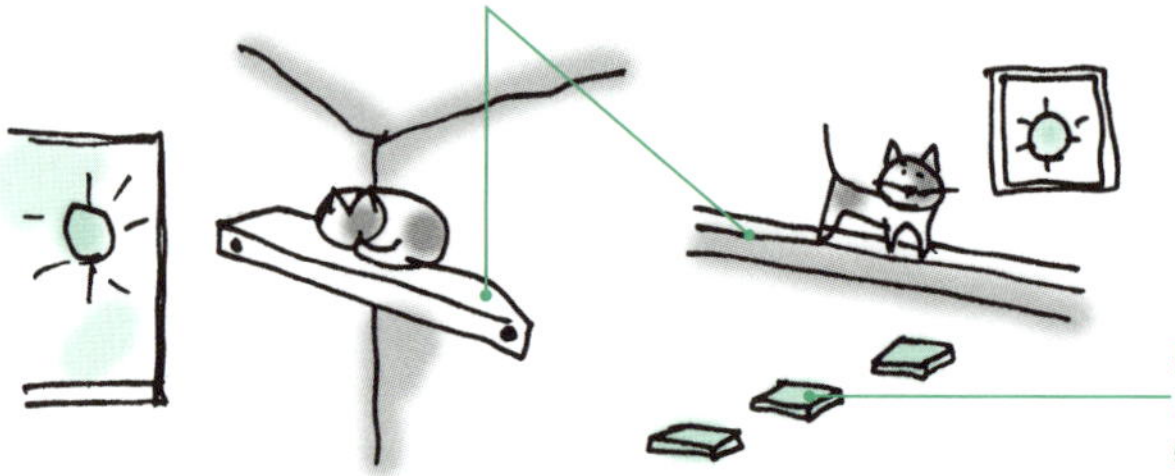

壁に足掛かりをつけると壁やカーテンを爪の犠牲から守れることも

室内で飽きさせない

扉下部にガラスを入れて向こうを見通せる窓に。猫たちは楽しいし、室内飼いのストレスも軽減できる。逃げるのを防ぐこともできる

快適な環境で観賞魚を美しく見せる

本格的に楽しむマニア向けのしつらえ

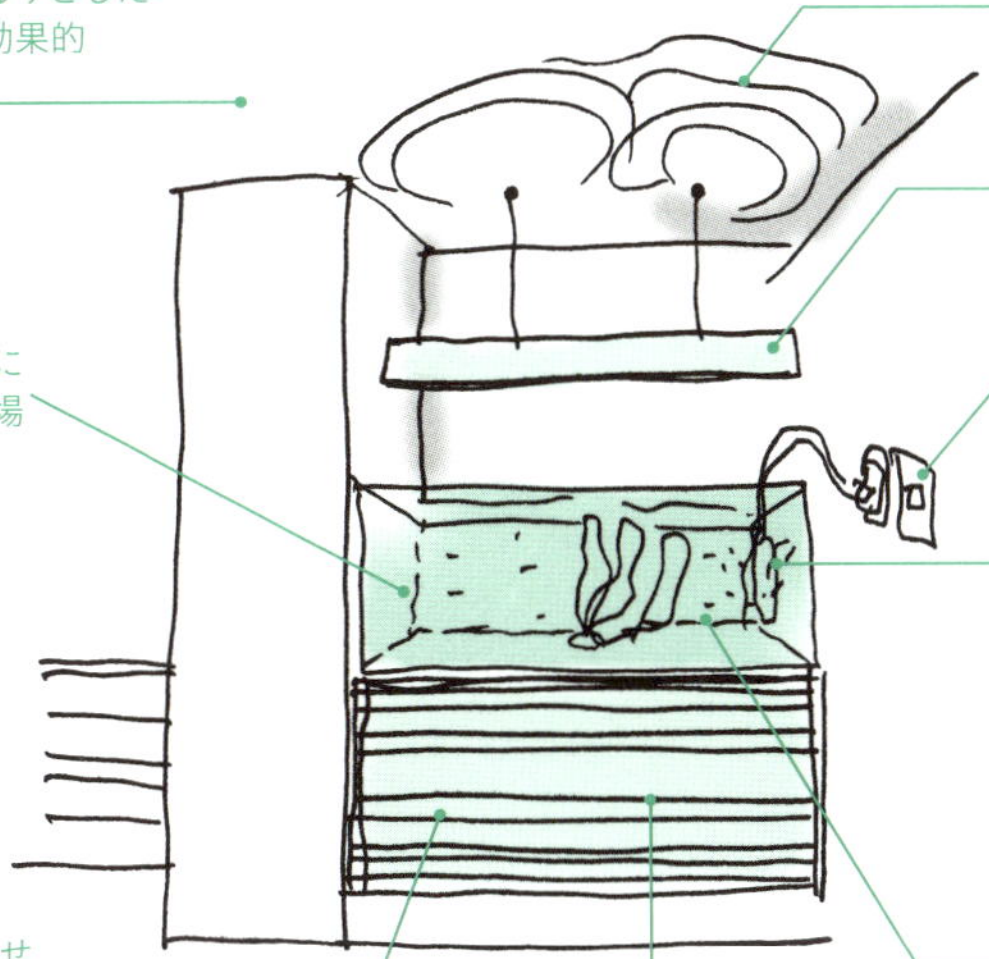
天井はつるりとした仕上げが効果的
照明と水の効果で天井に美しいゆらぎ（モアレ）模様ができる
照明は不可欠
止水機能付水栓
部屋のいいところに専用の水槽置き場をつくる
水槽の水を交換するためのポンプアップ（コンセント）は必須。そのほか温度計、ヒーターやサーモスタッド、エアーポンプ、ブロワーなど電源が必要な物が数多く必要となる。フィルターろ過装置も忘れずに
飼育器具を目立たせないような工夫を
水を入れた水槽はかなりの重量になるので要注意。床の補強が必要になることも

水槽下の収納

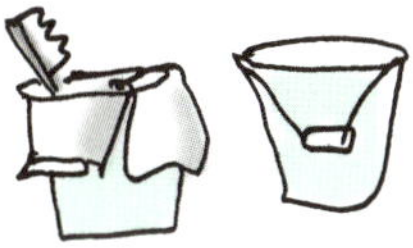

見せたくない物はかくす。バケツやホースなどが水かえに必要になる。壁に止水機能付水栓をつけても。となりがトイレ・洗面だと効率的

ビギナー向けはシンプルに

始めたばかりの頃は

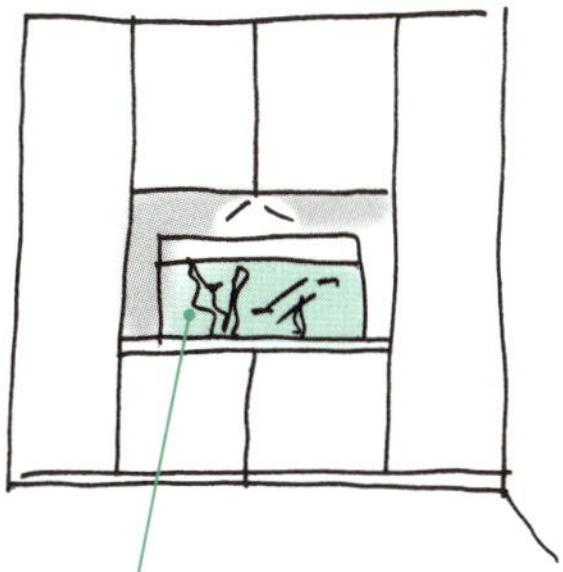

家具の一部を飾り棚にして水槽を設置。もちろん電源や照明は用意しておく

飽きた頃に

魚を育てることにあんまり本気じゃない人は次に会ったときに「みんな死んじゃいました」ということにも。水槽を取り除いてもどうにでもなるようにしておくのも手

オブジェにも収納にもなる階段

スケルトン階段は美しいが収納には向かない

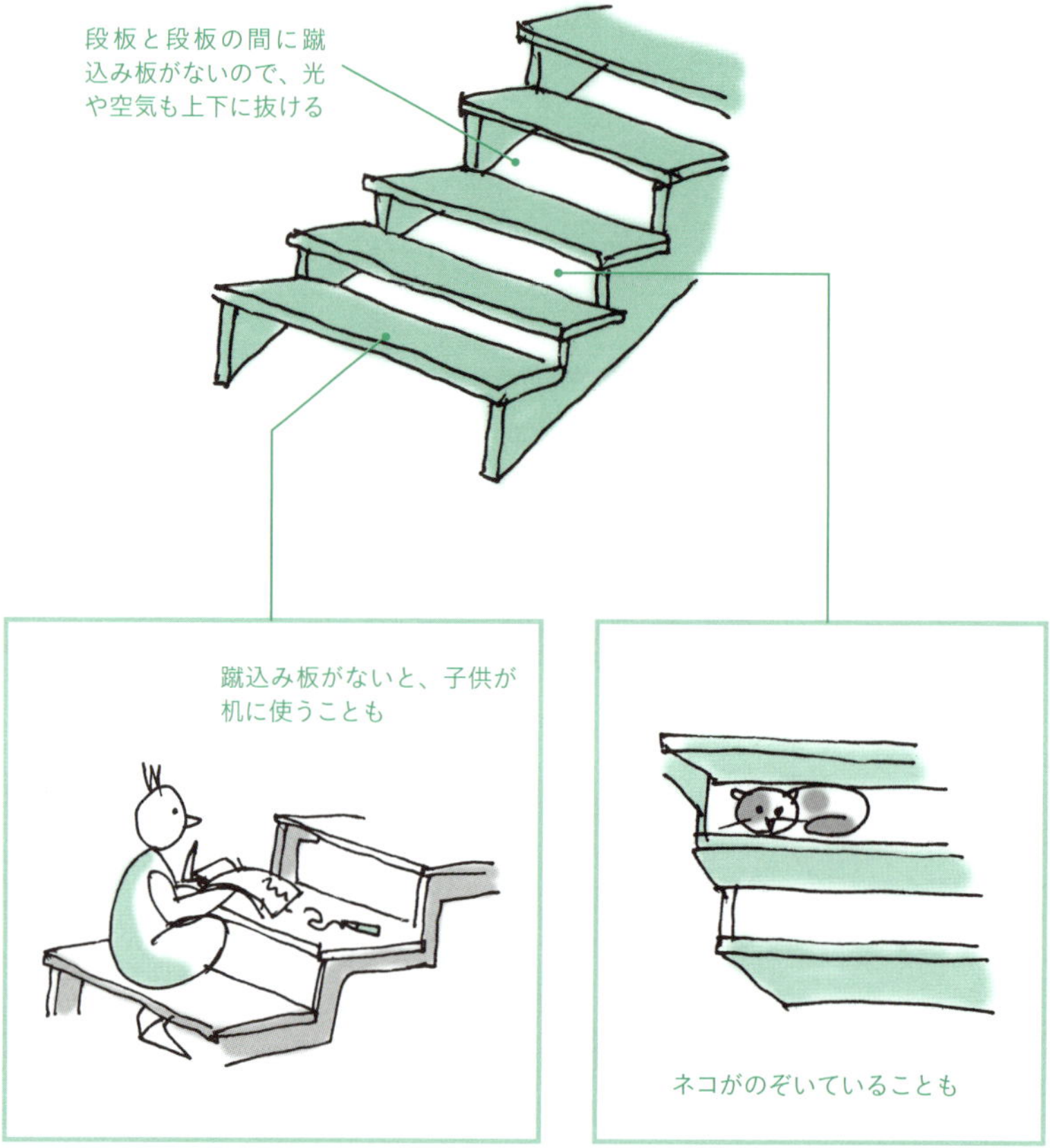
段板と段板の間に蹴込み板がないので、光や空気も上下に抜ける
蹴込み板がないと、子供が机に使うことも
ネコがのぞいていることも

上階と下階をつなぐ階段は、昇降に使えるほか、空間を演出することもできる重要なツールだ。たとえば、らせん階段は物として形が美しく、空間のオブジェにもなる。透かし階段（スケルトン階段）は、蹴込み板がないので上から下へと光を落とし、吹抜け全体を軽やかに仕立てる。

一方、階段下を収納として使うのなら、蹴込み板のある蹴込み階段にして、階段とその下の空間を完全に分ける必要がある。収納としては意外に広いので、物の取り出しやすさを第一に考えて計画したい。

階段の収納あれこれ

側面から使う

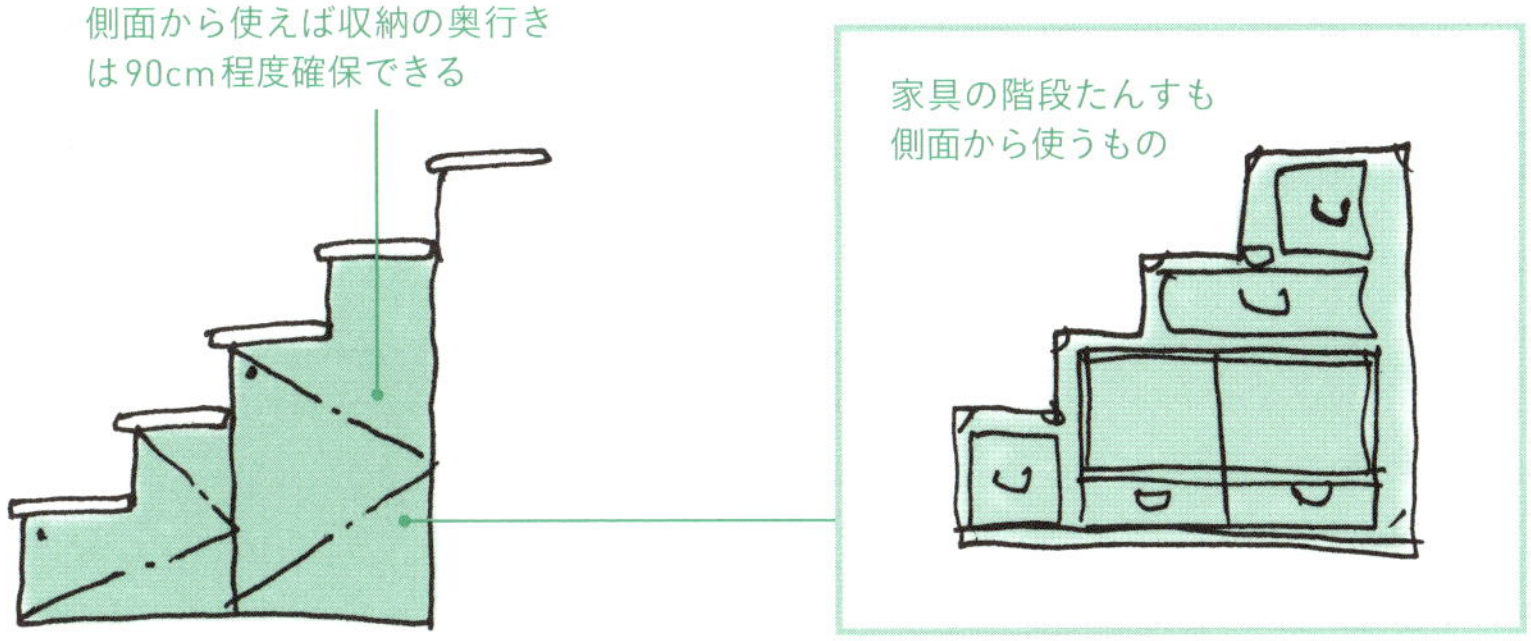
側面から使えば収納の奥行きは90cm程度確保できる
家具の階段たんすも側面から使うもの

後ろから使う

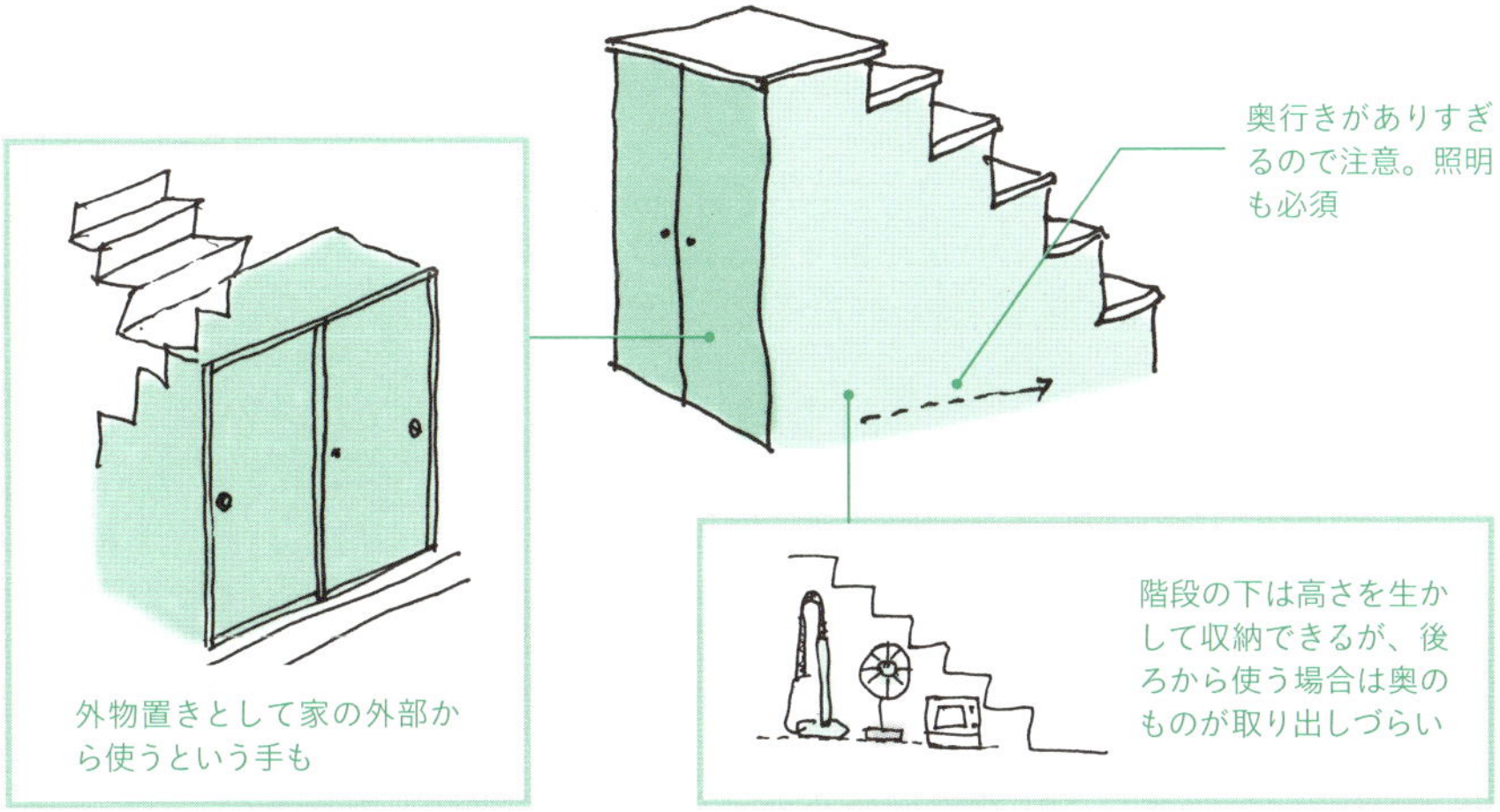
奥行きがありすぎるので注意。照明も必須
外物置きとして家の外部から使うという手も
階段の下は高さを生かして収納できるが、後ろから使う場合は奥のものが取り出しづらい

上から使う

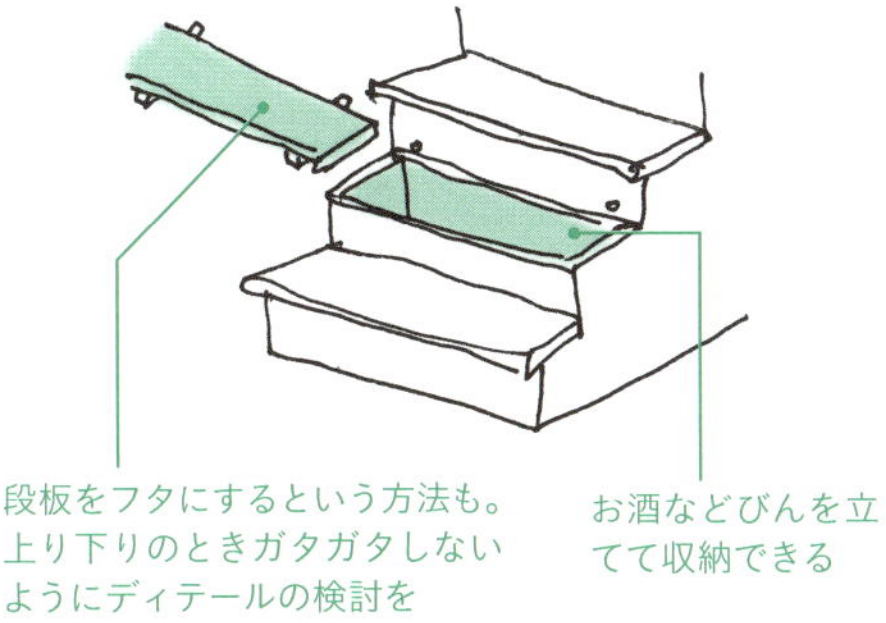
段板をフタにするという方法も。上り下りのときガタガタしないようにディテールの検討を
お酒などびんを立てて収納できる

前から使う

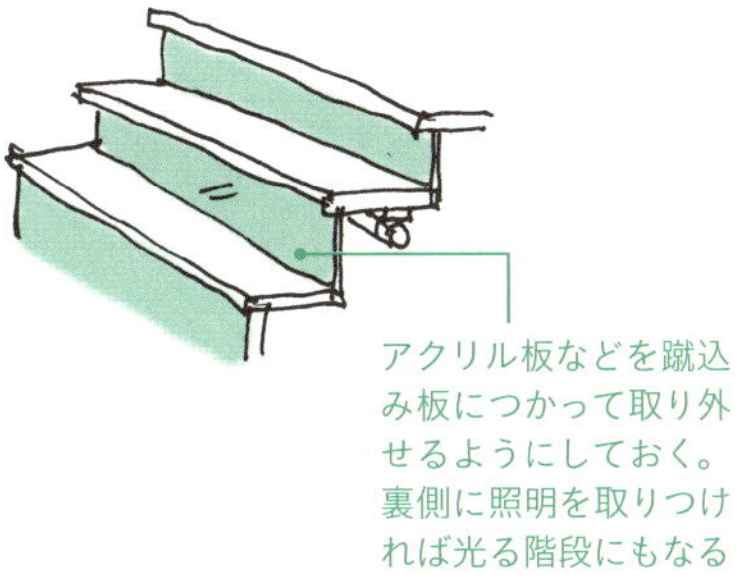
アクリル板などを蹴込み板につかって取り外せるようにしておく。裏側に照明を取りつければ光る階段にもなる

ただ通り過ぎるだけではもったいない

いつの間にか身支度できる廊下

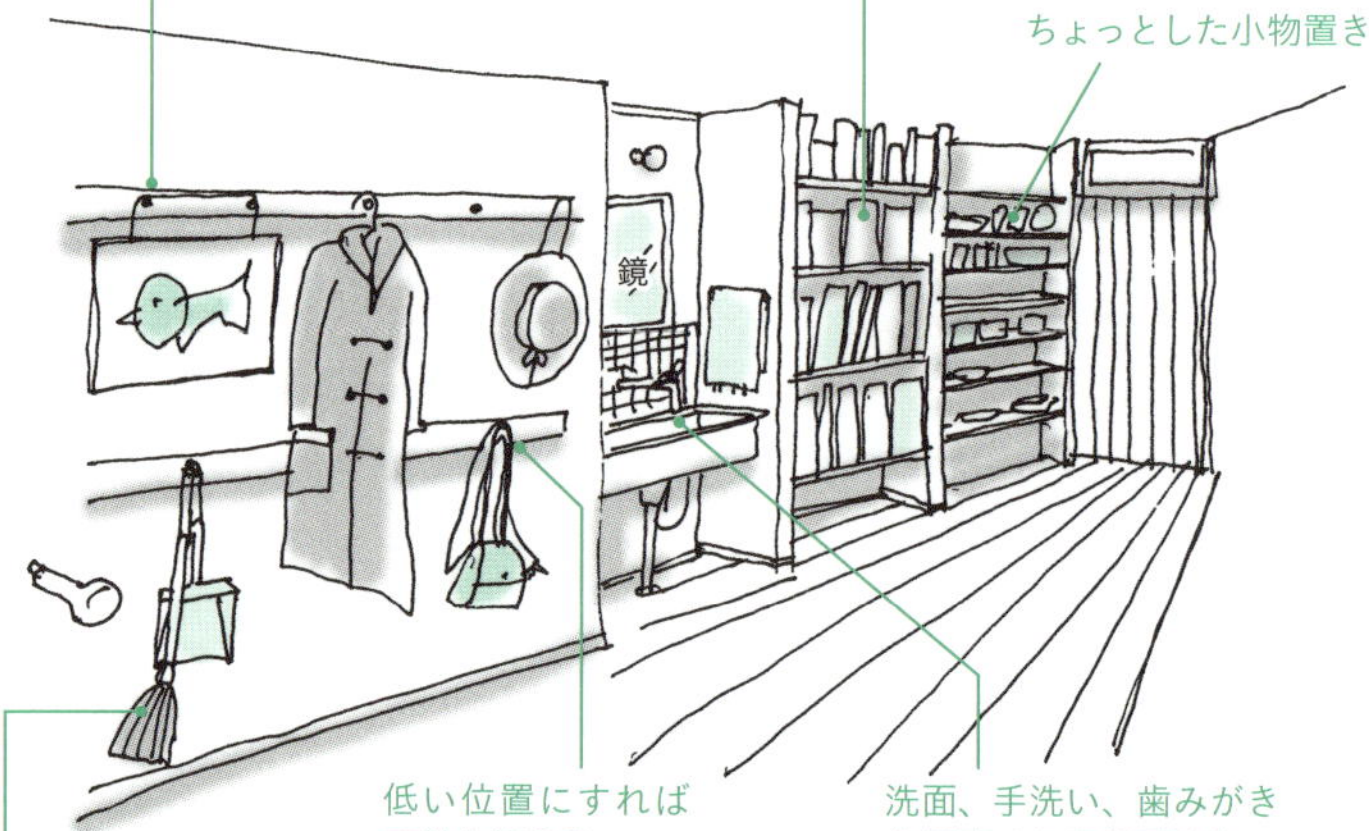
シェイカーペグという木
のフックはシンプルなデ
ザインが美しくおすすめ
柱間に本棚をつくっても。
家族共通の本棚はそれぞ
れおススメの本が並ぶ
ちょっとした小物置き
鏡
低い位置にすれば
子供も使える
洗面、手洗い、歯みがき
は個室である必要はない
そうじ用具が目に入れ
ば、俄然やる気も沸く
というもの

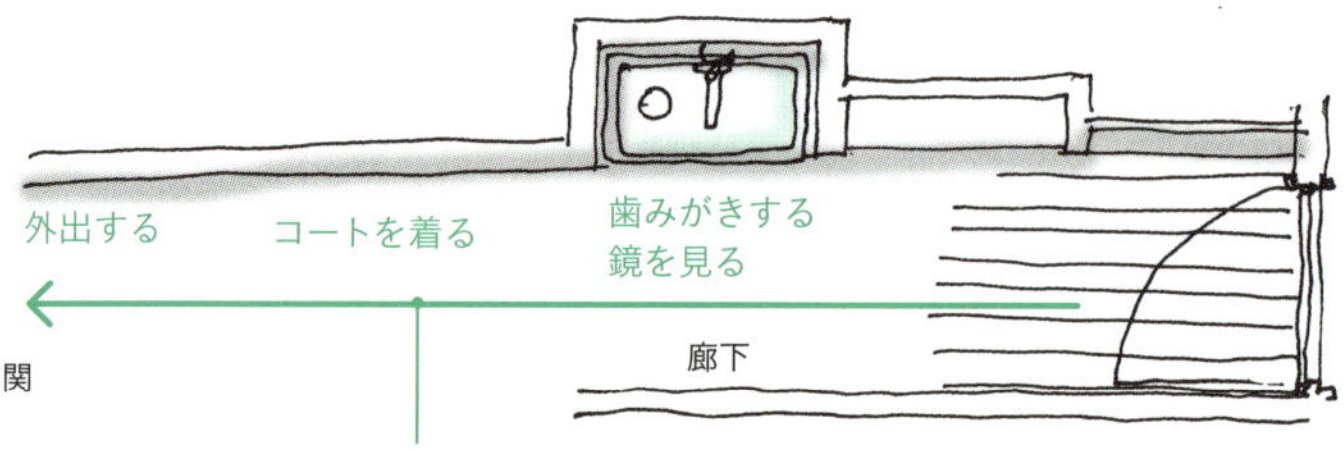
外出する
コートを着る
歯みがきする
鏡を見る
LDK
廊下
玄関
玄関まで至る廊下を歩く
だけで、身仕度が整う

1 日に何度も足を踏み入れるのが、階段や廊下といった移動空間。ただ通過するだけでは何だかもったいないような……。

階段の踊り場や廊下に窓を開けベンチでもつくれば、最高の読書スペースになる。カウンターを造りつけ、パソコンを置いてもよい。誰もが通る場所だからこそ、家族共用のスペースをつくるにはもってこいなのだ。洗面台やコート掛けのある廊下なら、朝食後、玄関へ向かうだけで身支度が整う。

歩きながら、ほかのこともできる移動空間は、なんだか楽しそうだ。

階段の踊り場を使う

家族みんなが使える踊り場に

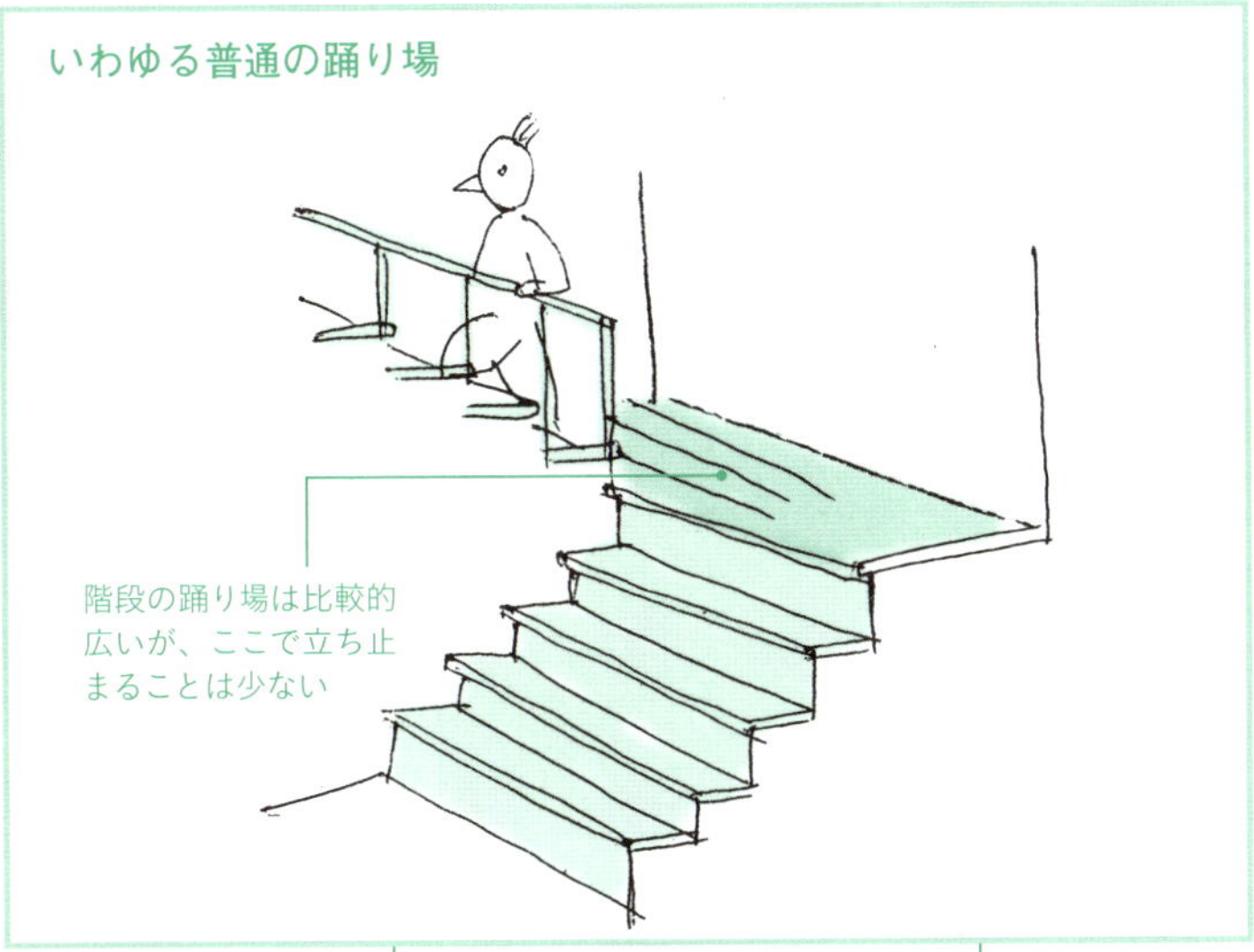

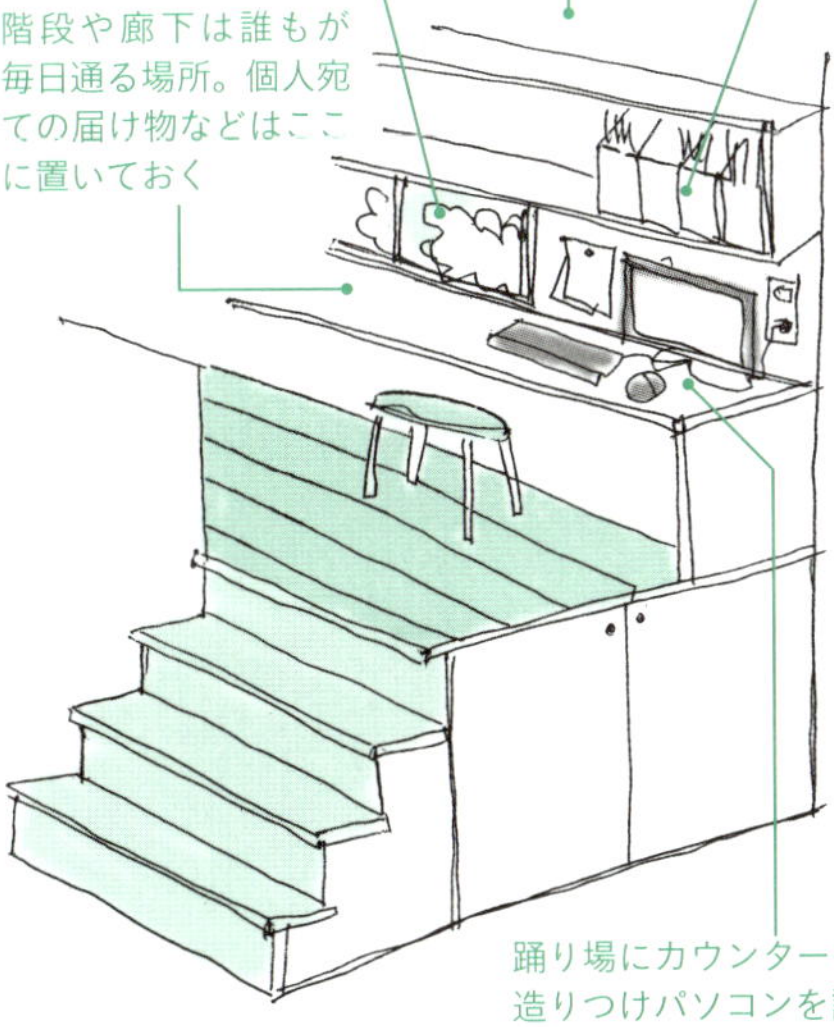

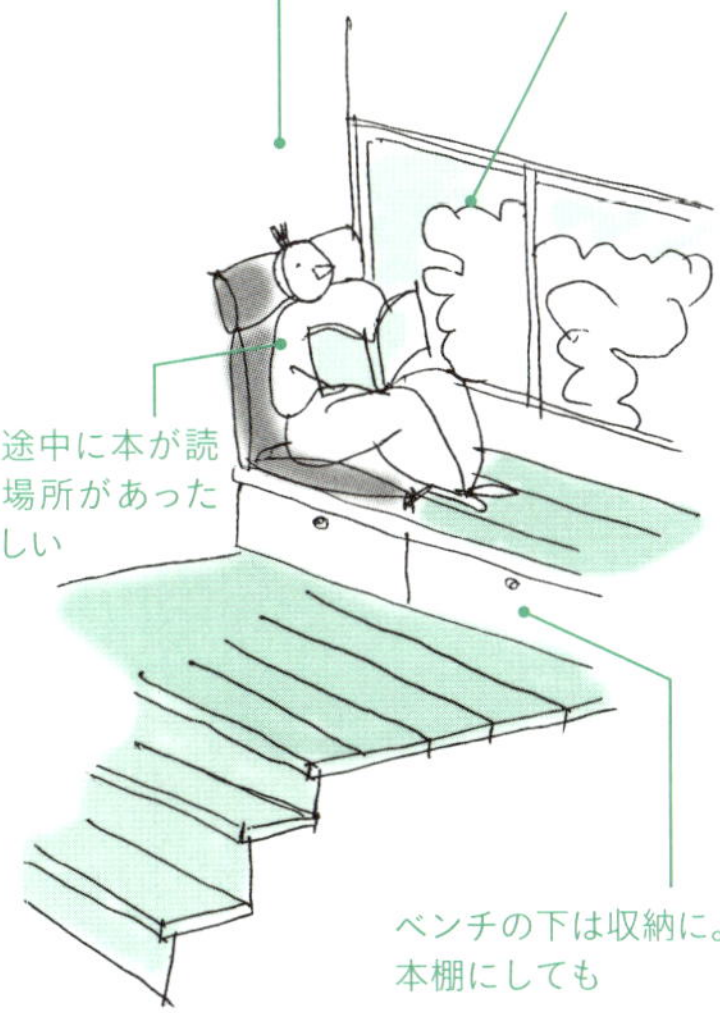

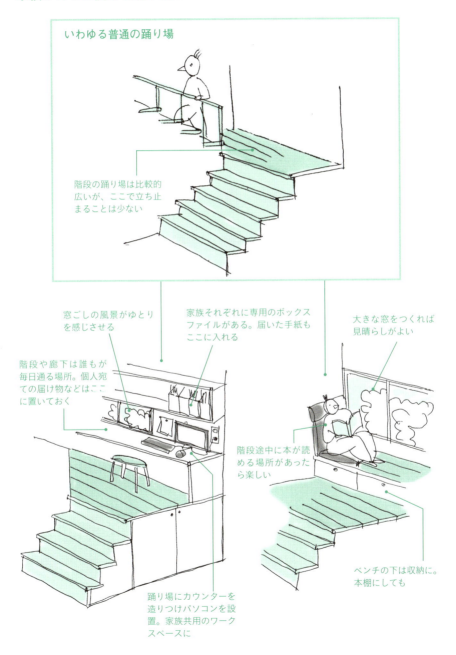

外物置を活用しよう

プレハブ倉庫がすべてを台無しに

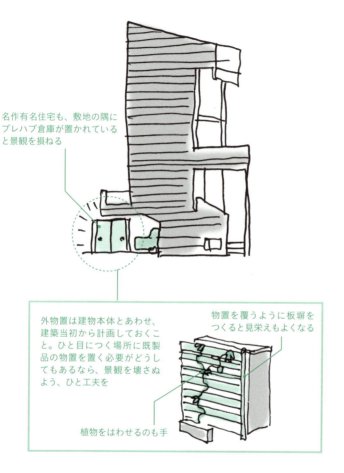

名作有名住宅も、敷地の隅にプレハブ倉庫が置かれていると景観を損ねる

外物置は建物本体とあわせ、建築当初から計画しておくこと。ひと目につく場所に既製品の物置を置く必要がどうしてもあるなら、景観を壊さぬよう、ひと工夫を

物置を覆うように板塀をつくると見栄えもよくなる
植物をはわせるのも手

アウトドアグッズや園芸・車用品など、外で使う物は外での保管が適している。家の中から物を減らし、すっきりした暮らしを実現させるためにも、外物置が必要だ。新築やリフォームの際には外物置も合わせて計画したい。

階段下の空間を外から使うなど、家には意外に隙間があるもの。小さな隙間を探して、外物置をいくつもつくれば、収納量も確保できるのでおすすめだ。「建物」をうまく利用して安易に既製物置を置かぬように。

用途に合わせ、複数の外物置をつくる

玄関先に設ける

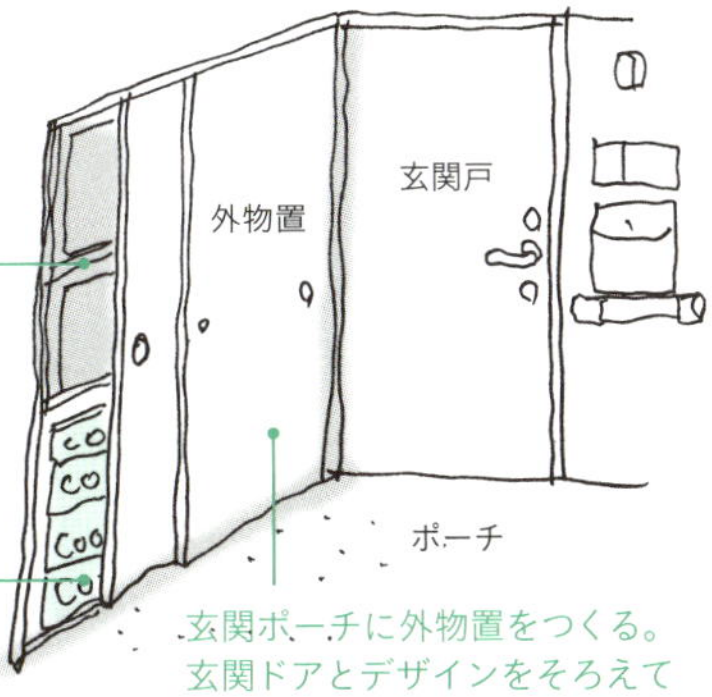
外物置
玄関戸
ポーチ

食品など、定期購入している物は玄関先の物置に配達してもらう

宅配・生協用ボックス

玄関ポーチに外物置をつくる。玄関ドアとデザインをそろえて見栄えよく。アウトドア用品などはここに収納

coop
coop
coop
coop

外物置がないと玄関先が片づかない

庭先にも設ける

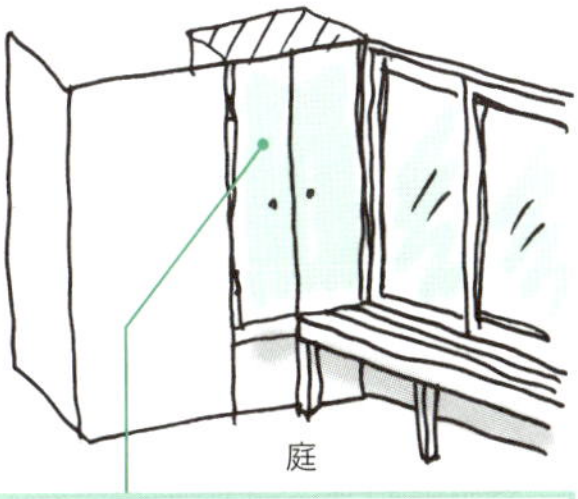
庭

庭用道具などを収納。泥のつく物は家の中に持ち込まない

カーポート近くに設ける

階段下を外から使う

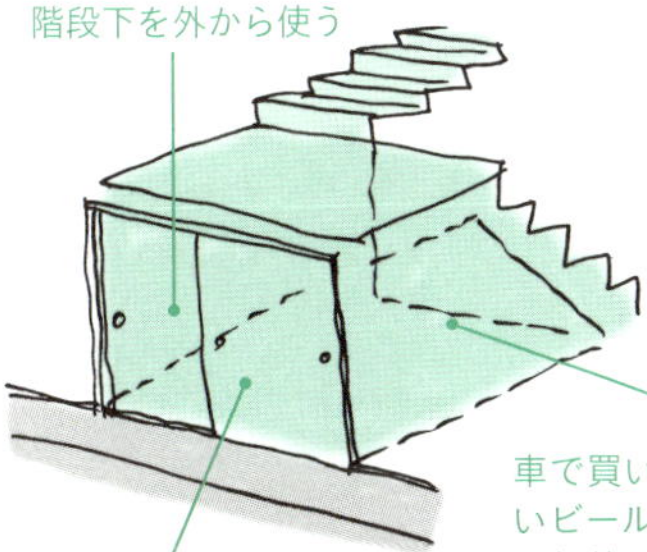

スタッドレスタイヤなどを収納してもよい

車で買いに行った重いビールケースなどを保管しても。屋内側にも扉があるとダイレクトに搬入できて便利

できれば大きな外物置を

正面（ファサード）は物置を見せない

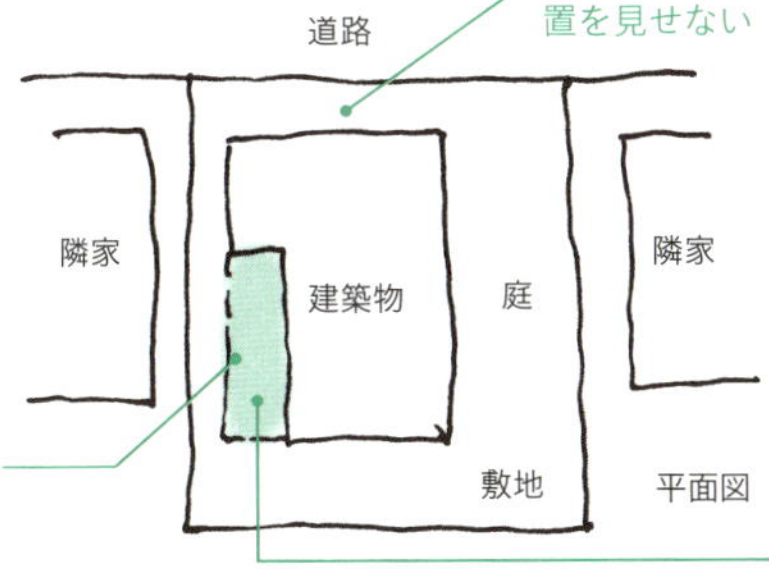
道路
隣家
建築物
庭
隣家
敷地
平面図

建物の凹みを利用して外物置をつくる。ポリカーボネート波板の屋根（下屋）をかけ、裏側は軽く囲う程度にすれば低コストですむ。建築面積には算入すること！

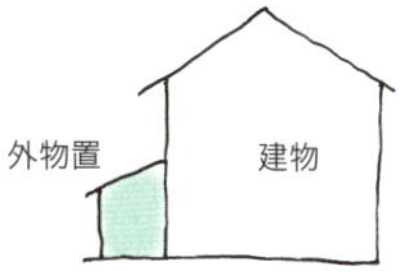
外物置
建物

下屋として建物に寄り添うようにつくる

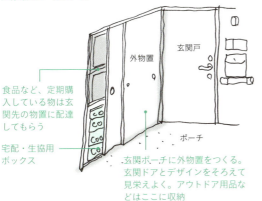

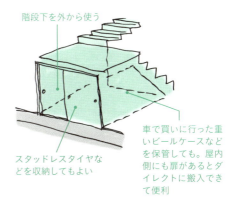

バックヤードがある幸せ

バックヤードに直接通じる裏ルートをつくろう

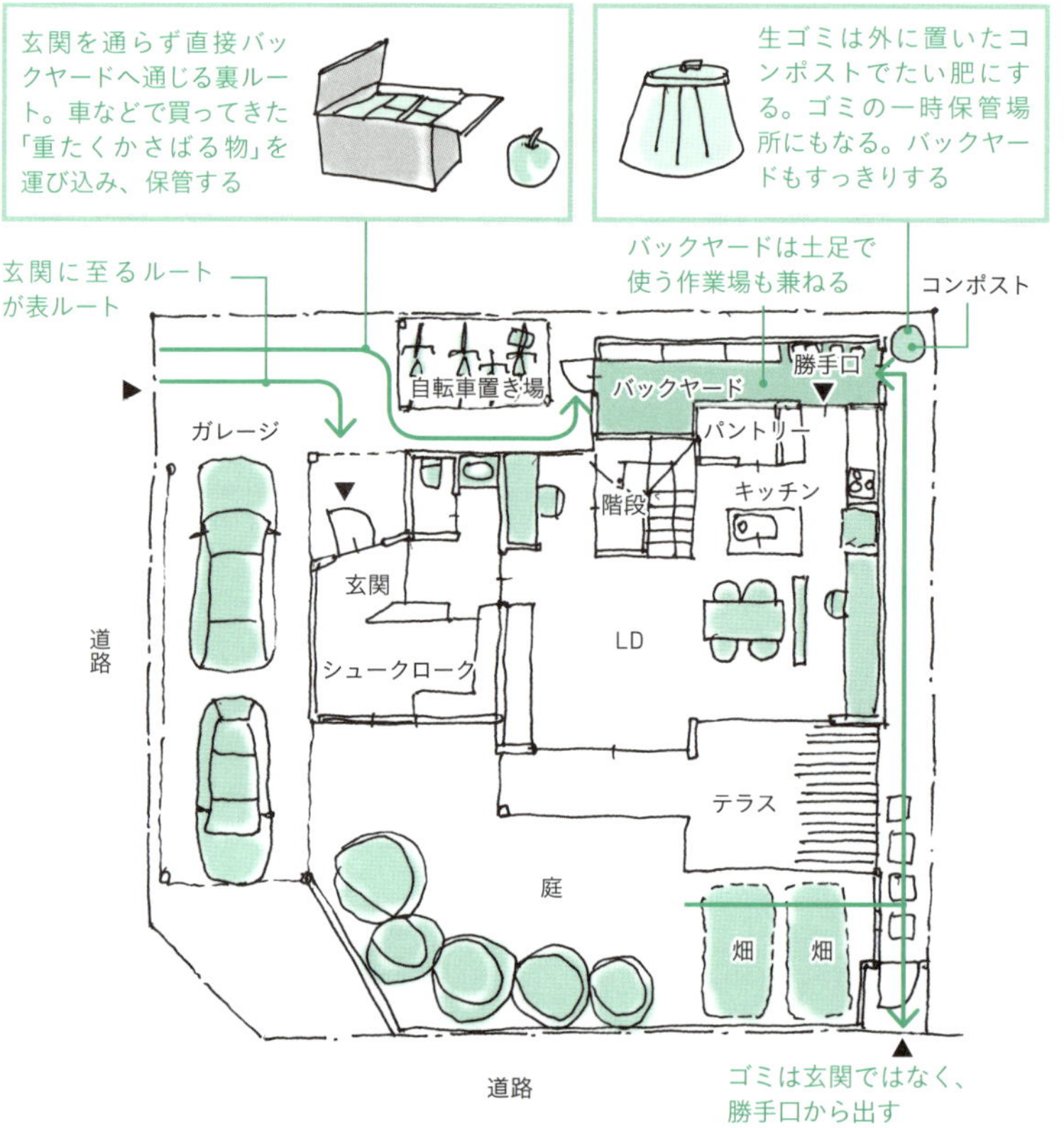

玄関を通らず直接バックヤードへ通じる裏ルート。車などで買ってきた「重たくかさばる物」を運び込み、保管する
生ゴミは外に置いたコンポストでたい肥にする。ゴミの一時保管場所にもなる。バックヤードもすっきりする
玄関に至るルートが表ルート
バックヤードは土足で使う作業場も兼ねる
コンポスト
自転車置き場
バックヤード
勝手口
パントリー
ガレージ
階段
キッチン
玄関
LD
シュークローク
道路
テラス
庭
畑
畑
道路
ゴミは玄関ではなく、勝手口から出す

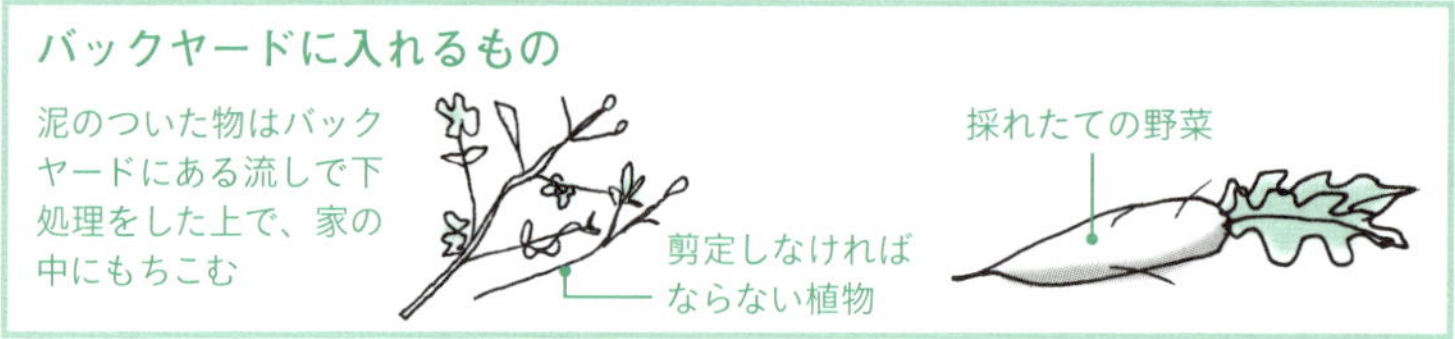

バックヤードに入れるもの
泥のついた物はバックヤードにある流しで下処理をした上で、家の中にもちこむ
剪定しなければならない植物
採れたての野菜

ここでいうバックヤードとは「作業場を兼ねた外物置」のこと。外部から直接出入りすることができ、ドア1枚で台所につながっている。

バックヤードでは泥仕事をしたり、ゴミを仕分けたり、家の中ではやりたくない作業を行う。必要な道具は棚に並び、シンクもあるので、作業もはかどる。

バックヤードは建物の裏手に設置するので、見栄えも気にならない。壁や屋根はポリカーボネートの波板でよく、床は張らず土間か土のまま。安価な材料で簡単につくれるのもよい。

使い勝手のよいお手軽バックヤード

リサイクルごみ分別棚。段ボールはかさむのできちんと置き場所を確保する

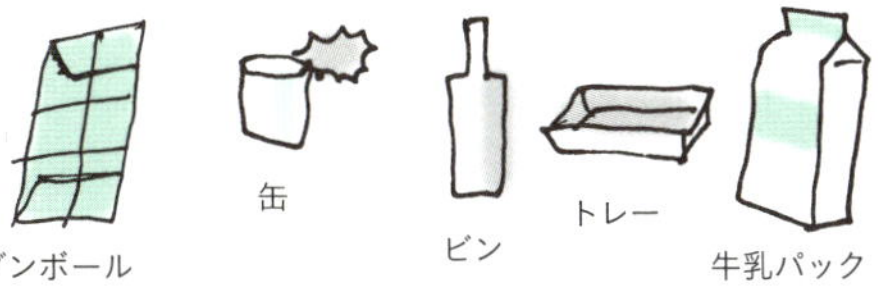

ポリカーボネート波板で壁も屋根も囲む

根菜や食料などの備蓄品を置く棚

泥つき野菜や靴を洗えるステンレスシンク

ゴミ出しがしやすい位置にゴミ箱を置く

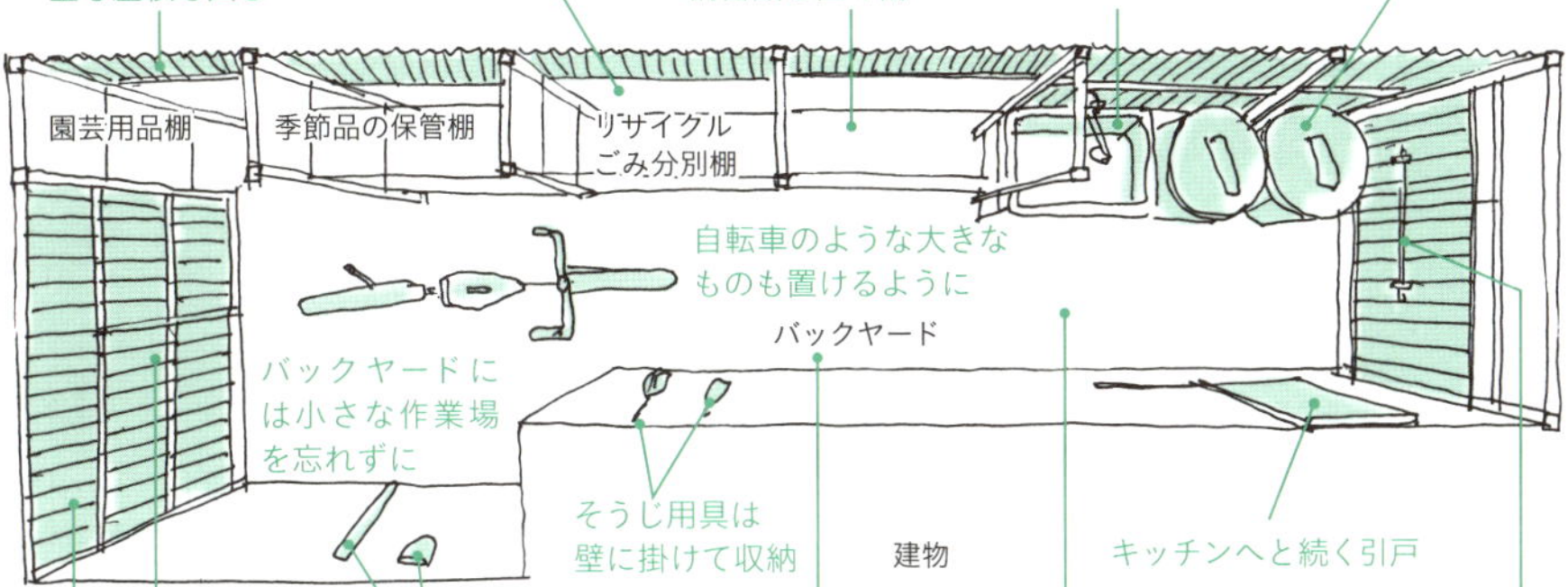

自転車のような大きなものも置けるように

バックヤードには小さな作業場を忘れずに

そうじ用具は壁に掛けて収納

キッチンへと続く引戸

親子扉はかんぬきで施錠する

親子扉は2枚ともあけられれば大きな物も出し入れしやすい

住宅建物の設備配管をメンテナンスがしやすいよう露出させている

床はモルタル金こて塗（土間床）

＊柱と屋根で囲われた空間は建ぺい率、容積率に導入されるので注意
＊22条地域ほか防火措置が必要な場所は仕上げも必要

扉も簡単につくる。無垢の板を並べ横つなぎ板を打ちつけるだけ。DIYで十分可能な範囲

屋根は雨が入らなければ十分

野菜など上からぶら下げても

外物置はざっくりとつくったほうが気軽に使える

屋根や壁には透光性のある材料を使うと昼間は照明いらずに

断面図

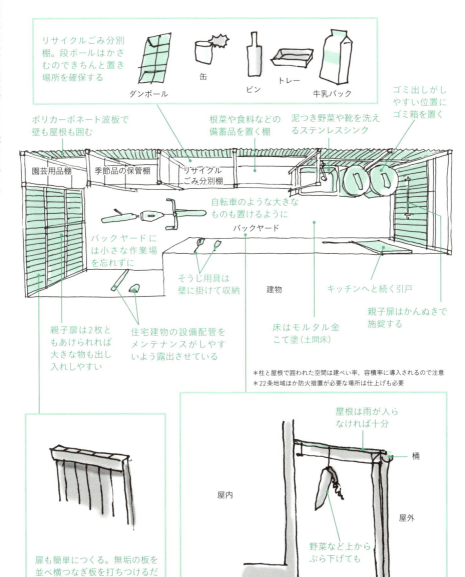

大好きな車をしまう

カーポートにするか、ガレージにするか

カーポート（屋根）はお手軽

屋外でもカーポートがあれば雨の日や荷物の積み降ろしに便利。霜対策にも有効なので、車が汚れにくい。ただし住宅との調和を考えて
防犯対策として出入口にカーゲートを設けても

ガレージ（車庫）は建物に

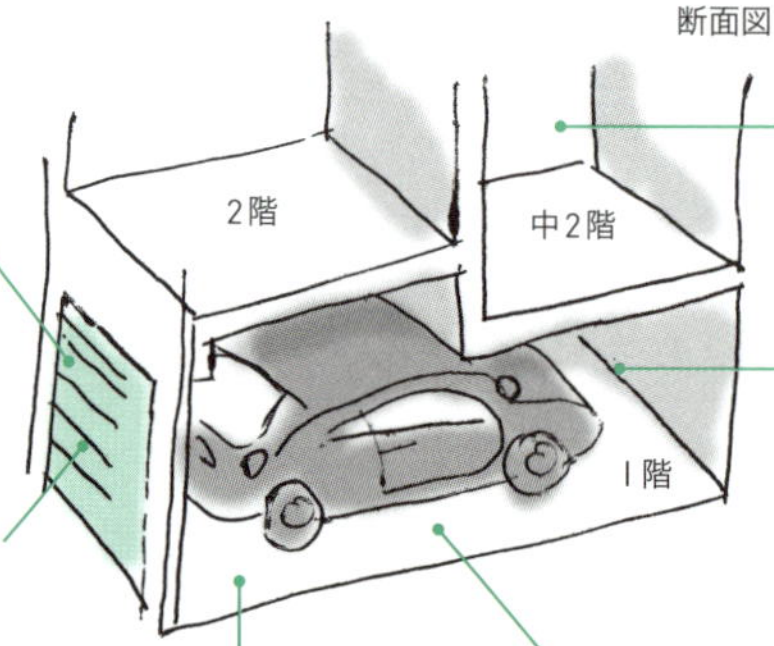
断面図
2階
中2階
1階
天井の高い部屋を上階につくることができる
ガレージの先端に高さは不要。室内空間に譲っても
一般的な巻き上げ式シャッターを取り付けるならガレージの天井高は車高＋50cmほど
シャッターは防犯面で有利
ガレージは塗装劣化の原因ともなる直射日光を防ぐことができる。建物に組み込んだビルトインガレージは車好きにはあこがれの駐車スペースだ
ガレージの奥行きは車サイズ＋前後20cmほど（運転技術にもよる）

車が大好きという男性は少なくない。乗るだけでなく、眺めたり、メンテナンスや整備をしたりと楽しみ方は幅広い。

そんな人にとって、駐車スペースをどうつくるかは一大事。屋外にカーポート（屋根）をつくるだけでは物足らず、ガレージ（車庫）という独立した空間を望むことが多い。とはいえ、敷地は無限にない。建物にガレージをビルトインするあこがれの方法も、居住部分の空間と上手くシェアすることで充実したガレージをつくれる。

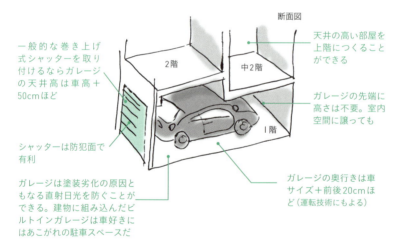

ガレージをうまく使う

愛車を身近に感じられる空間

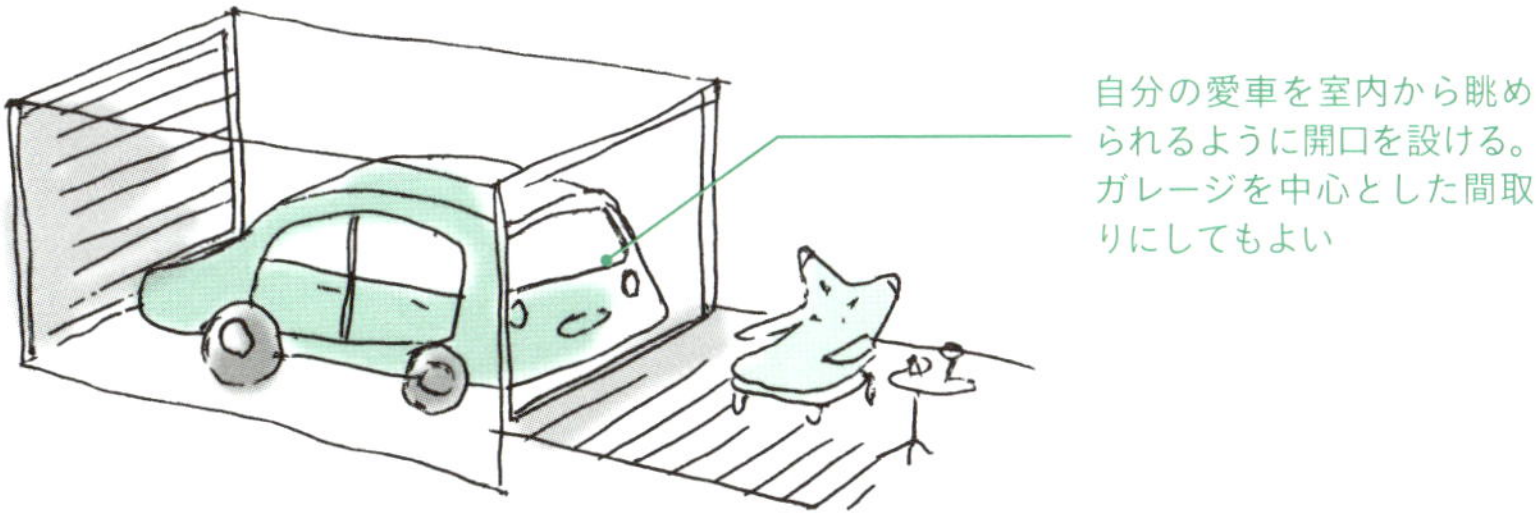
自分の愛車を室内から眺められるように開口を設ける。ガレージを中心とした間取りにしてもよい

ガレージが趣味の空間

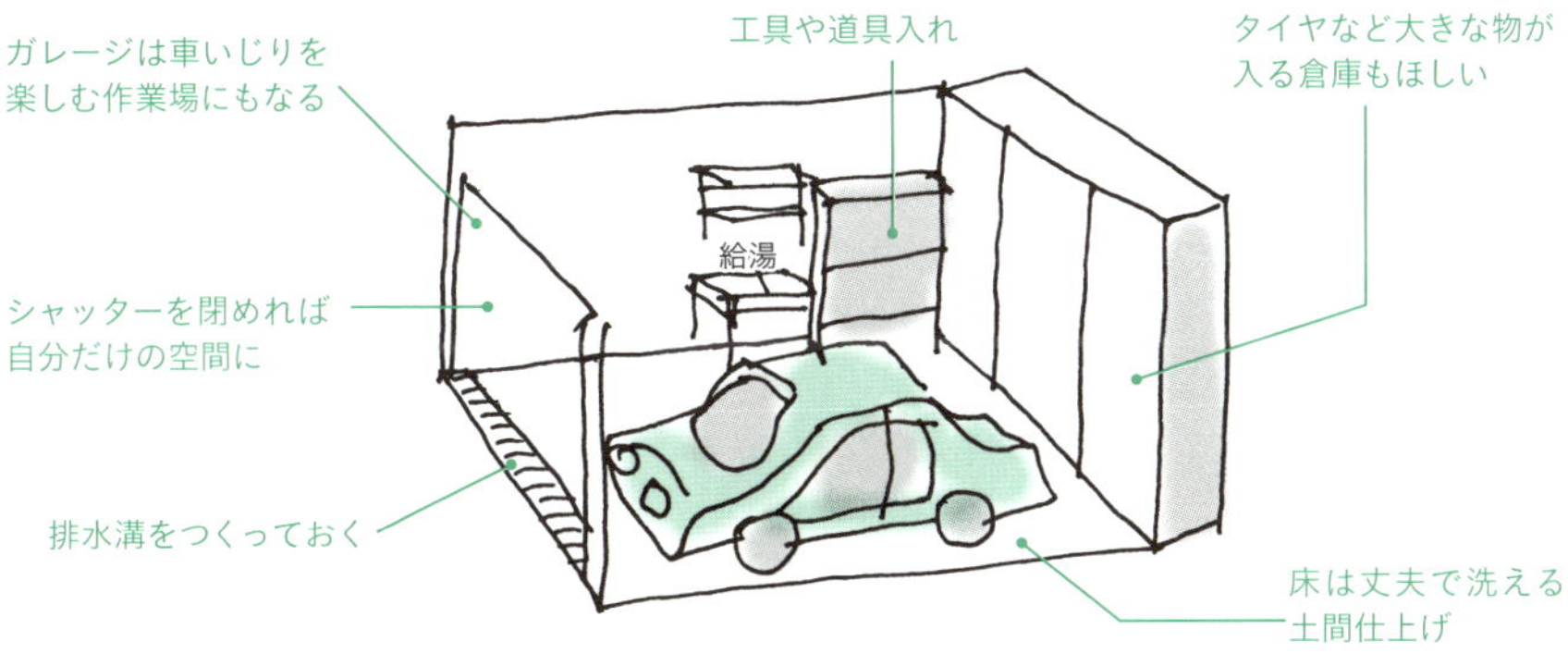
ガレージは車いじりを楽しむ作業場にもなる
工具や道具入れ
タイヤなど大きな物が入る倉庫もほしい
給湯
シャッターを閉めれば自分だけの空間に
排水溝をつくっておく
床は丈夫で洗える土間仕上げ

天井部分の隙間を使って

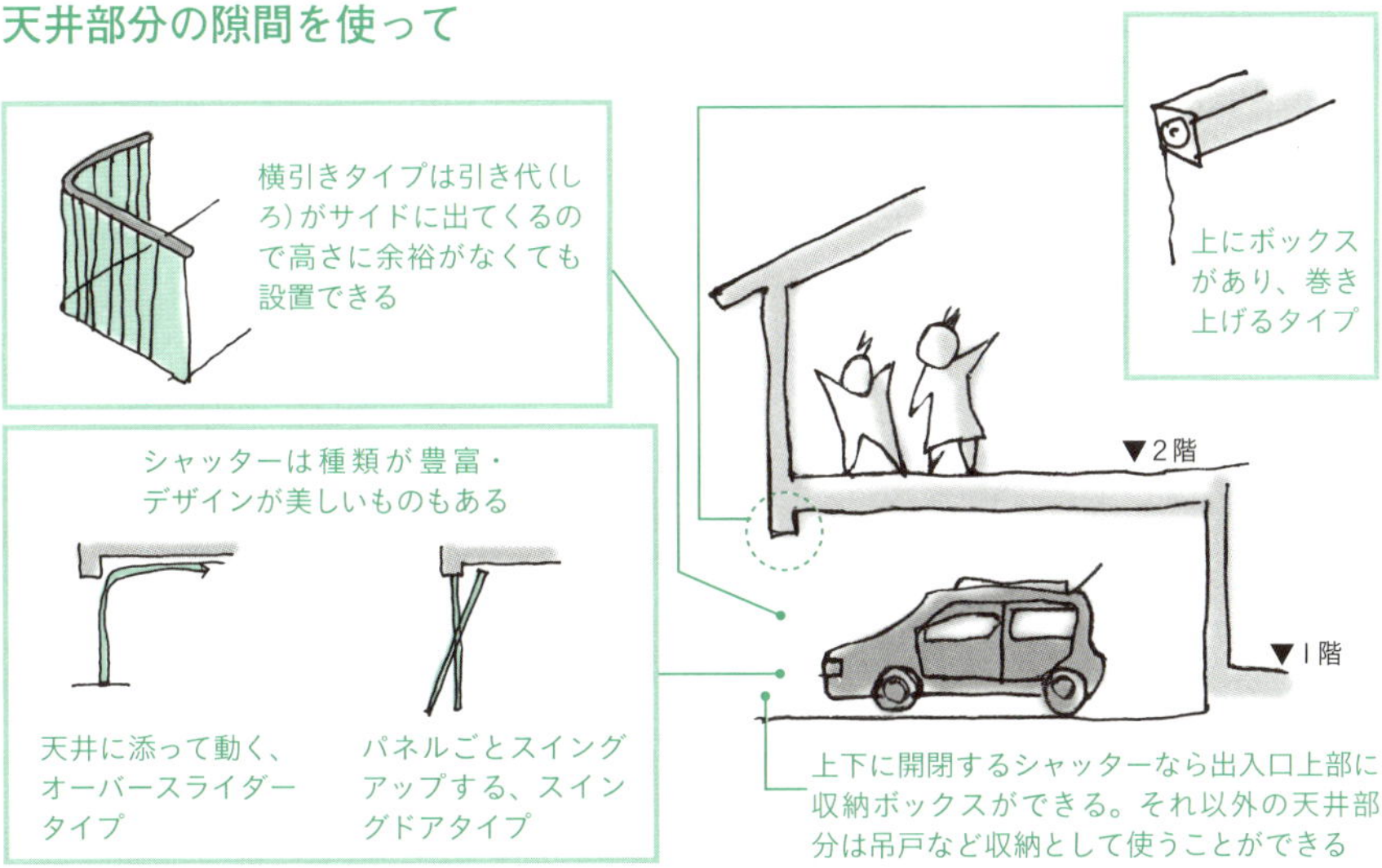
横引きタイプは引き代(しろ)がサイドに出てくるので高さに余裕がなくても設置できる
上にボックスがあり、巻き上げるタイプ
シャッターは種類が豊富・デザインが美しいものもある
▼2階
▼1階
天井に添って動く、オーバースライダータイプ
パネルごとスイングアップする、スイングドアタイプ
上下に開閉するシャッターなら出入口上部に収納ボックスができる。それ以外の天井部分は吊戸など収納として使うことができる

置き場のない自転車をなくせ

行き場のない自転車が環境を乱す

雨よけのカバーは乗るときの取り外しが面倒な上、カバーの置き場にも困る。また風でふくらんだり飛ばされたりとあまりいいことがない
置き場所が定まらない自転車は勝手気まま。道路にまではみ出すのは通行の邪魔になり絶対にNG
家のまわりに散在している自転車は家人のだらしなさの現れ

家の前に自転車が置きっぱなしだと、周りの家にくらべてひときわだらしなく見える

車と違い、ひと家族が所有する自転車の数は多い。駐輪スペースがなければ、家の周りに乱雑に置かれ、家の中がいくら片づいていても、「だらしない家」という印象がぬぐえない。

駐輪スペースがあっても、出し入れしやすくないと使いにくい。アプローチの途中で、雨が掛からない場所につくるのが最適だ。転倒しないようにラックなどがあるとよいだろう。

ただし、駐車場ほどつくりこむことはない。家族が成長にするに連れ、必要な自転車の数や大きさも変わるからだ。

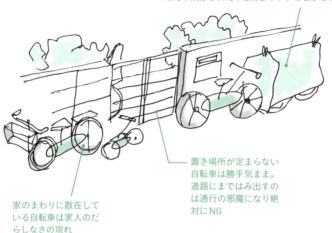

自転車のストレージは3つに大別できる

スタンドやラックを使う

タワー型のスタンドは、自転車を吊り下げたり、水平に上下2台収納したりと種類が豊富

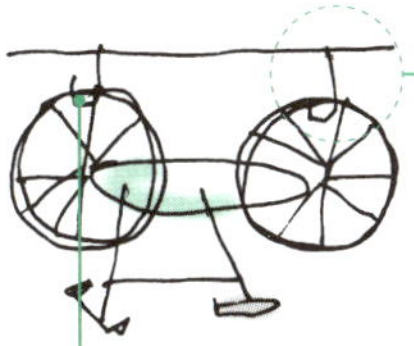

天井や壁にラックやフックを取りつけて自転車を掛ける。高価な自転車など室内での保管にも向く

バルコニーなどの下など屋根が掛かっている部分に取りつければ、自転車に直接雨が当たりにくい

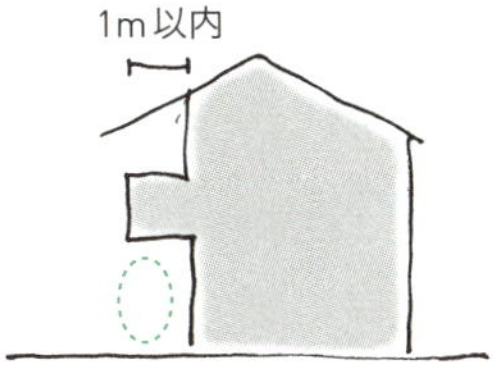

＊建ぺい率に入るので出は1m以内

既製品を使う

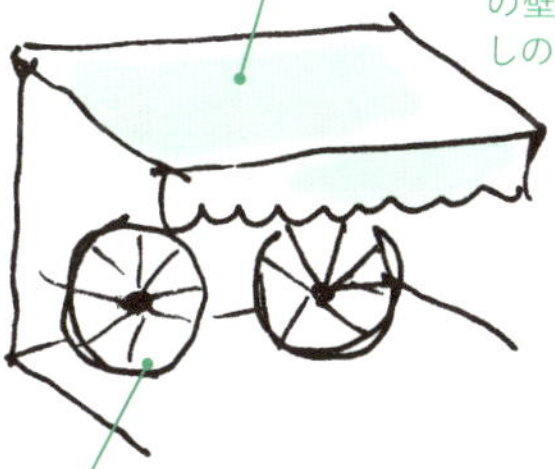

オーニングなどを建物の壁に取りつけて雨をしのいでも

自転車はラックやスタンドがあると転倒しない

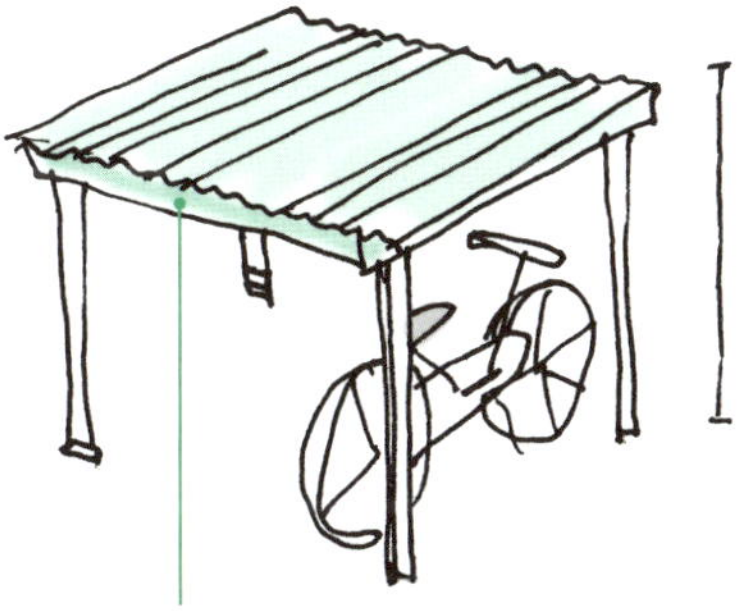

サイクルポート（屋根つき）は建築基準法上の建ぺい率や容積率に影響が出ることも。また地域によっては屋根に不燃性の素材が必要になる（同法22条）

ガレージの一部を使う

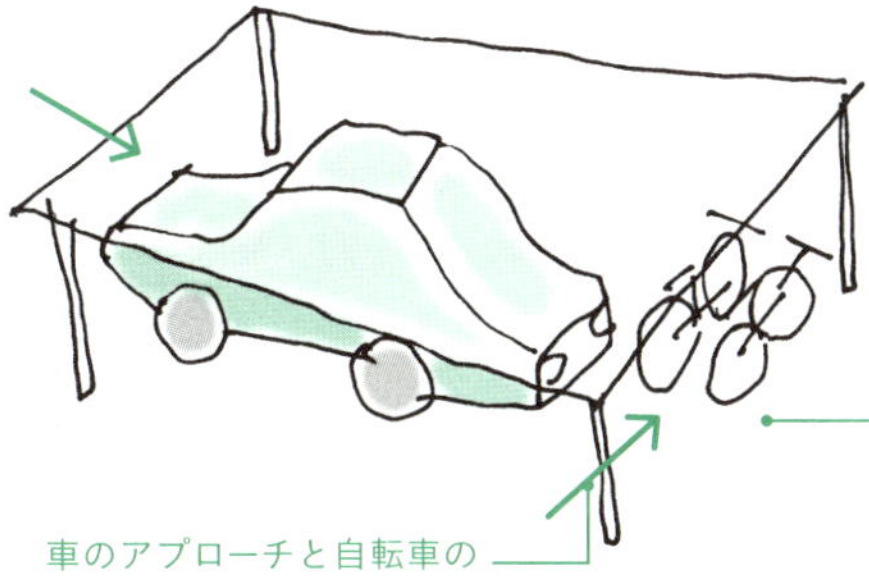

車のアプローチと自転車のアプローチを分ける

アプローチを分けないと、安全上に問題がある上、子供の自転車で大事な車が傷だらけになる可能性も

COLUMN 3

カーテンという収納

あるお宅に行ったら、カーテンにポケットがついていた。数十年前にどの家でも見かけた、電話の前にぶら下がっているポケットつきのタペストリーとは違う。全体的によくデザインされていて、入れる物も吟味されているのか、うまく調和している。

ファブリックを利用した収納はもっとあってもよいのかもしれない。洗えるし、大きさも自由だし、色や柄などの選択も豊富で、自分で簡単につくることができる。取り入れ方次第では、家の中が楽しくなりそうだ。

ポケットのついたカーテン

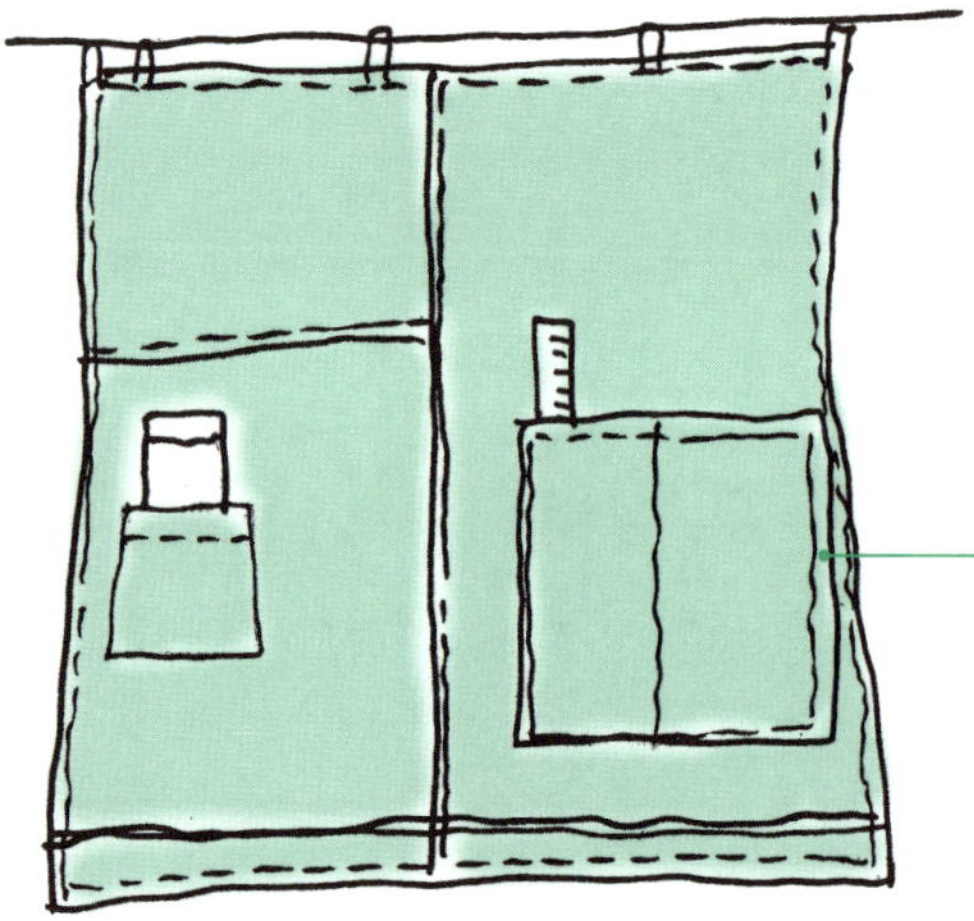

布なら自分の好きなように収納をつくれる。カーテン収納は窓はもちろん、壁に掛けてもよい。

たぶん発想はエプロンからじゃないかな？

4章

キッチン次第で料理がもっと好きになる

ライフスタイルがキッチンを決める

キッチンの形状別の○と×

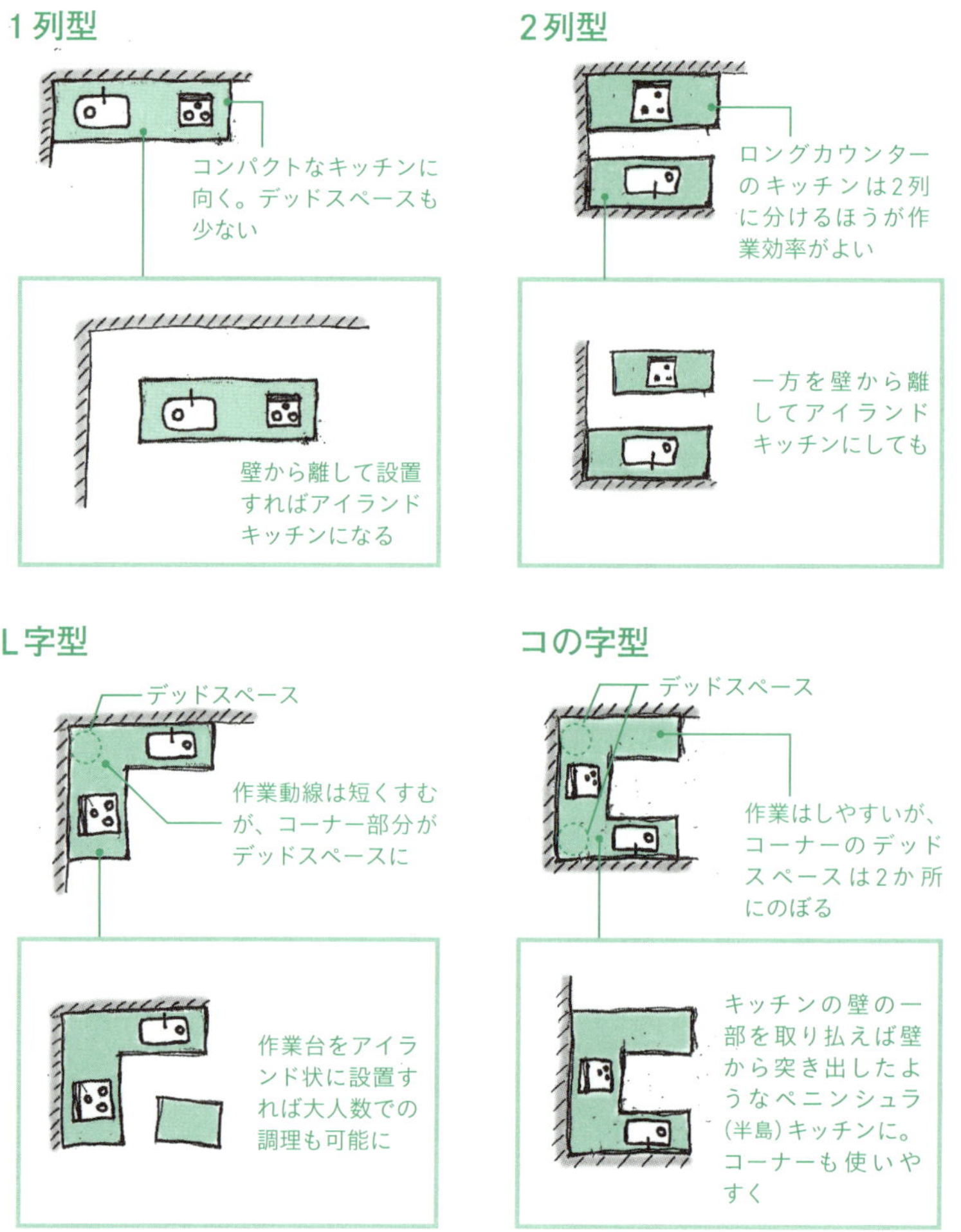
1列型
コンパクトなキッチンに向く。デッドスペースも少ない
壁から離して設置すればアイランドキッチンになる
2列型
ロングカウンターのキッチンは2列に分けるほうが作業効率がよい
一方を壁から離してアイランドキッチンにしても
L字型
デッドスペース
作業動線は短くすむが、コーナー部分がデッドスペースに
作業台をアイランド状に設置すれば大人数での調理も可能に
コの字型
デッドスペース
作業はしやすいが、コーナーのデッドスペースは2か所にのぼる
キッチンの壁の一部を取り払えば壁から突き出したようなペニンシュラ(半島)キッチンに。コーナーも使いやすく

料理は家事のひとつだが、家族や友人とのコミュニケーションツールにもなる。料理が趣味という人もいるだろう。

使いやすいキッチンをつくるには、まず自分の暮らしの中で料理がどんな役割を果たしているのかを考えることから始める。ダイニングとの関係の強いオープンキッチンにするのか、独立性の高いクローズドキッチンにするのか、自分のライフスタイルがその答えを知っている。1列型、コの字型といったキッチン本体の形状もそこからおのずと導かれるのでは？

使いやすいキッチンサイズ

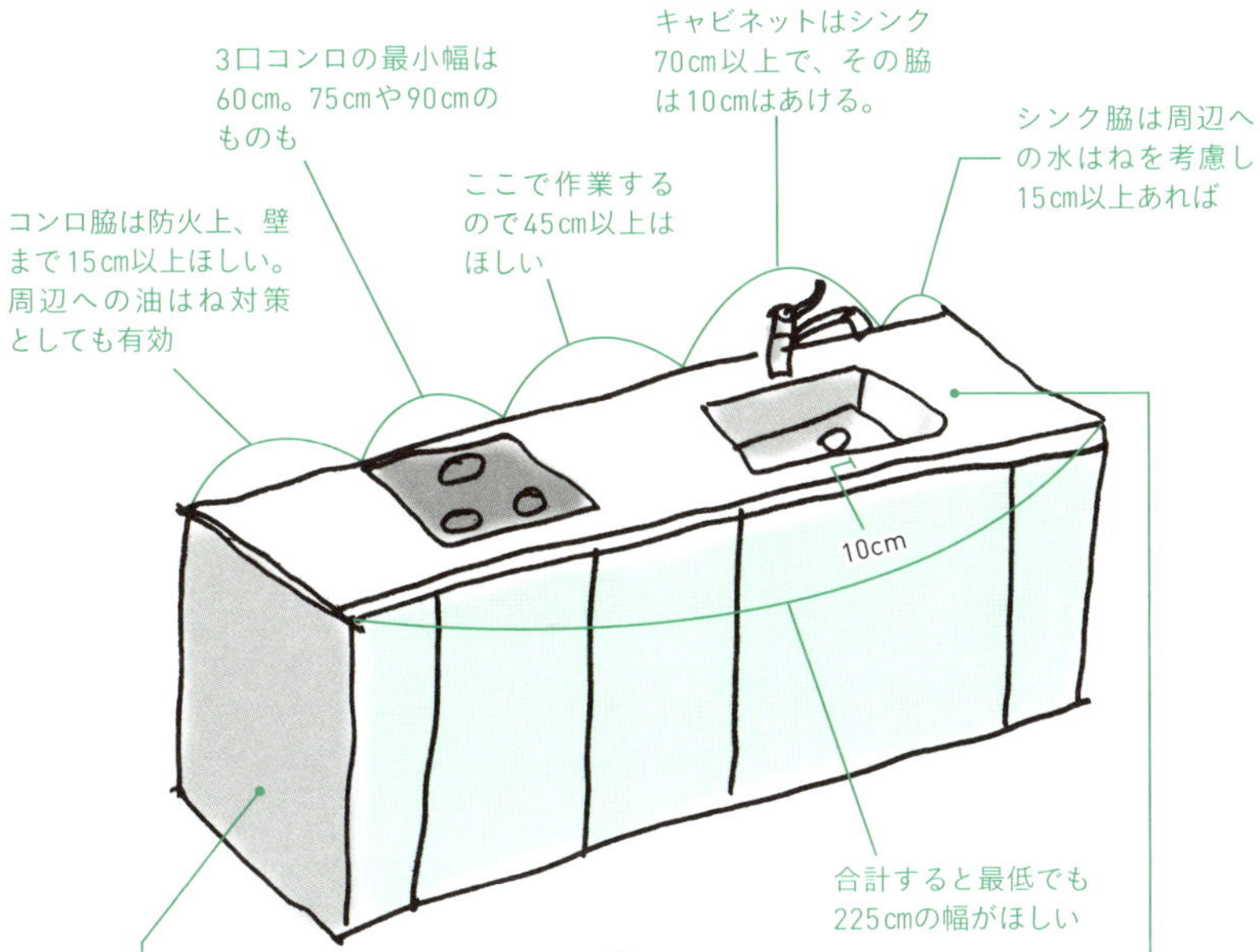
3口コンロの最小幅は60cm。75cmや90cmのものも
キャビネットはシンク70cm以上で、その脇は10cmはあける。
シンク脇は周辺への水はねを考慮し15cm以上あれば
ここで作業するので45cm以上はほしい
コンロ脇は防火上、壁まで15cm以上ほしい。周辺への油はね対策としても有効
10cm
合計すると最低でも225cmの幅がほしい

キッチンの奥行

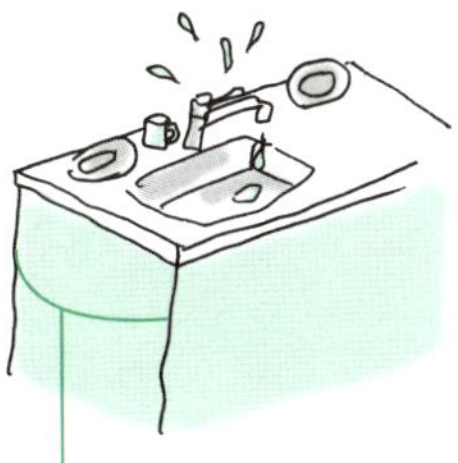

奥行は最低60cm。シンクやコンロつきのアイランド部分の場合は75〜90cmがベスト。水はね・油はね対策としてだけでなく、皿を並べるスペースとしても使える

キッチンとキッチンの間

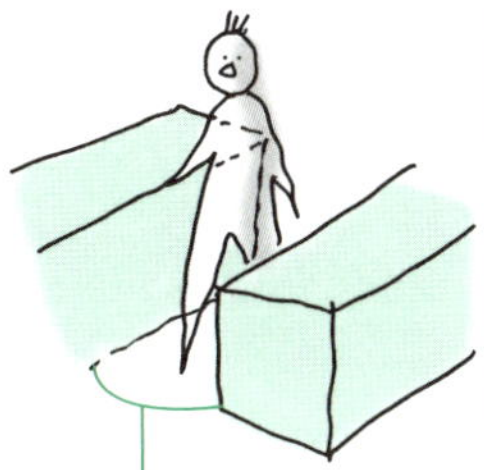

2列型やコの字型キッチンの通路部分の幅は80cmほど。2人で作業することを考えると90cm以上はほしい

キッチンの高さ

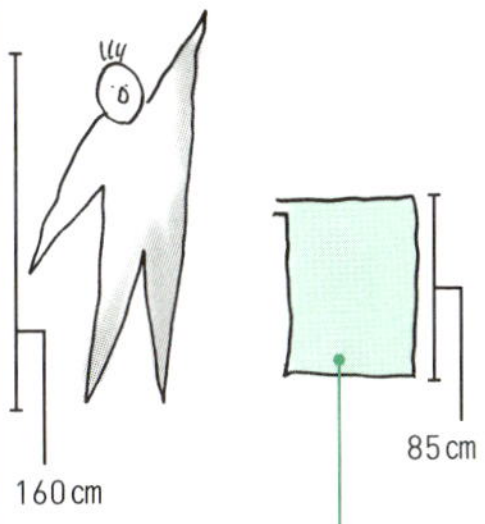
160cm
85cm

キッチンの高さは「身長÷2＋5cm」が目安。身長が160cmなら高さ85cmのキッチンが使いやすい

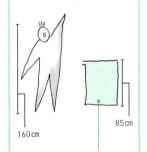

アイランドキッチンがほしい

アイランドキッチンにもいろいろある

シンクとコンロ一体型アイランド

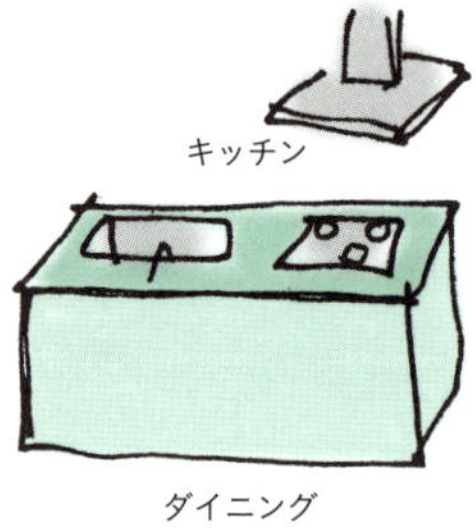

キッチンは見られる物として、常に美しく保たなければならない

コンロがアイランド

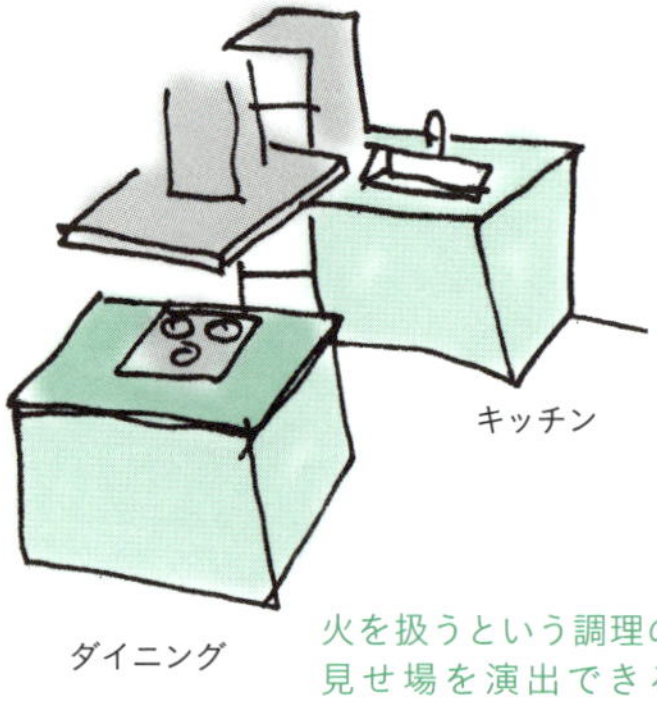

火を扱うという調理の見せ場を演出できるが、油はねには注意

シンクがアイランド

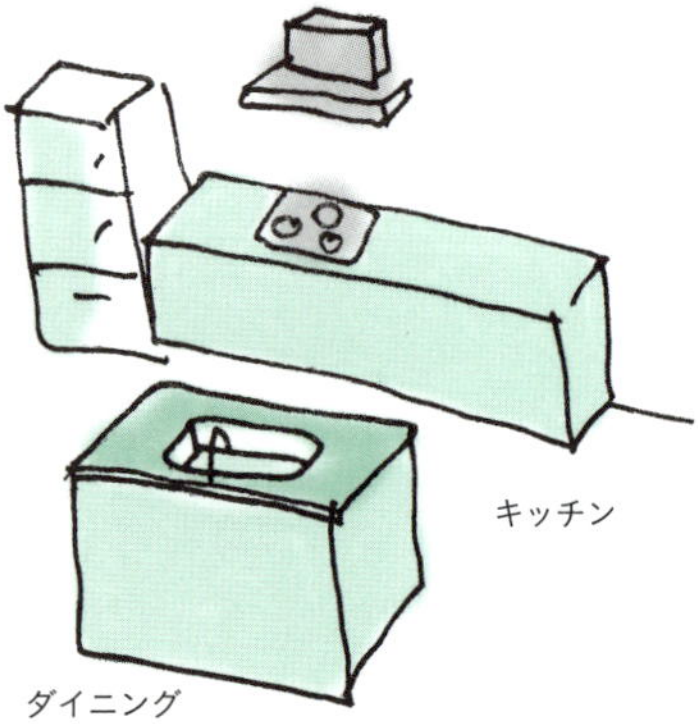

レンジフードが壁つけなので採用しやすい。食べた後も片づけができるうえ、何人も同時に作業できる

作業台がアイランド

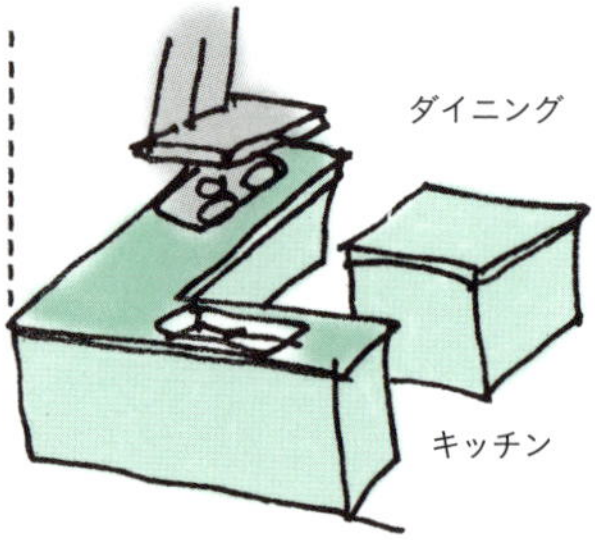

既存のキッチンも簡単にアイランド化できる方法だが、スペースが必要になる

アイランドキッチンとは壁から離して島（アイランド）状に配置したもの。半島（ペニンシュラ）状に配置したものをペニンシュラキッチンということもある。

キッチンそのものの形は1列型だったり、2列型だったり特別なものではないが、壁から切り離されたことで数人が同時に作業できるようになった。キッチン廻りに行き止まりがないので、動線もスムーズ。ただし、切り離された部分は、人目につく。「どう見せるか」「どう見えるか」が重要になるキッチンである。

アイランド部分のココに注意

シンク

アイランド部分の上部は、ダイニングとのつながりや見栄えを考え、吊戸をつけないと気持ちのよい空間に

水はねするので奥行は75cm以上ほしい

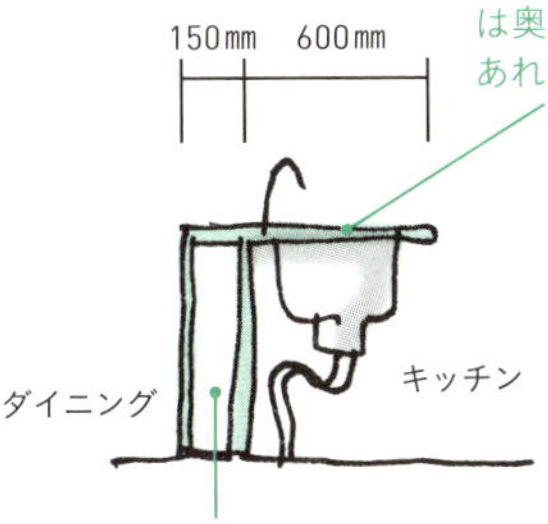

一般的にシンクは奥行きが60cmあれば納まる

ダイニング側から使える深さのある収納をつくる

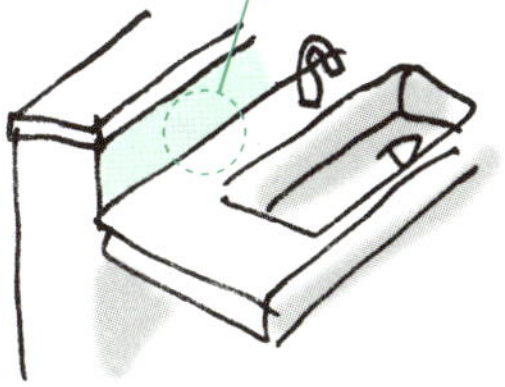

手元を立ち上げると、物は隠せるが水がたまって不衛生になりやすい

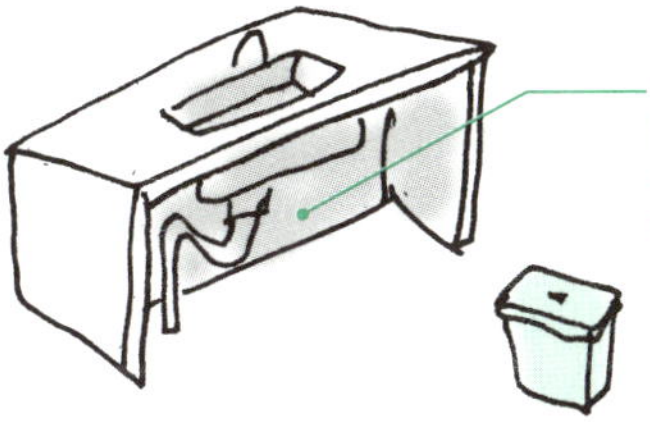

シンク下はダイニング側から見えないのでオープンにしてゴミ箱を置くと便利

コンロ

上にはフードが必要

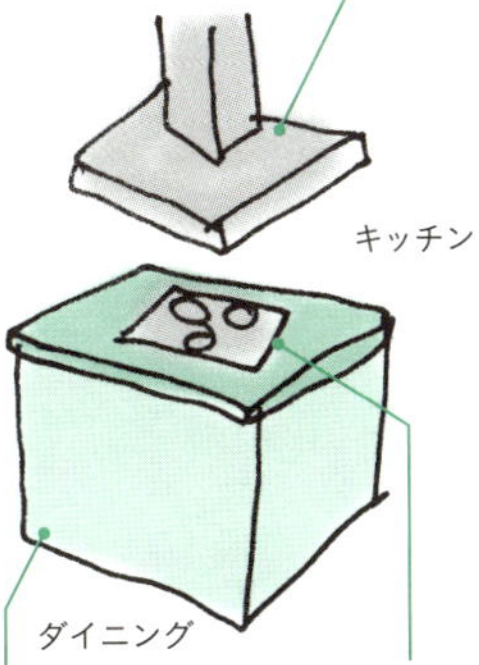

油のはねを考えると左右15cmずつ、奥にも15cmほどほしい

コンロつきのアイランドは油が床まではねないよう、幅90cm奥行きを75cm以上にする

フードの回りにレードルやフライパンをかけても

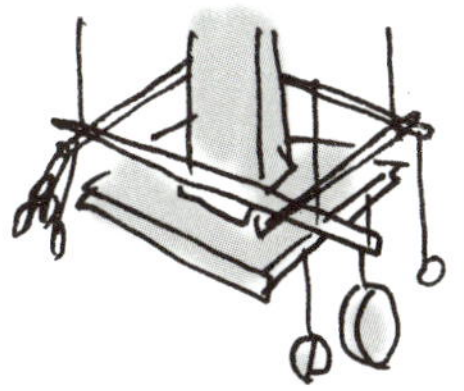

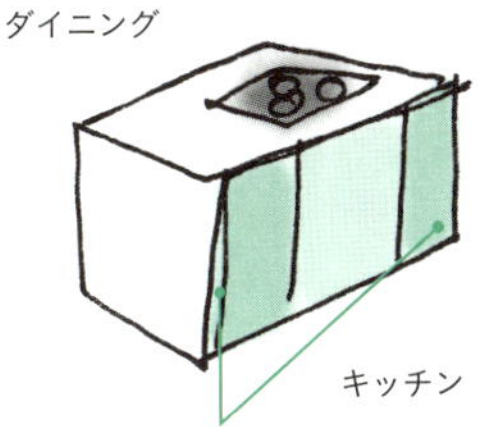

コンロの左右にスパイスや調味料入れをつくると便利

作業台

使いやすいし、ダイニングからの見栄えもよい。ただし、作業台に物を置きっぱなしにしない

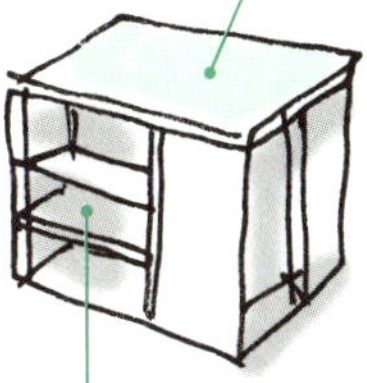

オープン棚は、物の入れ方によっては乱雑に見える。ダイニング側から見える棚には扉をつけるか、カゴなどを使って美しく見せる工夫がほしい

シンク下はオープンに

キッチンのつきあたりのステキではない風景

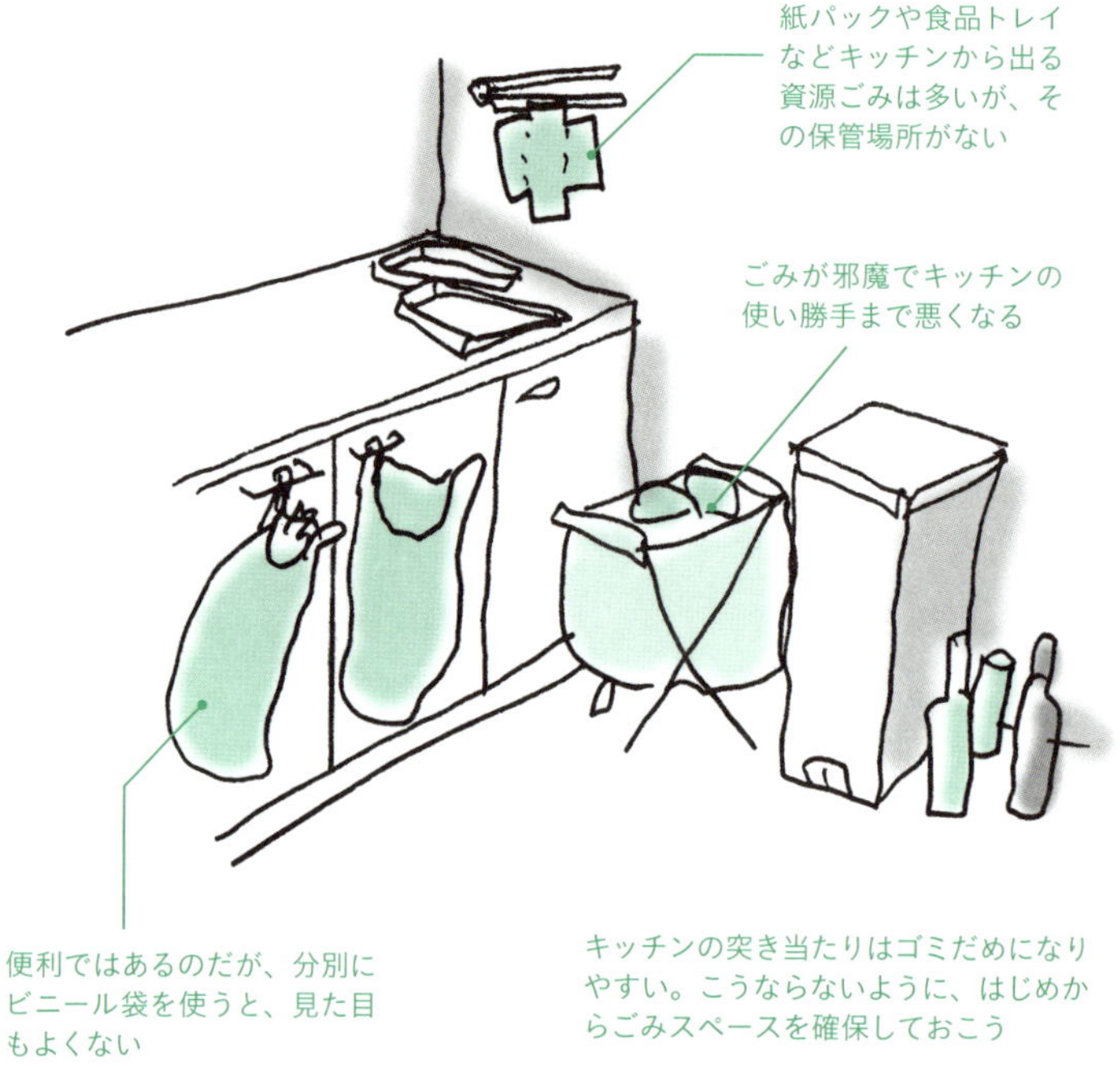
紙パックや食品トレイなどキッチンから出る資源ごみは多いが、その保管場所がない
ごみが邪魔でキッチンの使い勝手まで悪くなる
便利ではあるのだが、分別にビニール袋を使うと、見た目もよくない
キッチンの突き当たりはゴミだめになりやすい。こうならないように、はじめからごみスペースを確保しておこう

食品や食器、調理器具・家電など多くの物であふれるキッチンには収納が不可欠。ところが毎日の料理で必ず出る「ごみ」の置き場所はあまり考えられていないようだ。分別が必要なので、ごみ箱一つ置けばいいというものでもない。

おすすめはシンク下。引出しや扉をつけるのはやめ、ごみ箱を並べるのだ。邪魔にならないし、においもこもらない。もちろん、回収日まで衛生的に保管するには、生ごみを水切りするなど「捨てる前のひと手間」が欠かせない。コンポストなどを使うのも手である。

キッチン廻りでスマートにごみ保管

シンク下のオープン空間に置く

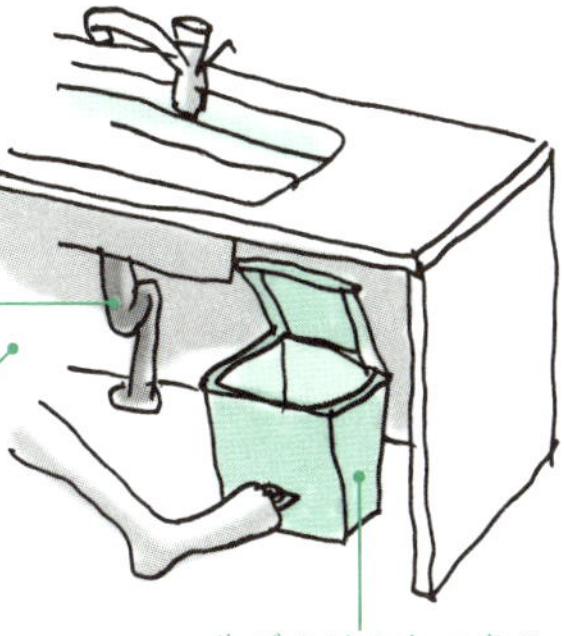

オープンになっているので排水管に異変があってもすぐ気づける

生ごみはふたつきのごみ箱に入れる

見た目のよいかごなどを置いてペットボトル、ビン、缶、トレーなどの資源ゴミを入れる

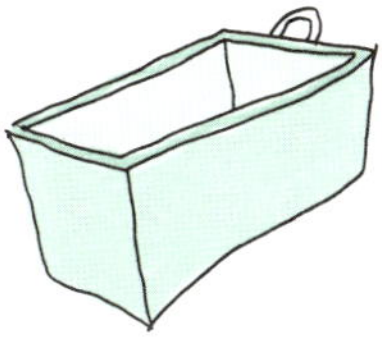

開き扉の奥に収納

不燃ごみや資源ごみなど、においのないものは扉つきの収納にしまいこんでもOK

不衛生の原因　生ごみを減らす

生ごみの堆肥化

庭があればコンポストを置き、生ごみを発酵させ肥料に（補助金制度あり）

発酵期間を考えると2つあるとよい

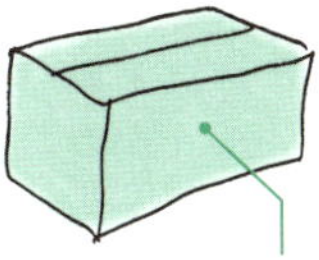

ダンボールで生ごみを堆肥化する方法もある（腐葉土など微生物を含む物＋米ぬかなどの発酵促進剤を使用）

電動生ごみ処理機に生ごみをこまかく切って入れ、乾燥。土と混ぜて寝かせると堆肥になる

生ごみの減量化

オーブンを使うときに隅で野菜くずなどもあわせて焼いて、ごみを減量化しても。スモーキーな効果が出て料理にも活きる。夏に生ごみの臭いが気になる人は冷凍して一時保存するという手もある

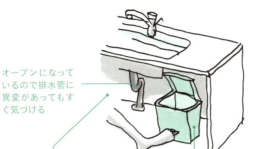

変化するステンレス製キッチン

気分が変わったらキッチンも変えられる自由

オープンカウンター+ワゴン

一般的なキッチンカウンターの下は引き出しや開き戸のついた収納スペース。収納力は高いが可変性に欠ける

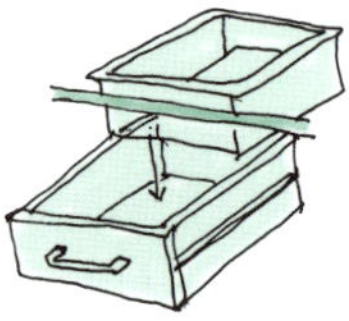

引き出しはステンレス製がおすすめ。抜いて丸洗いできる

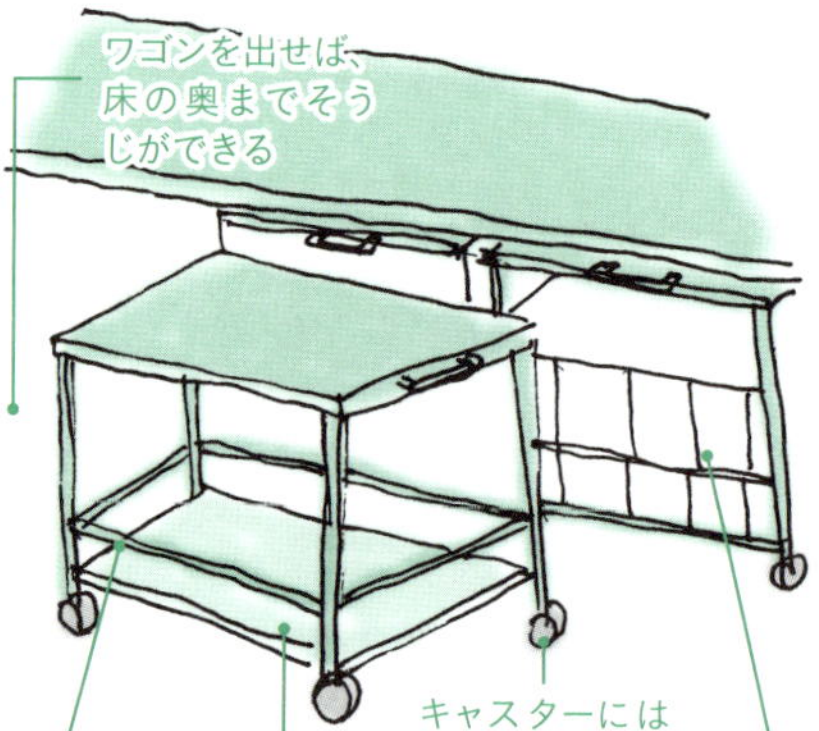
ワゴンを出せば、床の奥までそうじができる

ステンレス製なら、耐久性もありそうじもしやすいだけでなく、素材自体が美しい

カウンター下にはいくつかキャスターつきのワゴンをセット。引き出せば作業台にもなるし配膳ワゴンとしても使える

キャスターにはロック機能があるとよい

ワゴンにワイヤーバスケットをセットすれば収納にもなる

アイランドテーブル

テーブルとしても使えるキャスターつきのアイランド作業台はステンレス製

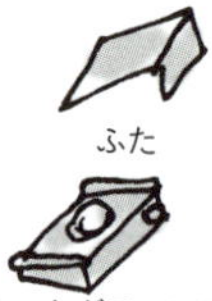
ふた
カセットガスコンロ

作業台の一部はガスコンロをセットできる仕掛け。使わないときはふたしておく

キッチンでは「洗う」「切る」「火を通す」「盛りつける」「片づける」といったさまざまな行為が毎日行われている。そのため、丈夫でそうじしやすい※ことが何より重要だ。その点、ステンレスでキッチンをつくるということは理に適っている。レストランの厨房を見れば一目瞭然だ。

　ただし、オールステンレスのキッチンは値段が高い。そこでカウンター下の収納をやめ、必要分だけステンレス製のワゴンを入れることにした例。将来的につくり込む楽しみを残したキッチンはその可変性がいい。

※：ステンレスの仕上げもヘアライン鏡面、バッフルエンボスなどさまざまあり、水あかの処理はことなる

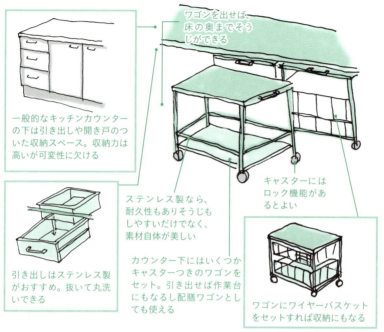

パイプ棚も立派な収納

自由に使えるステンレスパイプ

実用的な使い方

業務用のパイプ棚や家庭用のパイプ棚などいろいろなデザイン、種類がある

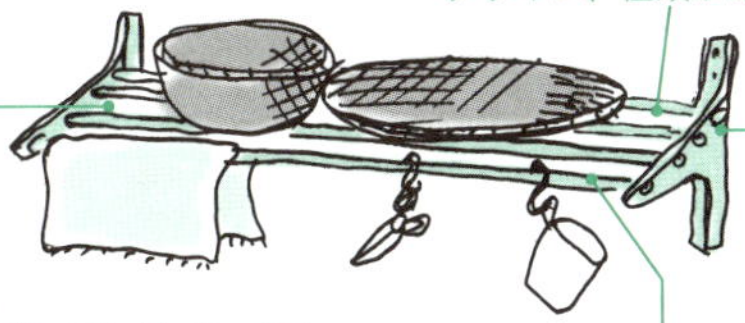

パイプ棚は載せたり、干したり、掛けたり実用的な使い方ができる

パイプ棚は幅・奥行き・寸法ともオーダー可能な製品が多い

上から吊ることも

それを2段にすることも

ちょっとした飾り棚

デザインの美しい瓶などを並べれば飾り棚としても使える

隠して使う

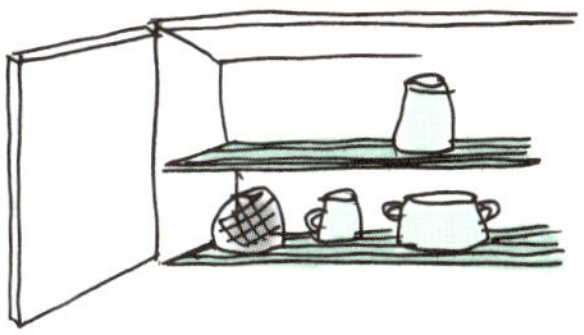

吊戸棚の中に入れれば水切り棚としても使える

防犯柵にもなる

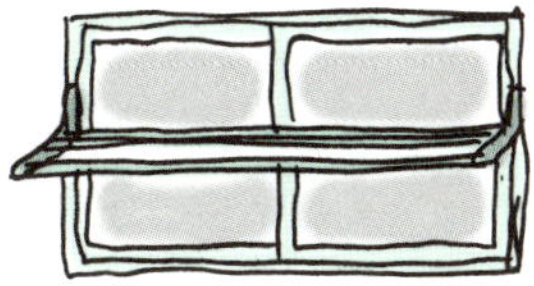

窓の前に取りつければ防犯だけでなく、2階なら落下防止柵の役割も。もちろん何かを置いて棚として使いたい

シンク上部に吊り下げられた「パイプ棚」。ひと昔前のキッチンでも見られたアイテムだが、これが実に機能的。ただ何かを載せるだけでなく、干すことも掛けることもできる。ステンレス製なので丈夫だし、使い方ひとつでスタイリッシュにもなる。新築やリフォームの際にも取り入れたい優れものなのだ。

素材感のある工業製品は美しく、実用性に富む。特注サイズにも対応できるので、自分なりにアレンジして使いたい。壁に取りつけるだけでなく、窓につけてもマルチに活躍してくれる。

包丁が料理を楽しくする

包丁あれこれ

扉裏の収納ケース

扉の内側にある収納ケースは取り外しができて丸洗い可能な物が衛生的。足に落とさないよう注意

包丁差しブロック

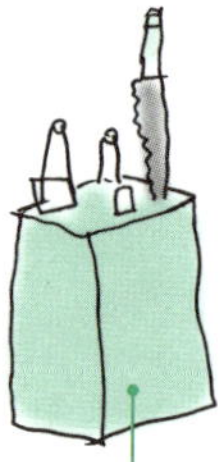

キッチンの作業台に木製の既製品を置いても。包丁をすぐ取り出せるのがよいが、場所を取るうえ、そうじがやっかい

マグネットナイフラック

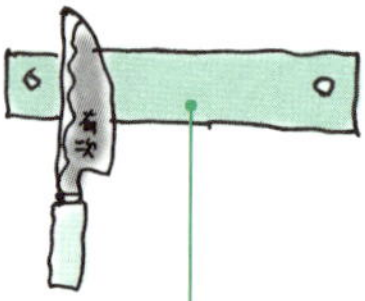

壁にマグネットを取りつけ、磁石で包丁を固定する。海外のキッチンのように、おしゃれに見せたい

引出しに収納

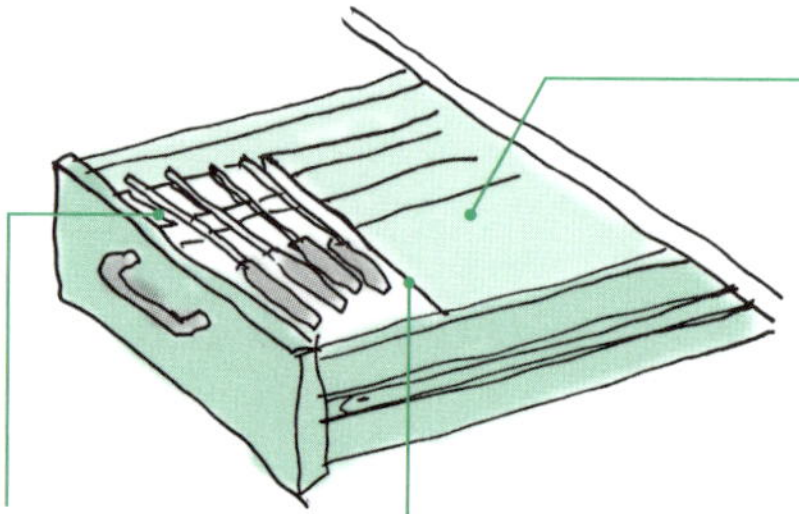

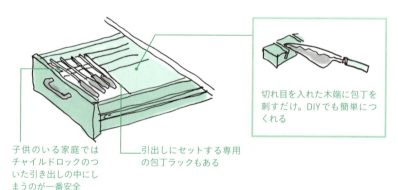

子供のいる家庭ではチャイルドロックのついた引き出しの中にしまうのが一番安全

引出しにセットする専用の包丁ラックもある

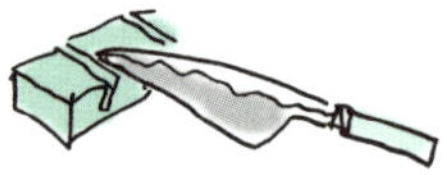

切れ目を入れた木端に包丁を刺すだけ。DIYでも簡単につくれる

包丁を使ったあと、どこにしまっているか？

シンク下の扉裏にある包丁差しを思い浮かべた人も多いだろう。毎日使う物なのだから、取り出しやすさ、手入れのしやすさなどを重視した専用の場所をつくれば、料理もスムーズに進むはず。小さな子がいる家では特に安全性を考慮したい。

気持ちよく料理をするには、包丁の「切れ味」が欠かせない。洗ったら水分をふき取り、自然乾燥して錆を防ぐ。

1か月に1回は研ぐとよい。トマトがスパッと切れるくらいが理想的だ。

既製品の食器棚を買うというムダ

食品や食器のためのウォークイン収納庫

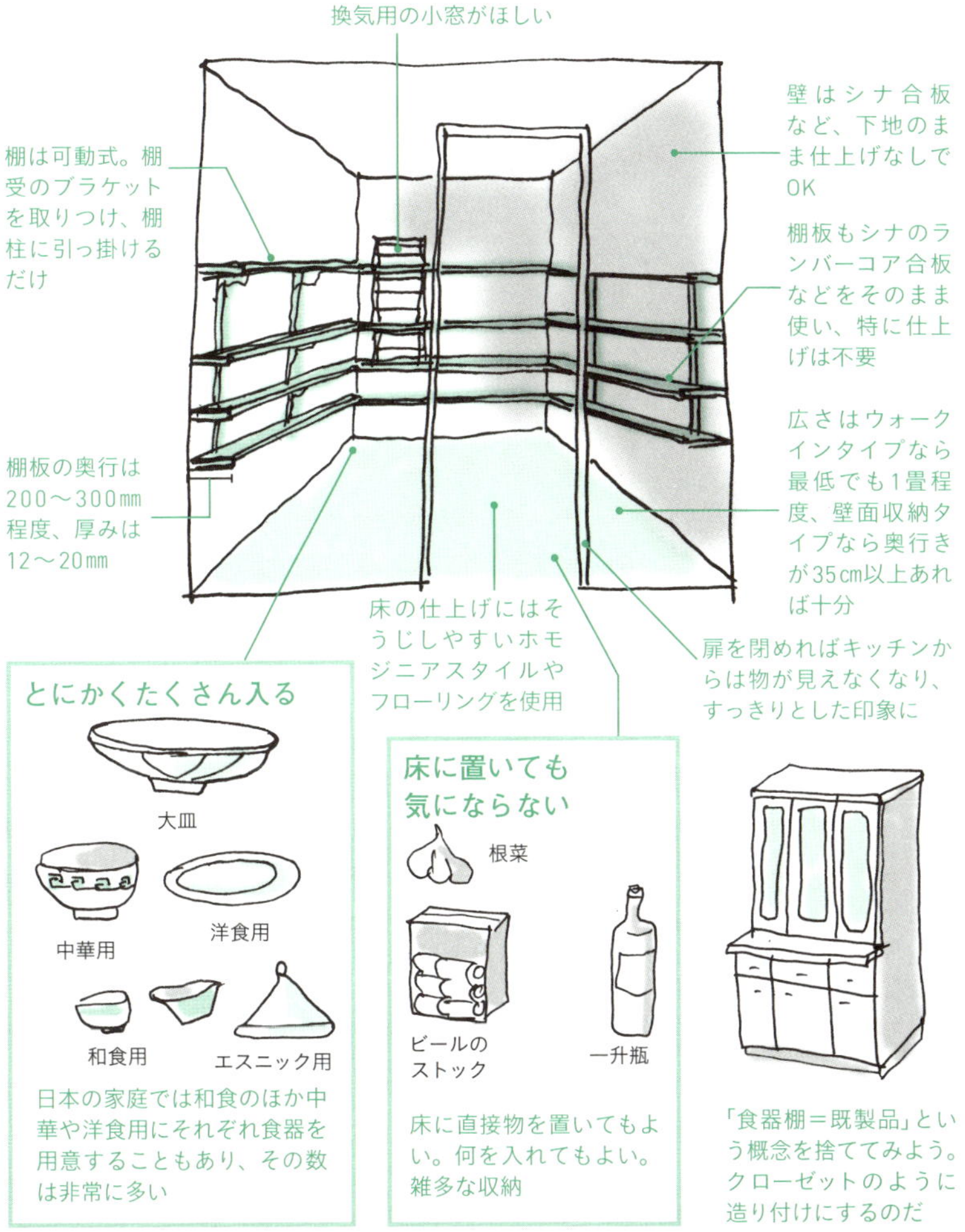
換気用の小窓がほしい
棚は可動式。棚受のブラケットを取りつけ、棚柱に引っ掛けるだけ
壁はシナ合板など、下地のまま仕上げなしでOK
棚板もシナのランバーコア合板などをそのまま使い、特に仕上げは不要
棚板の奥行は200～300㎜程度、厚みは12～20㎜
広さはウォークインタイプなら最低でも1畳程度、壁面収納タイプなら奥行きが35㎝以上あれば十分
床の仕上げにはそうじしやすいホモジニアスタイルやフローリングを使用
扉を閉めればキッチンからは物が見えなくなり、すっきりとした印象に
とにかくたくさん入る
大皿
中華用
洋食用
和食用
エスニック用
日本の家庭では和食のほか中華や洋食用にそれぞれ食器を用意することもあり、その数は非常に多い
床に置いても気にならない
根菜
ビールのストック
一升瓶
床に直接物を置いてもよい。何を入れてもよい。雑多な収納
「食器棚＝既製品」という概念を捨ててみよう。クローゼットのように造り付けにするのだ

食器棚は既製品を当たり前に買ってはいないだろうか。

　これが案外やっかいな大きな家具になる。万人に合うようにできているものは、実は誰にも合っていない。入れられる物もサイズも限られてしまう。

　キッチンに可動棚がたくさんある小さな物入を造付ければ、高価な食器棚を買う必要はない。パントリーとしても使えて、既製の食器棚より安価なのだ。また、収納量が大きいので買いだめている食料品もたっぷり入るし、急な来客時の物の避難先としても重宝する。

野菜はどこに保存する？

ちゃんと仕込みをしないと大変なことに

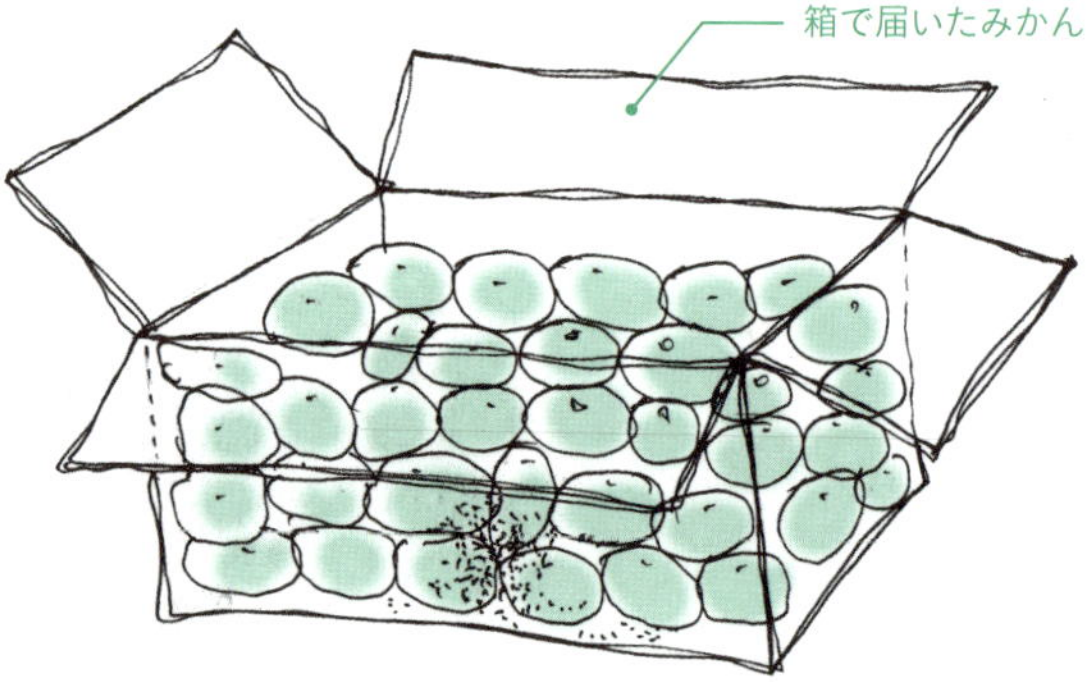

腐ったみかんは早く取り除かないとほかも腐る。気がついたら大半が台なしになっているなんてことも

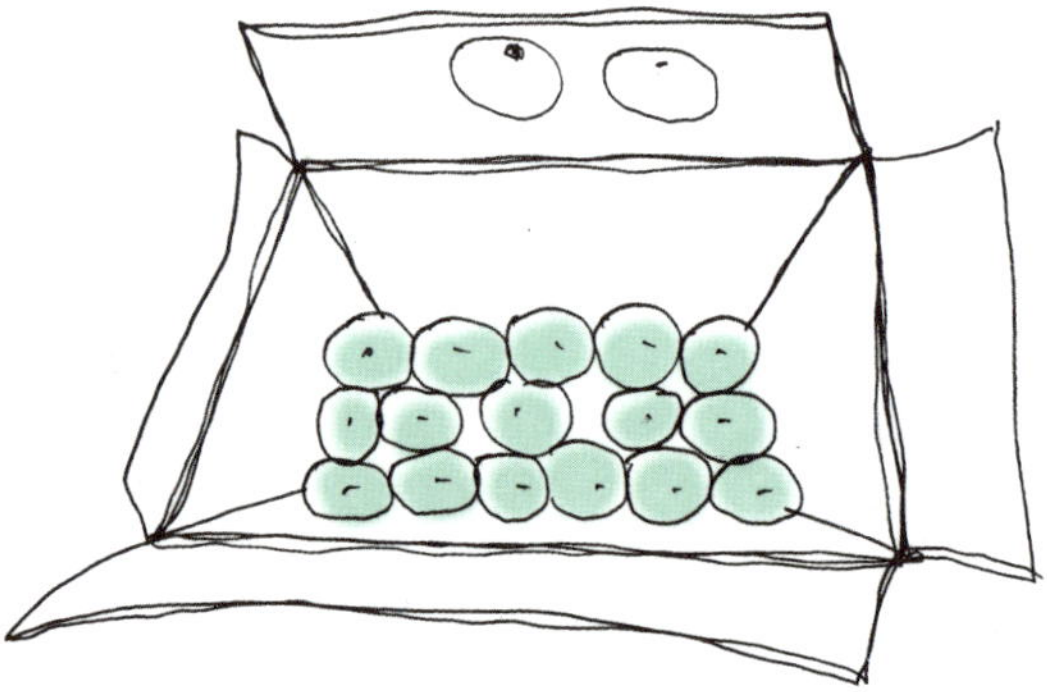

みかん箱が届いたら一度取り出してヘタを下にして入れ直し、腐ったみかんは取り除いておく。箱はふたを開けたまま涼しい場所に置いておき新聞を1枚かぶせるだけ。これで冬の間みかんをおいしく頂ける。りんごはもみがらを入れた箱に埋めておくと越冬させることができる

いつも「もぎたて、取れたて」の野菜や果物を食べられるという人は少ない。買ってきた生鮮食品をおいしく食べるには、貯蔵・保存の工夫が必要だ。

冷蔵庫が万能というわけでもない。物によっては、冷凍保存のほうが向くものも。乾燥させたり、塩や砂糖、酢に漬けたり、長期保存の方法は昔から伝わるものも多い。

物には適切な収納が必要なように、生鮮食品も適切な保存方法と保管場所があることを知っておこう。少しの工夫で、おいしさを長く保つことができる。

野菜収納の基本ルール

冷蔵庫で保存

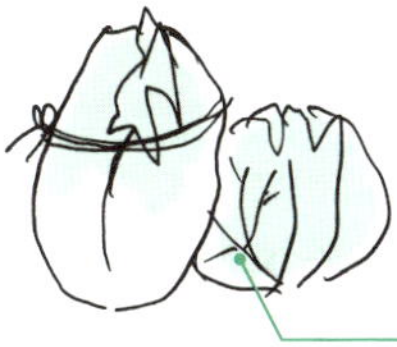

キャベツや白菜・レタスは芯をくり抜いてペーパータオルなどを詰め、外葉や新聞紙に包んで保存

大根やカブ、にんじんは葉と根を分けて新聞紙に包む。新聞紙は野菜の湿気を取り、寒さから守ってくれる。汚れてもよし、リサイクルもOKな万能な「包み」だ

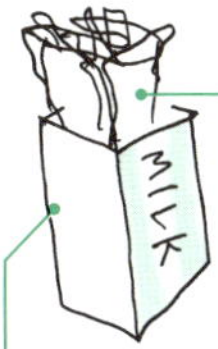

小松菜やほうれん草などの葉物は葉先を上にして立てて冷蔵庫に入れる。アスパラも立てて保存する

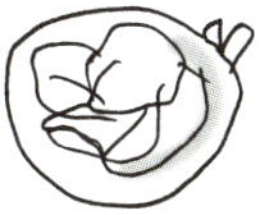

洗ってポリ袋に詰めてもOK。パンパンに空気を入れて冷蔵するとパリッとした状態を保てる

キノコは軸を上にして保存する。焼くときもこの向きで

冷凍庫で保存

トマト、キノコ、そらまめはそのまま冷凍保存できる

冷暗所で保存

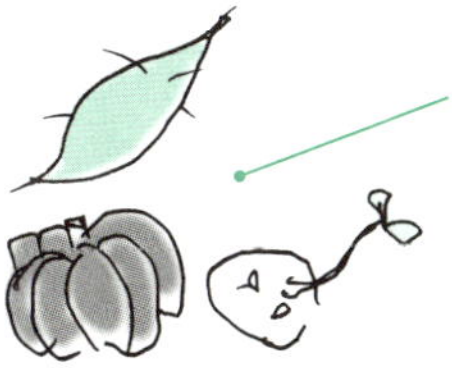

じゃがいも、里いも、カボチャ、さつまいもは冷蔵庫に入れず、食品庫など冷暗所で保存。放置しすぎると芽が出るので芽欠きしておく

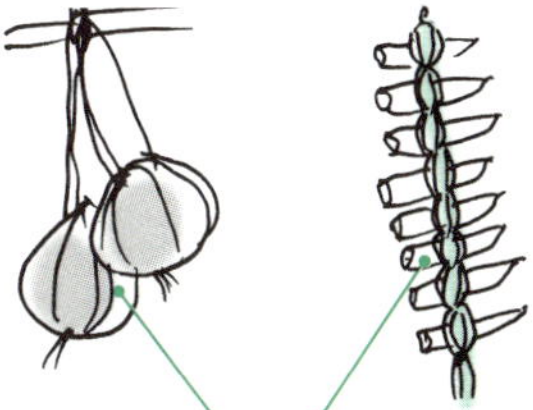

たまねぎやにんにく、唐辛子は食品庫などにぶら下げて保存。吊るした姿がアートのようで美しい

土に埋めて保存

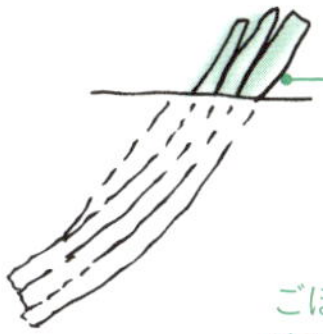

ごぼうやねぎ、大根は庭やプランターに埋めておくと乾燥が防げて長持ちする

キッチンには家電が集まる

ビルトインの大型家電にご用心

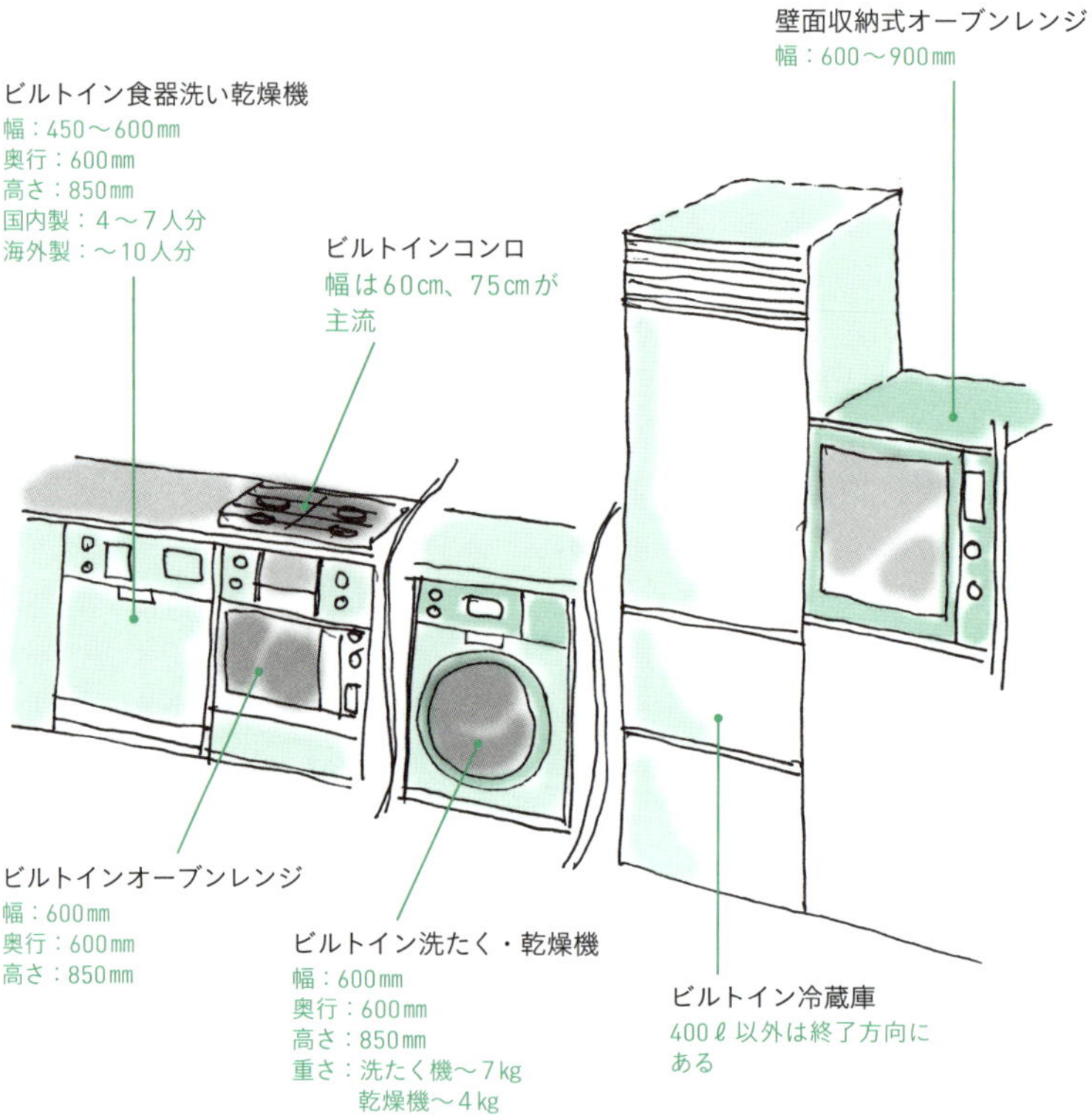
壁面収納式オーブンレンジ
幅：600～900㎜
ビルトイン食器洗い乾燥機
幅：450～600㎜
奥行：600㎜
高さ：850㎜
国内製：4～7人分
海外製：～10人分
ビルトインコンロ
幅は60㎝、75㎝が主流
ビルトインオーブンレンジ
幅：600㎜
奥行：600㎜
高さ：850㎜
ビルトイン洗たく・乾燥機
幅：600㎜
奥行：600㎜
高さ：850㎜
重さ：洗たく機～7㎏
乾燥機～4㎏
ビルトイン冷蔵庫
400ℓ以外は終了方向にある

ビルトインタイプの大型家電は機能も容量も限度がある。この束縛から自由になるために置き型の家電を選ぶことも多い

キッチンには大型家電が集中する。キッチンカウンター下や壁内に造付けにすれば、部屋をすっきりと見せれる。デザインに統一感があるので視覚的にもがちゃがちゃしない。ただし、故障など機器を交換する際、同じ大きさの物しか選べないので注意が必要。

置き型の家電は安価で、選択の自由度が高く、機能も激しく進化するうえに交換も楽だ。忘れがちなのが、壁などからの離隔距離。家電は熱をもち、場合によっては湯気が出る。蓋の開け閉めも考慮して置き場所を決めよう。

湯気の出る家電置き場

湯気の出る家電は要注意

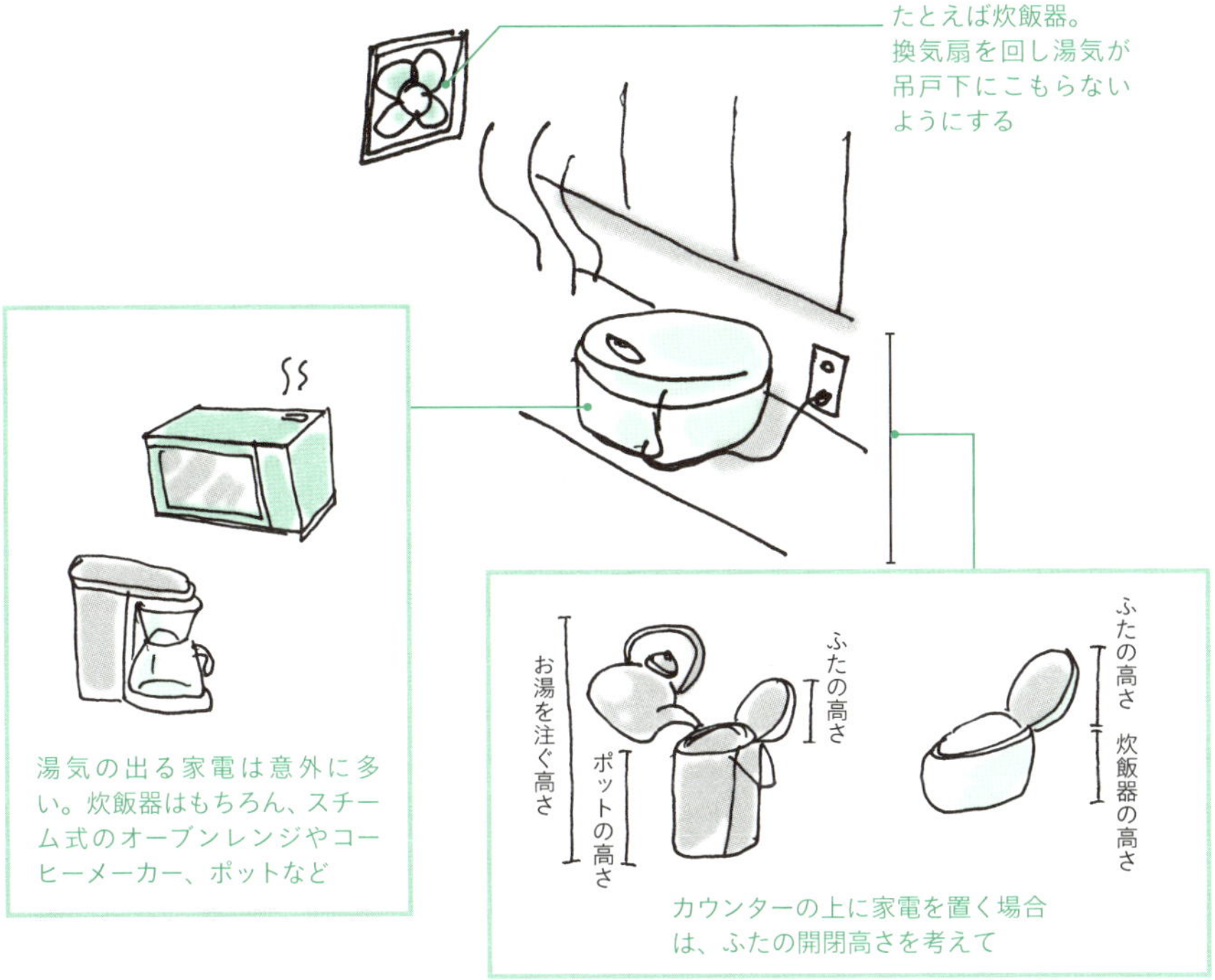
たとえば炊飯器。
換気扇を回し湯気が
吊戸下にこもらない
ようにする
湯気の出る家電は意外に多い。炊飯器はもちろん、スチーム式のオーブンレンジやコーヒーメーカー、ポットなど
お湯を注ぐ高さ
ふたの高さ
ポットの高さ
ふたの高さ
炊飯器の高さ
カウンターの上に家電を置く場合は、ふたの開閉高さを考えて

家電置き場に湯気対策を

スライド式

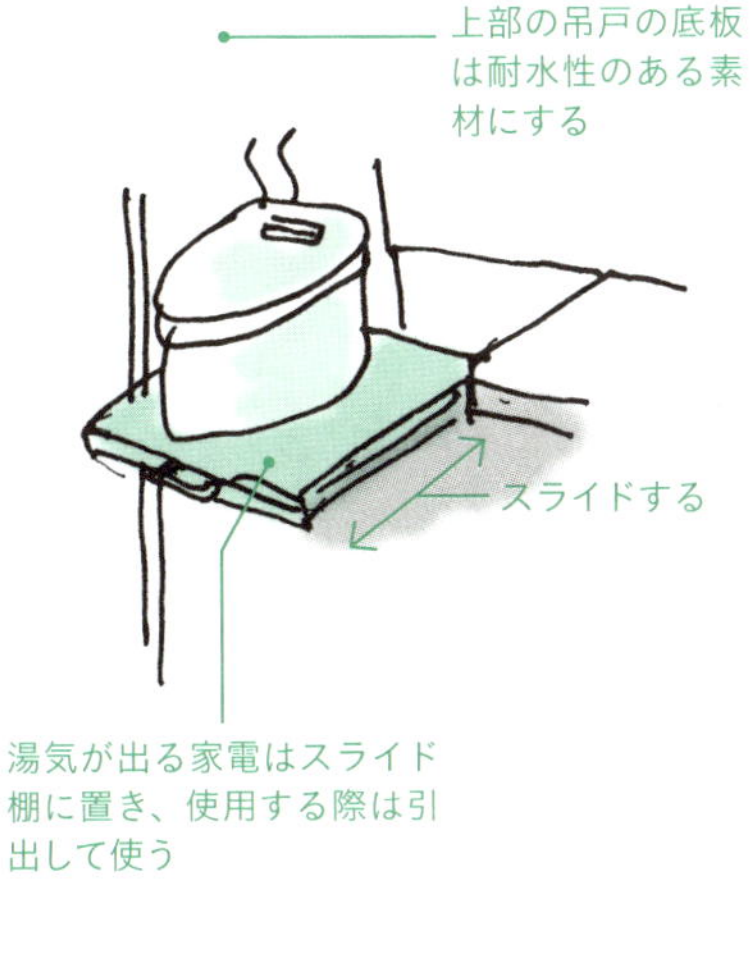
上部の吊戸の底板は耐水性のある素材にする
スライドする
湯気が出る家電はスライド棚に置き、使用する際は引出して使う

ワゴン式

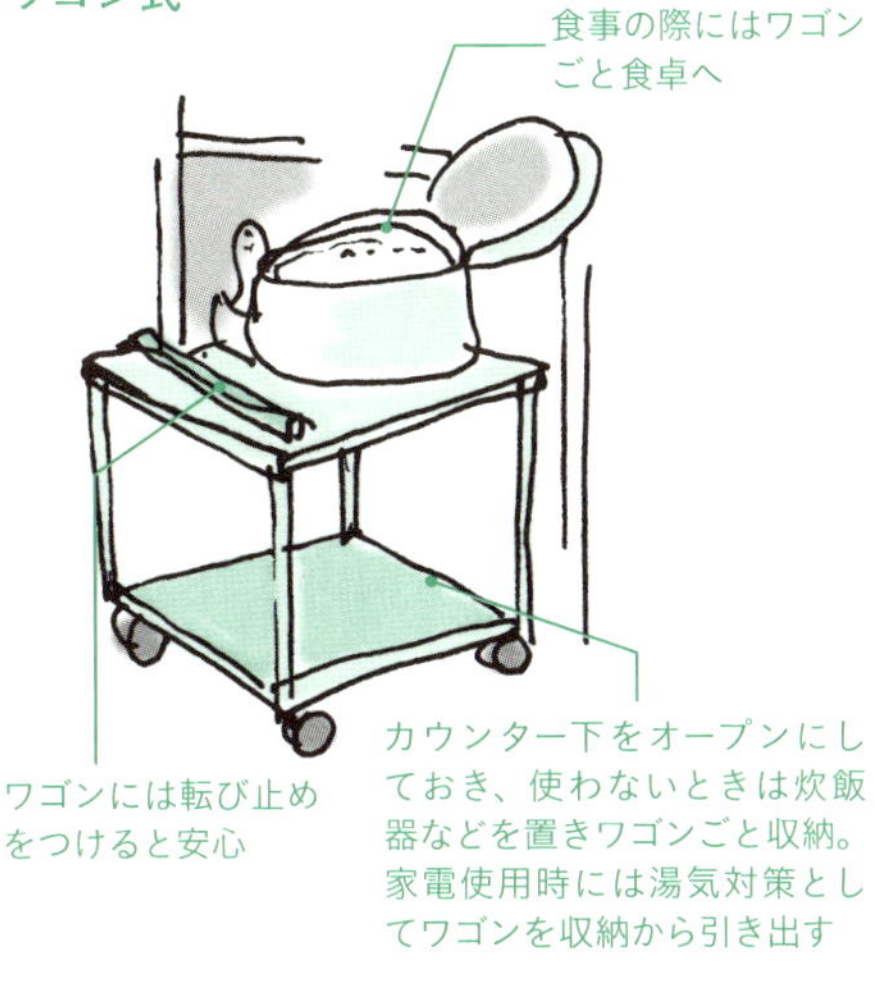
食事の際にはワゴンごと食卓へ
ワゴンには転び止めをつけると安心
カウンター下をオープンにしておき、使わないときは炊飯器などを置きワゴンごと収納。家電使用時には湯気対策としてワゴンを収納から引き出す

調理家電はすぐに使いたい

キッチンにあるいろいろな調理

使用頻度が高いモノ

電子レンジ

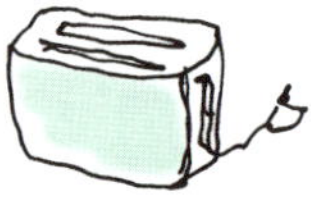
トースター

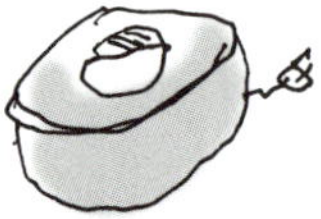
炊飯ジャー

電気ポット

収納すると使わなくなるモノ

ハンドミキサー

コーヒーメーカー

ジューサーミキサー、
フードプロセッサー

特別な時に使いたいモノ

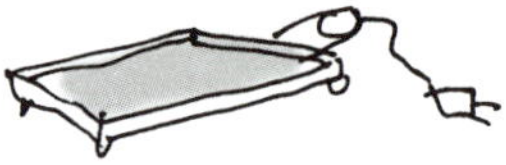
ホットプレート

ロースター

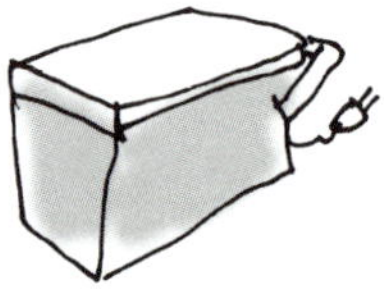
パン焼き器
（もちつき器）

家

家族のために料理のレパートリーを増やそう——そう決意して買った調理家電が箱の中で眠ったまま。これでは便利な調理家電も無用の長物だ。調理家電はほしい場所に、すぐに使える状態で並べておく。奥深くにしまいこむと出し入れが面倒になり、持っていることを忘れてしまう。繰り返し使ってこそ、調理家電を持つ意味がある。

　もちろん、すべての調理家電を並べるにはスペース的に難しい。使用頻度の高い物を優先させ、頻度の低い物は取り出しやすく常に目に入る位置にあればよい。

使う頻度で優先順位をつけてしまう

キッチンカウンター廻りの調理家電

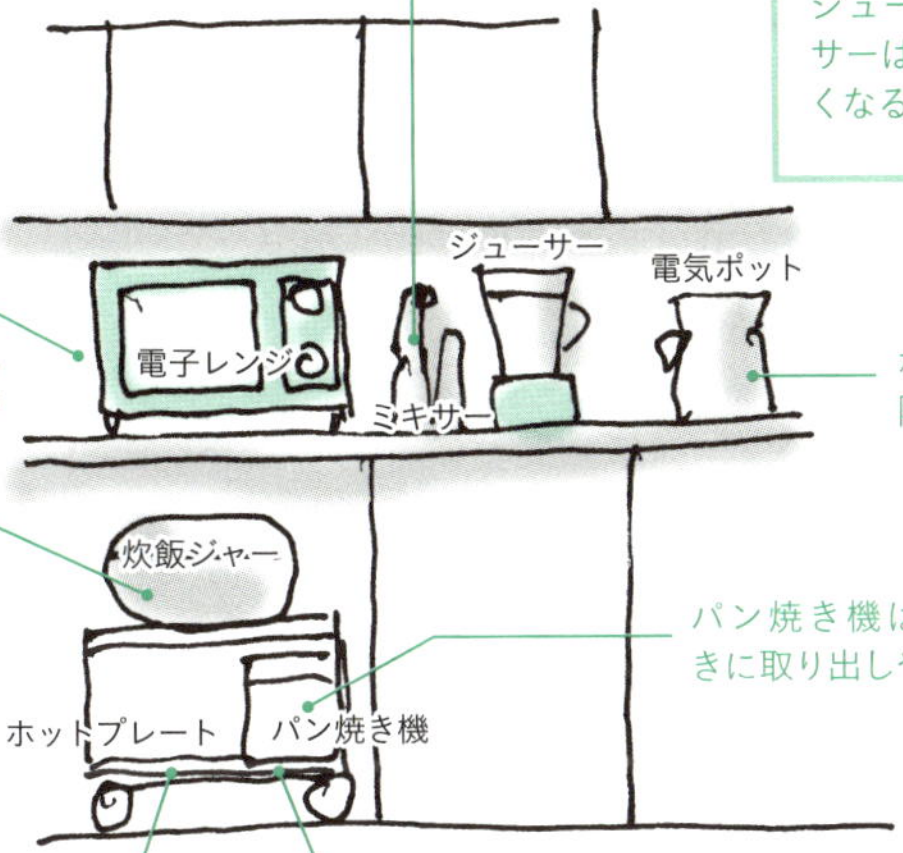
ハンドミキサーはすぐ使えるようにセットしておく
カウンターの上や下にコンセントをつくるのを忘れずに
ジューサー
電気ポット
電子レンジ
ミキサー
炊飯ジャーは引き出して、湯気ぬきやご飯がよそえるように
ポットは水を入れる際の上部開閉に注意
炊飯ジャー
パン焼き機は使うときに取り出しやすく
ホットプレート
パン焼き機
ホットプレートは毎日使わないがあることが意識できるように見える場所に
使用頻度が低い物もなるべく見えるようおにしておき、自分が何をもっているのか常に把握することが大事

ジューサーやフードプロセッサーは出しておかないと使わなくなる。ましては分解などNG

ブレックファーストテーブル廻りの調理家電

トースター
コーヒーメーカー
調理家電は使う場所の近くに置いたほうがよい。主に朝食時に使うトースターなどはブレックファーストテーブルの近くにセットすると便利
朝食をぱぱっとすませるのにちょうどいい小さなブレックファーストテーブル

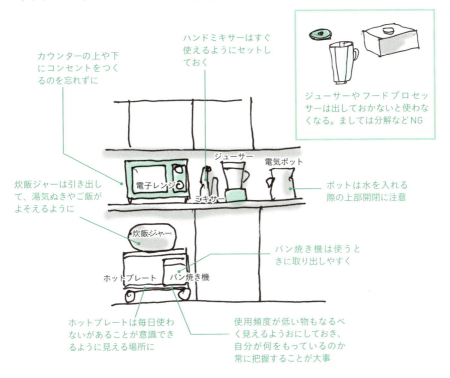

キッチンの窓を彩る面格子

窓廻りの基礎知識

開口部の機能部材

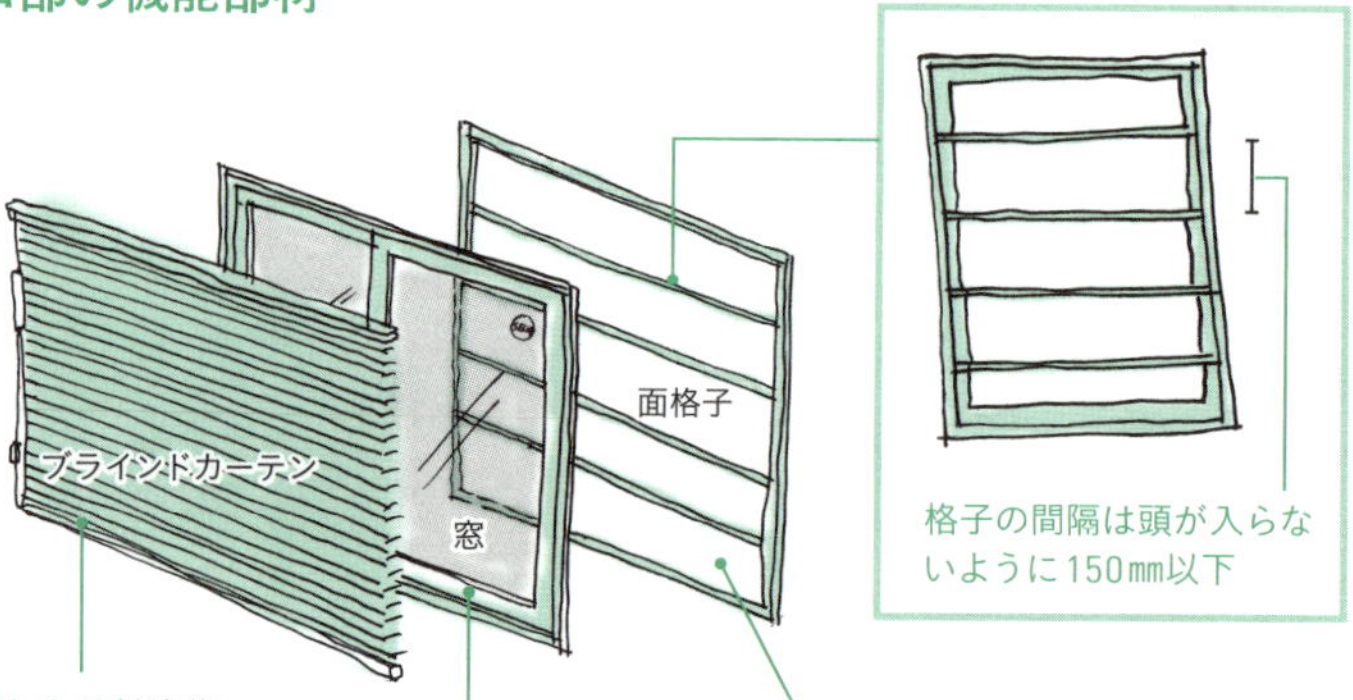

ブラインドカーテン
窓
面格子
格子の間隔は頭が入らないように150㎜以下

目隠しや日射遮蔽に利用

通風のための窓は可動式だが、採光や眺望のためなら固定(はめ殺し窓)も可

開口部の防犯対策としては面格子のほか補助錠の取りつけ、窓自体に防犯合わせガラスを使うという方法も。面格子既製品はアルミ製のものが多く、デザインはイマイチ。内側には網戸もつく

面格子がNGな窓

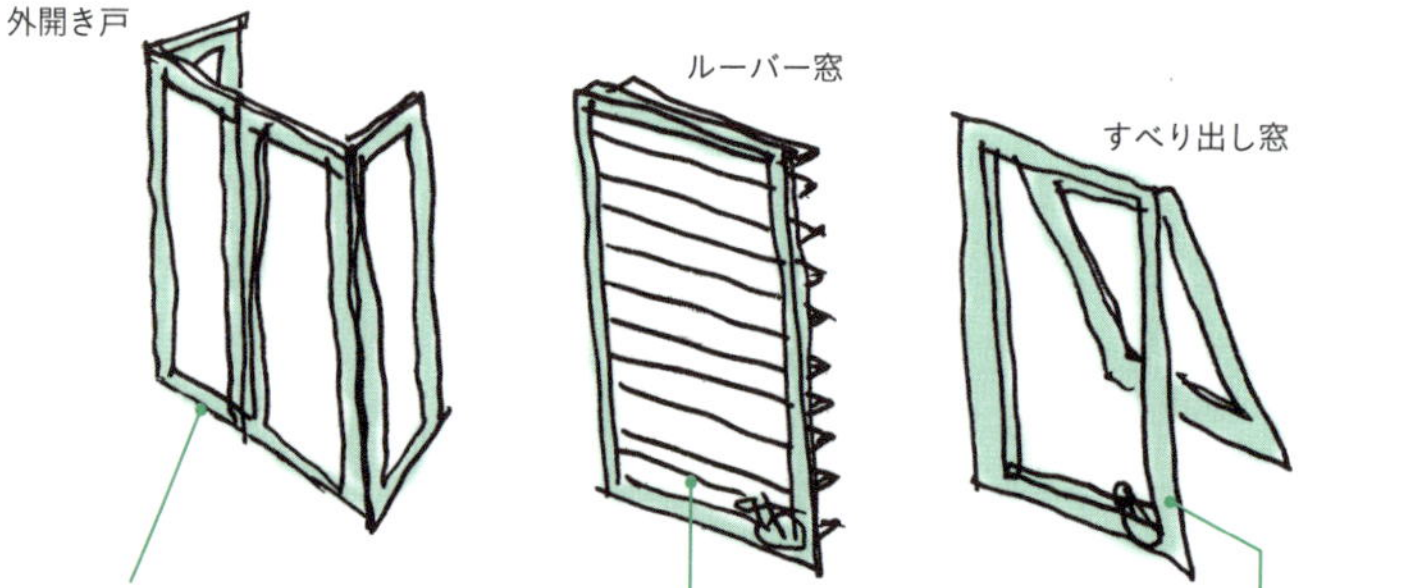

外開き戸
ルーバー窓
すべり出し窓

外開き戸に面格子が干渉するのでNG。内格子にしても、格子が当たって開閉時に操作しづらい

ルーバーが面格子に当たるので距離が必要。ルーバー窓は通風にはとてもいいので悩みどころ

面格子と窓が干渉するのでNG

換気のために、就寝時にもキッチンやトイレの窓を開けたままにしておきたいのなら、防犯的な対策が不可欠。面格子を窓外に取り付ける場合はサッシ一体型や、スチール・ステンレス製など外せない防犯性の高いものを取りつける。

面格子を窓の内側につけるのも手である。台所ならそこに調理小物を掛けたり、小物や植物を置いておしゃれに見せたり、積極的な使い方が可能だ。格子のデザインは自由。ただし、間隔は15㎝間隔以下にする。人がすり抜けられるようでは元も子もないからだ。

室内側につける面格子でデザイン性アップ

木製の棚が内格子

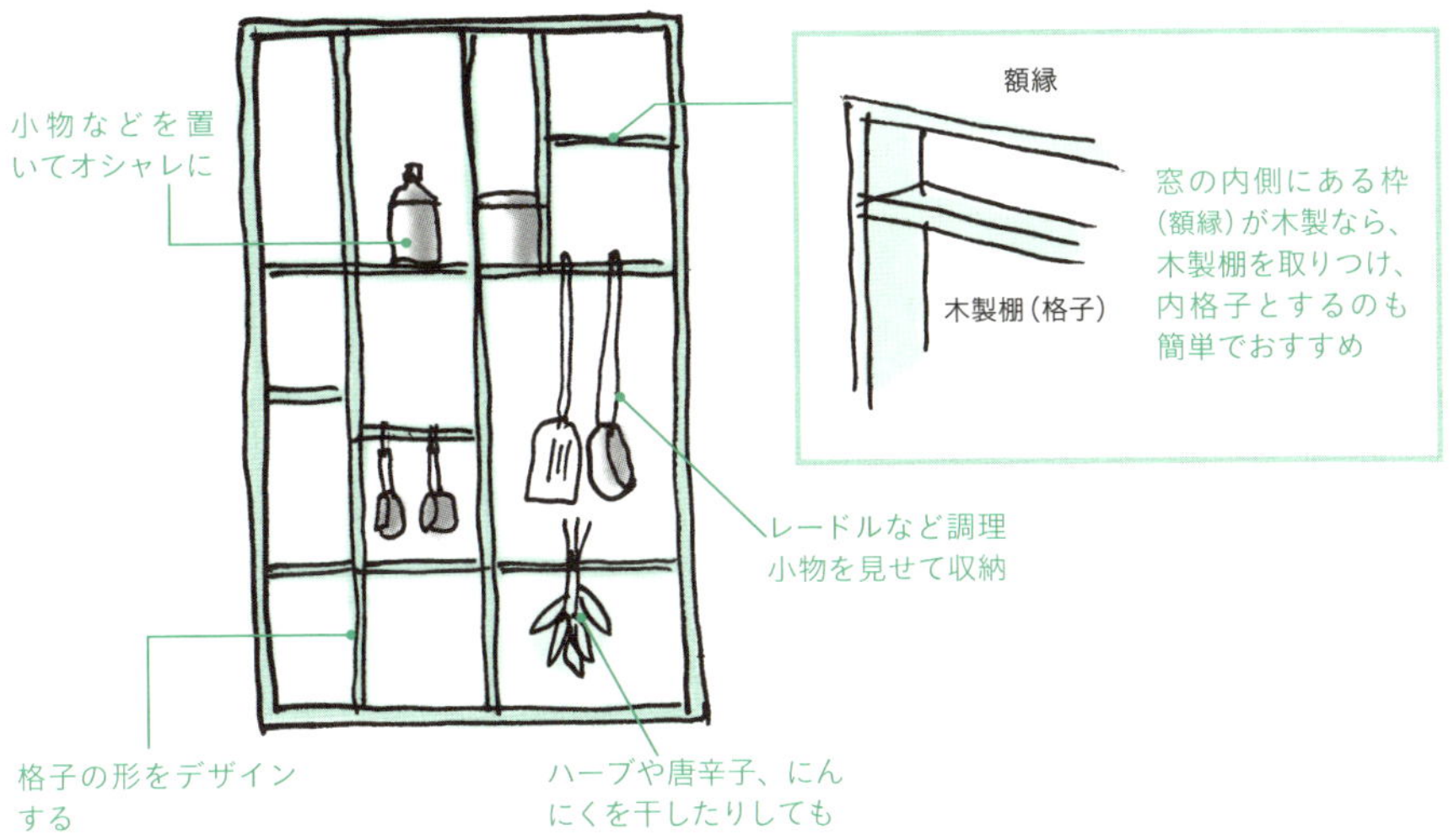
小物などを置いてオシャレに
レードルなど調理小物を見せて収納
格子の形をデザインする
ハーブや唐辛子、にんにくを干したりしても
額縁
木製棚（格子）
窓の内側にある枠（額縁）が木製なら、木製棚を取りつけ、内格子とするのも簡単でおすすめ

鋼製のマルチに使える内格子

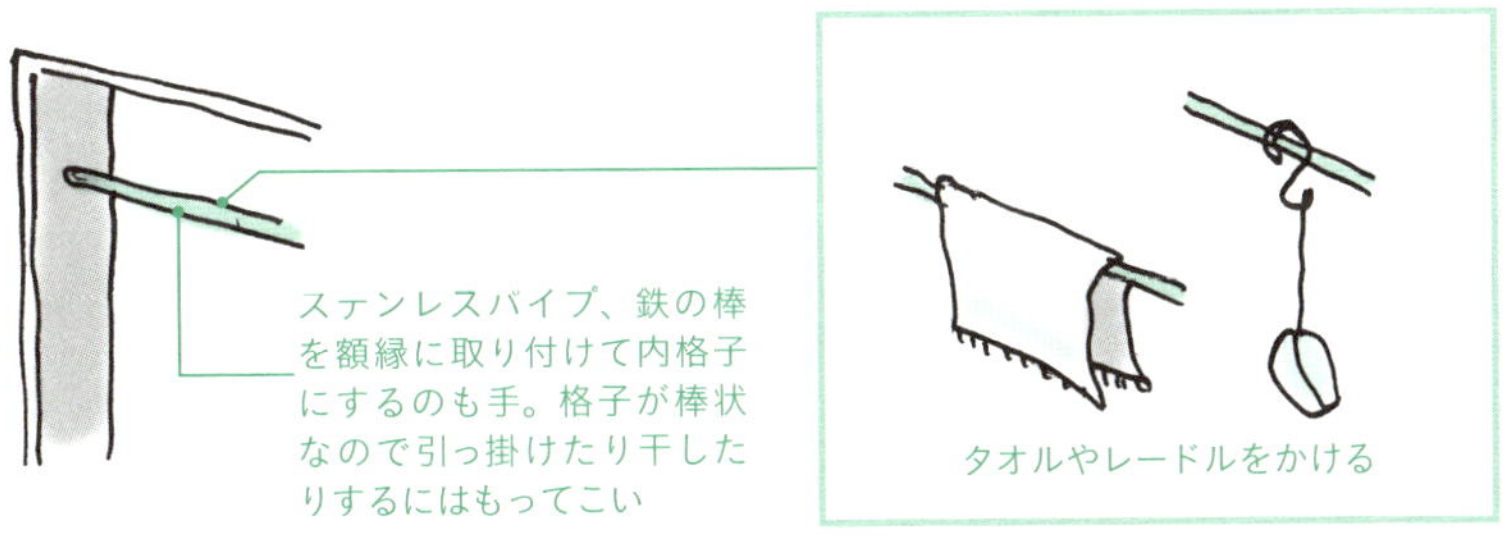
ステンレスパイプ、鉄の棒を額縁に取り付けて内格子にするのも手。格子が棒状なので引っ掛けたり干したりするにはもってこい
タオルやレードルをかける

単純なデザインを一工夫

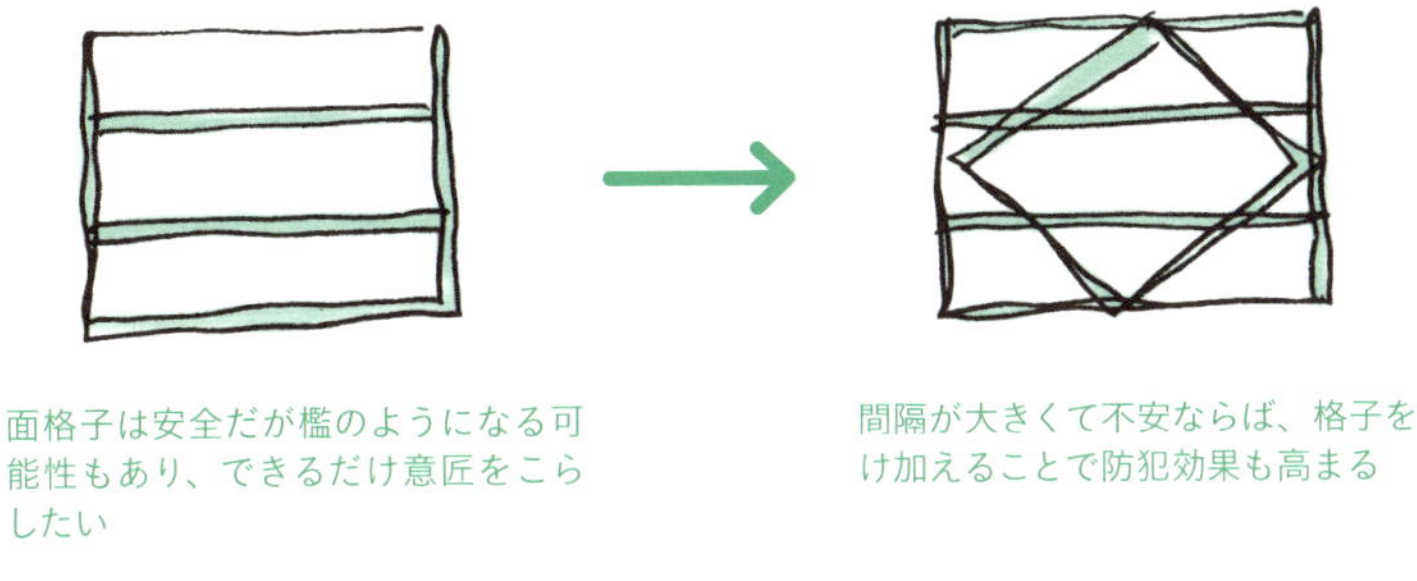
面格子は安全だが檻のようになる可能性もあり、できるだけ意匠をこらしたい
間隔が大きくて不安ならば、格子をつけ加えることで防犯効果も高まる

高齢者にもやさしいキッチン

高齢者に「高いところ」は危ない

高齢者は特にバランスを
くずしやすく、落ちると
骨折してしまうことも
換気扇のそうじは
危険がいっぱい
脚立は不安定で危なっかしい

キッチンは特に収納力が求められる。天井まで吊戸棚で埋まっているのはそのせいだ。しかし、高い所に収納をつくりすぎるのは考えもの。そうじがしにくいし、物をしまっても取り出しにくい。デッド・ストックの温床だ。さらに高齢者の住まいともなれば、高所に物があるのは危険でしかない。脚立なしでは使えない収納や、メンテナンスできない物などは取りつけないほうがよい。

文字通り、「身の丈」を知ることが、快適な住まいづくりにつながるというわけだ。

お年寄りも子供も使いやすいキッチン

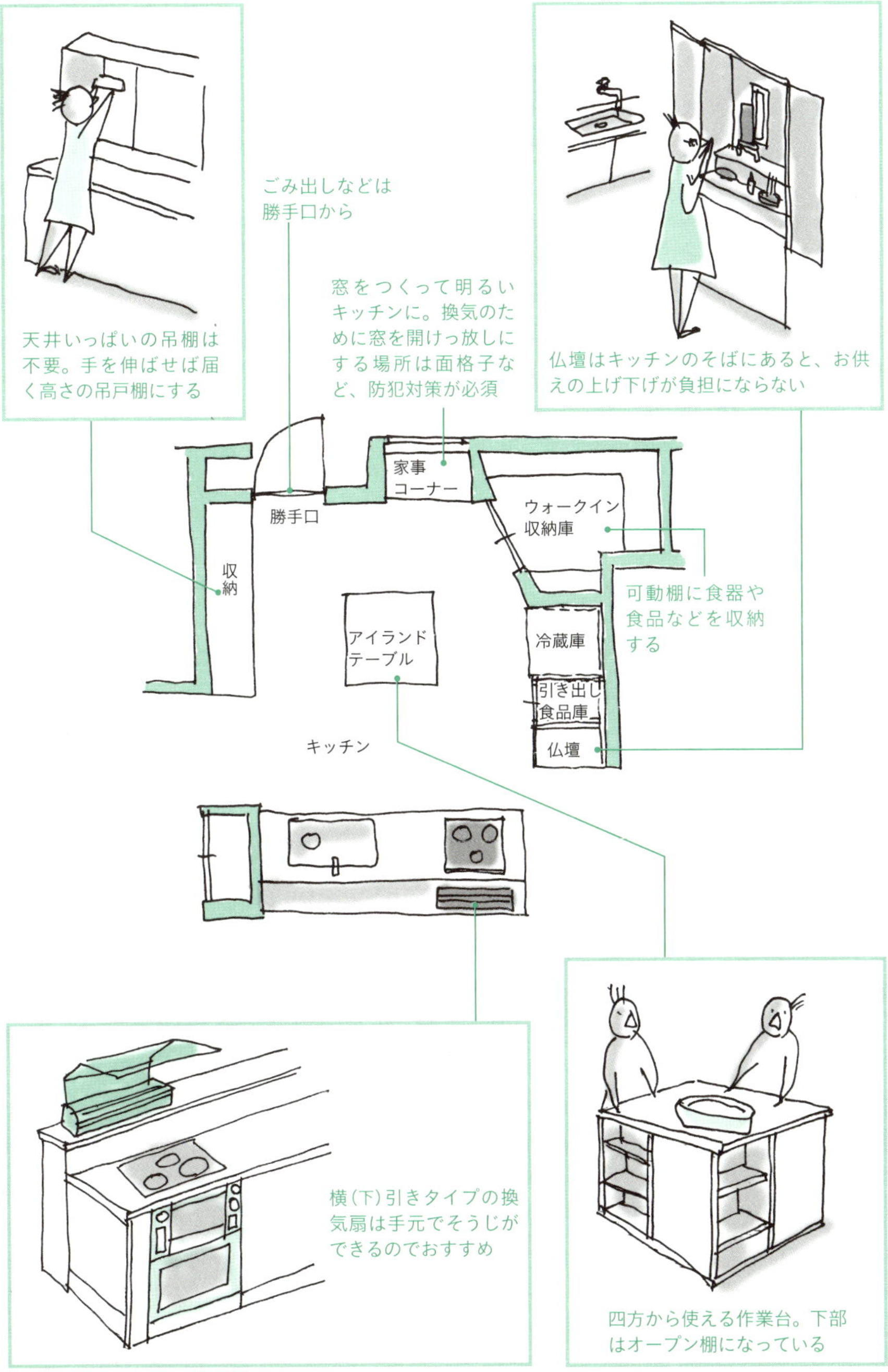
天井いっぱいの吊棚は不要。手を伸ばせば届く高さの吊戸棚にする
ごみ出しなどは勝手口から
窓をつくって明るいキッチンに。換気のために窓を開けっ放しにする場所は面格子など、防犯対策が必須
仏壇はキッチンのそばにあると、お供えの上げ下げが負担にならない
家事コーナー
勝手口
ウォークイン収納庫
収納
可動棚に食器や食品などを収納する
アイランドテーブル
冷蔵庫
引き出し食品庫
仏壇
キッチン
横(下)引きタイプの換気扇は手元でそうじができるのでおすすめ
四方から使える作業台。下部はオープン棚になっている

キッチンとダイニングの微妙な関係

ごちゃごちゃは扉でカバー

ダイニングにいる子供の身守りにも

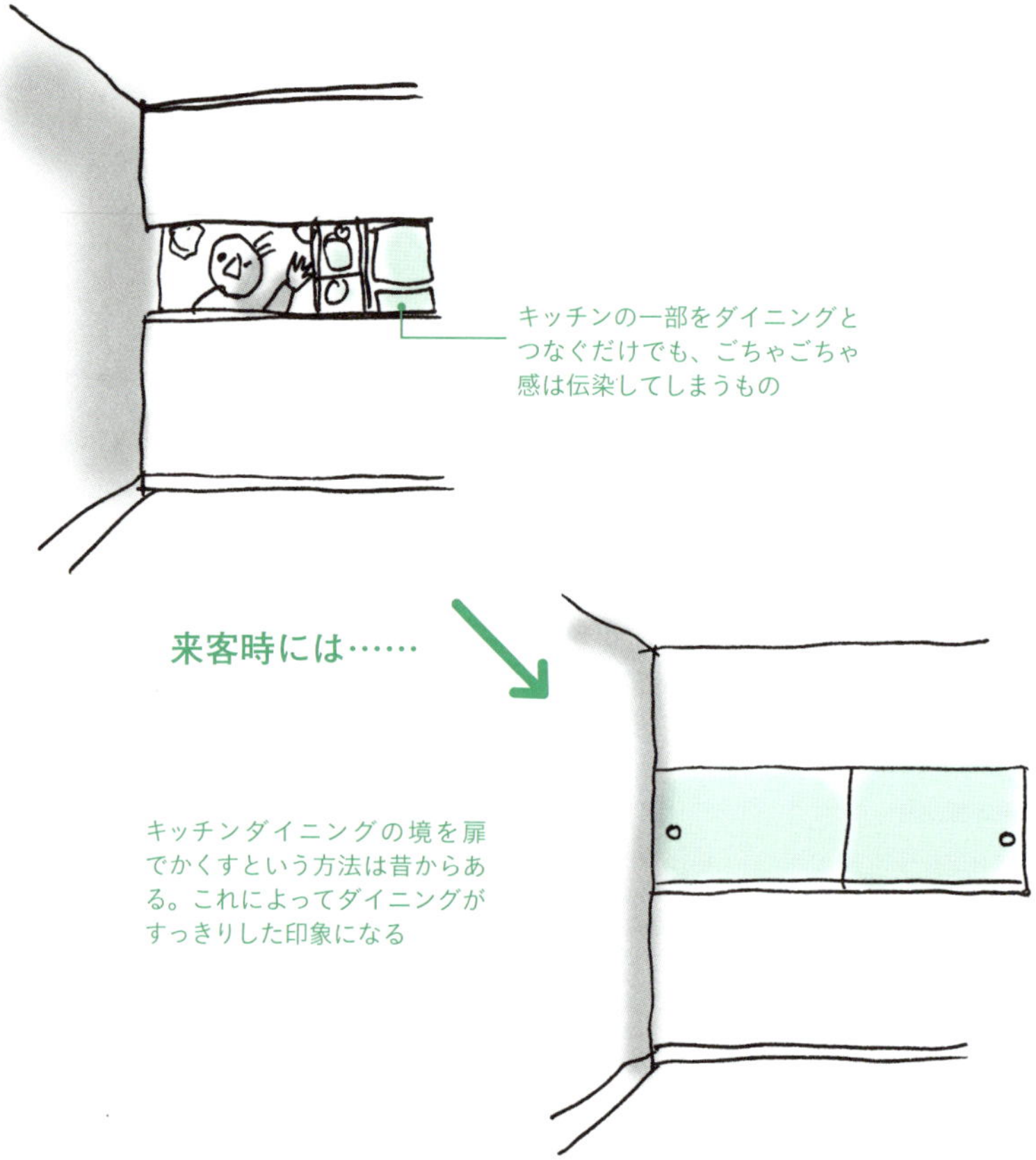
キッチンの一部をダイニングとつなぐだけでも、ごちゃごちゃ感は伝染してしまうもの
来客時には……
キッチンダイニングの境を扉でかくすという方法は昔からある。これによってダイニングがすっきりした印象になる

キッチンで1人こもって作業するのは嫌、でも散らかっている様子は見られたくない。多くの主婦がもつ悩みだ。

独立したキッチンに小さな開口を設け、戸の開け閉めでダイニングと一体化するのは昔からある方法。反対に、ダイニングキッチンとして1つの空間になっているなら、家具で緩やかに仕切るという方法も。キッチンとダイニング、両方から使える「食器棚」をパーテーション代わりにするのだ。ガラス扉をつけたり、小さな開口を設ければ、空間のつながりも維持できる。

食器棚で空間を仕切る

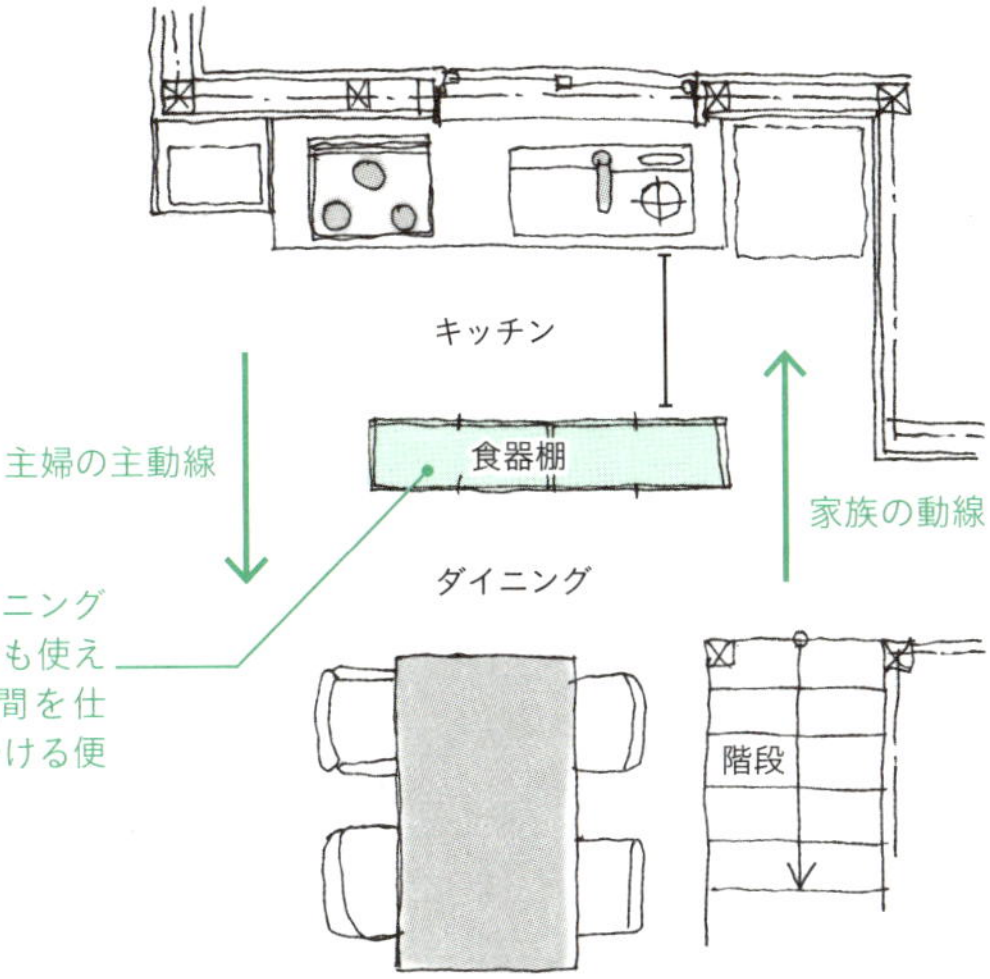

キッチンとダイニングのどちらからでも使える食器棚は空間を仕切り、動線を分ける便利アイテム

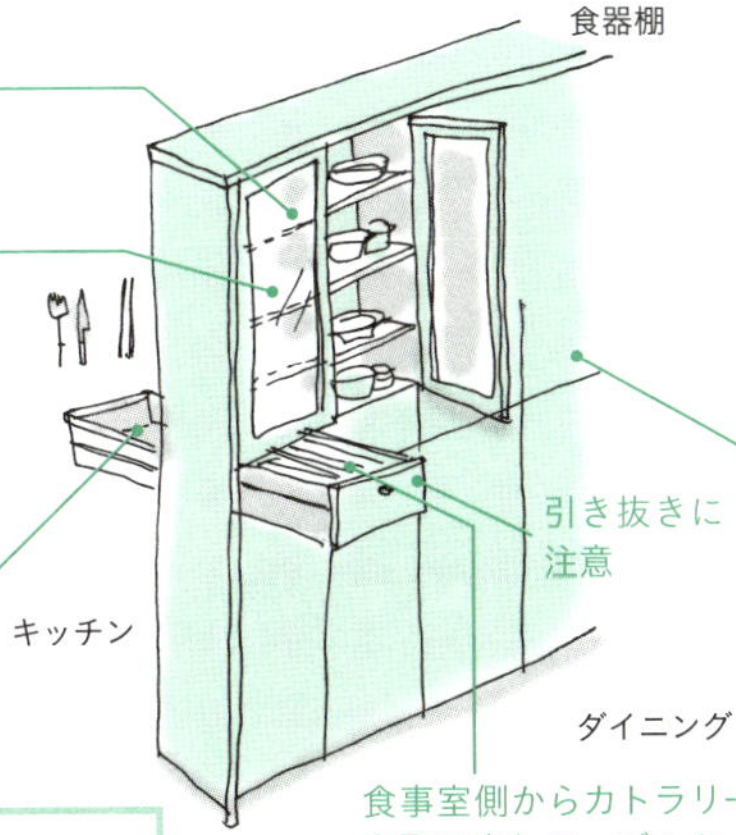

ガラス扉越しにキッチンが見える

ガラス扉はキッチン側にもついている

キッチン側からも使えるので、洗ってすぐ片づけられる

食事室側からカトラリーを取り出しテーブルセッティングする

大きな開口

ガラス戸ではなく、板戸にしても

一部分を開口にすれば、キッチンとダイニングにつながりができる。開口は配膳口にもなる

片方からのみ使う収納にすると、背面から見たときには壁にしか見えない

小さな開口

家電などを置いて、開口をふさぐと距離も離れた感じになる。ただし家電の後ろ側の処理に注意

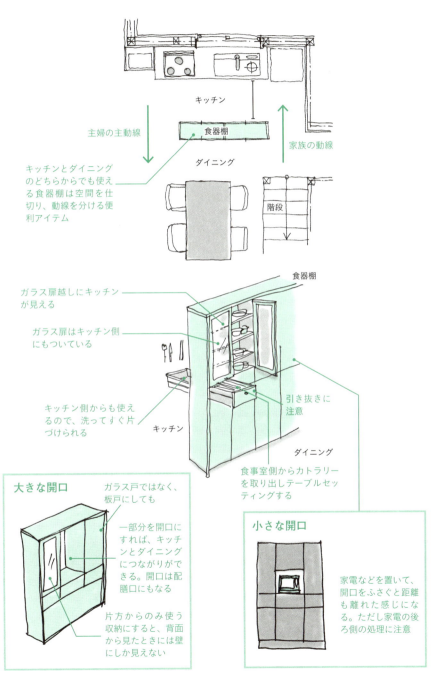

雑貨を並べて空間を仕切る

キッチンから見る

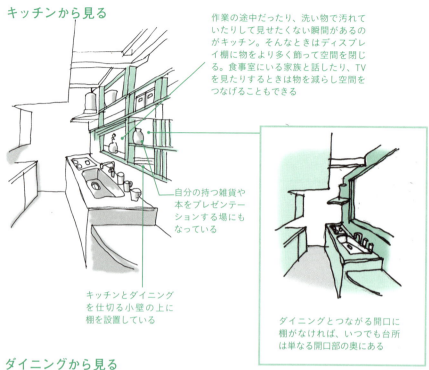

作業の途中だったり、洗い物で汚れていたりして見せたくない瞬間があるのがキッチン。そんなときはディスプレイ棚に物をより多く飾って空間を閉じる。食事室にいる家族と話したり、TVを見たりするときは物を減らし空間をつなげることもできる

自分の持つ雑貨や本をプレゼンテーションする場にもなっている

キッチンとダイニングを仕切る小壁の上に棚を設置している

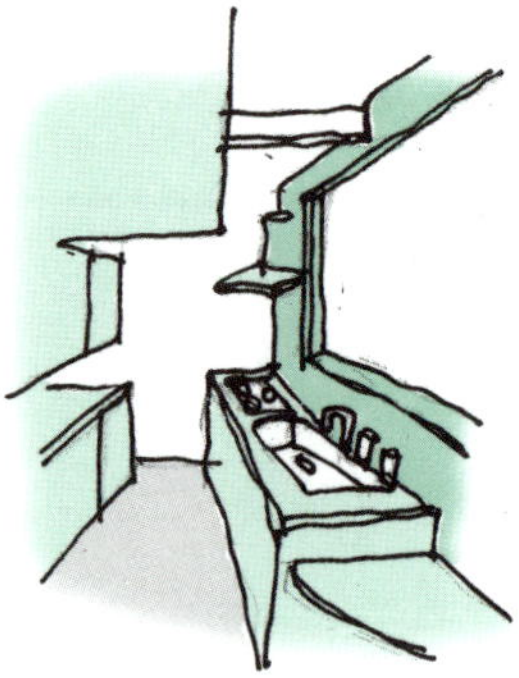

ダイニングとつながる開口に棚がなければ、いつでも台所は単なる開口部の奥にある

ダイニングから見る

棚にほこりがたまるのではたきをまめにかける必要がある

ダイニングテーブルからキッチンを見ると、お気に入りの雑貨がならぶ楽しさ

建築の構造柱を利用して、棚を設置

美しい本や小物を並べて見せる。上手にディスプレイできる上級者向けの間仕切り手法

ディスプレイ付棚の奥はキッチン

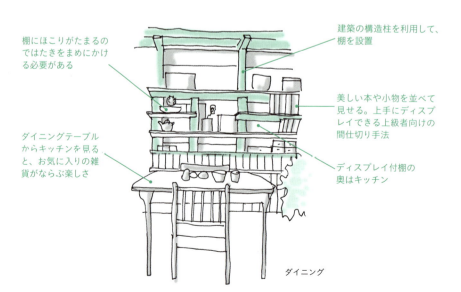

参考文献

- 『住宅医のリフォーム読本』田中ナオミ編集、彰国社、2015年
- 『老いの発想で家づくり』NPO法人家づくりの会編著、彰国社、2007年
- 『こだわりの家づくりアイデア図鑑』NPO法人家づくりの会編著、エクスナレッジ、2015年

イラスト:田中ナオミ

デザイン:米倉英弘(細山田デザイン事務所)

編集協力・組版:ジーグレイプ

印刷・製本:シナノ書籍印刷

あとがき

「生活する」ってことは、とても楽しいことです。わたしは「イチ生活者」として、まずは自分自身の生活を楽しみながら、住み手の「幸せな生活を形にする」ことを第一に考える住宅設計者です。

人の幸せは、日々の暮らしの中にそれぞれ少しずつあって、小さな喜びの毎日が積み重なって、次の日の活力となる「がんばろう」につながります。つまり何気ない「平和な毎日」こそが、かけがえのない、とても大切なものなのです。わたしはそんな生活の場となる器をつくり続けているのです。

わたしが家を設計するときに、クライアントに必ず聞くことが2つあります。1つは、「何をやっているときが幸せか？」、そしてもう1つは「好きな家事と嫌いな家事は何か？」です。そして実際設計するときには、幸せな行為の場所と、好きな家事を家の中心に置きます。

多くの人が幸せと感じるときは、家族でご飯を食べたり、天気の良い日に洗たく物を干したり、そよ風の中本を読みながら昼寝をしたりと、何気ない日常の生活の一コマの中にあり、これらとつながる料理や洗たくなどの家事は「好き」とおっしゃる方が多い。

反対に嫌いな家事は何かと問うと、そうじや片づけと答える人が圧倒的に多い。

なぜ、嫌いなのかを掘り下げて聞いてみると、その答えは大概、面倒、時間がない、場所がない、家族が協力してくれない、そもそも片づけ方がわからない、など多岐にわたります。

でも、原因がわかれば答えは実は簡単。その原因を一つひとつ解決していくだけです。面倒なら、面倒と感じさせないように工夫すればよいのです。家族が協力してくれないのなら、家族で簡単なルールを決める。原因を一つひとつ紐解いていけば、嫌いなものも「何とかなりそう」と思えるようになります。そして、少しずつ前向きになって、だんだん楽しくなっていきます。

設計時にクライアントといろいろ話をしていくと、みなさん、専門家のわたしも思いつかないような、ステキなアイデアをもっていたりして、お客さんに教えてもらうことも多々あります。今回、そのアイデアも咀嚼し、わたしなりの視点で「片づける」をテーマに本を書かせてもらいました。どうせ書くなら、読んで、見て、楽しく、役に立つ本にしたいと思って、実例など設計者としての経験をふまえてリアルな解決方法を示したつもりです。

この本を手に取った人の暮らしがもっと楽しくなる、そんなきっかけになることができれば、うれしい限りです。

２０１６年11月

田中ナオミ

PROFILE

田中ナオミ

TANAKA NAOMI

1級建築士、NPO法人家づくりの会会員、一般社団法人住宅医協会認定住宅医。1963年生まれ。女子美術短期大学造形科卒業。エヌ建築デザイン事務所、藍設計室を経て1999年田中ナオミアトリエ一級建築士事務所を設立。著書に『住宅医のリフォーム読本』(彰国社)など。自分自身が「イチ生活者」として、「生活を楽しめる家づくり」を目指している。

片づく家のアイデア図鑑

2016年12月1日　初版第1刷発行

著者　田中ナオミ

発行者　澤井聖一

発行　株式会社エクスナレッジ
〒106-0032
東京都港区六本木7-2-26
http://www.xknowledge.co.jp/

問合せ先　編集　Tel:03-3403-1381
Fax:03-3403-1345
info@xknowledge.co.jp
販売　Tel:03-3403-1321
Fax:03-3403-1829